신뢰사회를 향하여:
한국의 사회발전과 부문별 신뢰구축방안 연구

이 책은 2004년 한국학술진흥재단의 지원에 의하여 연구되었음.
(KRF-2004-005-B00015)

翰林科學院叢書 121

신뢰사회를 향하여

한국의 사회발전과 부문별 신뢰구축방안 연구

김지희 편

小花

한림과학원총서 121

신뢰사회를 향하여:
한국의 사회발전과 부문별 신뢰구축방안 연구

초판인쇄 2007년 5월 10일
초판발행 2007년 5월 17일

지 은 이 • 김지희 편
발 행 인 • 고화숙
발 행 처 • 도서출판 소화
등　　록 • 제13-412호
주　　소 • 서울시 영등포구 영등포동 94-97
전　　화 • 2677-5890
팩　　스 • 2636-6393
홈페이지 • www.sowha.com

ISBN 978-89-8410-315-3　94080
ISBN 978-89-8410-104-3(세트)

값 13,000원

머리말

21세기 지식정보사회의 역동적 전개과정에서 '사회적 자본(social capital)'의 중요성이 더욱 크게 부각되리라는 견해는 이미 새로운 것이 아니다. 특히 이러한 사회적 자본 가운데에서 신뢰는 다원민주주의 정치와 경제적 번영의 필수조건이자 한 나라의 복지수준과 경쟁력을 결정하는 핵심적 요인이며, 또한 사회생활의 영위에 없어서는 안 될 역할을 수행하고 있다. 이처럼 사회적 자본으로서의 신뢰가 갖는 함의와 영향력이 크게 대두됨에 따라 전 세계적으로 신뢰에 대한 관심이 고조되고 있다.

그러나 최근 한국에서는 경제침체가 더욱 심화되는 상황 하에서 각종 사회적 비리와 부패가 만연함에 따라 정치사회적 갈등이 확산되고 있으며, 이와 같은 갈등의 근원은 다름 아닌 '신뢰의 위기'에 있다는 것이 보편적 견해이다. 이처럼 한국 사회 전반에 걸쳐 "신뢰의 위기"가 도래한 이유는 그간 권위주의적 국가발전전략에 힘입어 비약적인 경제사회적 성장을 달성하였으나 이는 어디까지나 외형적 · 물질적 성장에 불과했을 뿐, 가장 중요한 성장동력인 무형적 사회자본으로서의 신뢰가 그 기반을 공고히 구축하지 못했기 때문이라고 말할 수 있다. 요컨대 사회구성원 간의 상호신뢰와 사회제도 및 질서에 대한 신뢰의 붕괴는 우리 사회의 고질적 병폐로 간주되고 있는 부정부패, 정경유착, 지역연고주의와 같은 폐단을 낳았던 것이다.

이러한 맥락에서 본 '한림대학교 한림과학원'은 신뢰의 상실로 인한 사회적 위기를 극복하기 위한 방안을 모색하여 왔으며, 이미 진행된 제1, 제2단계

(2000년~2003년) 프로젝트에서 확보한 연구결과를 바탕으로 미래 한국 사회의 신뢰를 대폭적으로 증진시키기 위한 정치경제적 · 사회문화적 전략을 강구하여 이 책을 통해 소개한다. 연구의 전반적인 진행은 (1) 신뢰의 역사적 · 사회적 기반 탐색과 (2) 정치경제 · 사회 · 문화 부문에서의 구체적 신뢰구축 방안 탐색이라는 두 가지 측면에서 지난 지난 2004년부터 2006년까지 2년간 진행되었으며, 그 결과를 아래와 같은 6편의 논문으로 산출하였다.

이제 게재된 논문들의 전반적인 내용을 간략히 요약해 보면 다음과 같다. 제1장 "신뢰와 한국적 사회연결망 구조: 조선시대 양반의 연대, 연계, 연줄"(전상인)은 조선 시대 양반들을 집단적 존재로 파악하면서, 그들 간의 사회적 관계망을 사회자본의 측면에서 분석하고 있다. 즉, 양반들의 사회적 관계망을 집합적 수준에서의 연대(solidarity), 제도적 및 준제도적 수준에서의 연계(linkage), 그리고 개인적 수준에서의 연줄(network)로 각각 구분하여 고찰함으로써 전반적으로 조선시대 양반들의 사회자본은 후기로 접어들수록 연대의 가치가 약화된 반면 연줄의 역할은 증대되었다고 주장한다.

제2장 "신뢰와 정치적 선택: 한국 사회에서 공공성과 공론장의 정치를 위한 시론"(진덕규)은 한국 정치의 전개과정에 있어서 "민주화 이후의 민주주의" 시기가 도래하였다고 주장하는 가운데 이러한 시기 속에서 표출되는 사회구성원들의 정치적 삶의 양식을 신뢰관계를 중심으로 파악하고 있다. 필자에 따르면 최근 들어 우리 사회에서 급격히 증대된 사회적 신뢰에 대한 관심은 "민주화 이후의 민주주의"의 정치사회적 본질을 규명하기 위해 반드시 필요한 것이며, 민주화의 성공적인 귀착은 시민사회적 기반에서만 기대될 수 있다. 즉, 시민사회적 기반이 결여된 민주화 그 자체만으로는 결코 민주주의의 확립을 기대할 수 없다는 것이다.

제3장 "한국인의 정치제도 신뢰에 영향을 미치는 요인에 대한 탐색과 정치제도 신뢰증진전략 연구"(김지희)는 한국 사회에서 가장 큰 불신의 대상이 되고 있는 정치 · 정부 영역에 초점을 맞추어 정치 신뢰, 특히 정치제도 신뢰에 영향을 미치는 것으로 간주되는 개인의 사회문화적 배경요인과 정치경제적

성과에 대한 평가요인을 상정한 인과모형을 계량통계적으로 검증한 논문이다. 필자에 의하면 정치제도 신뢰에는 정치경제적 평가요인이, 대인 신뢰에는 사회문화적 배경요인 중 개인의 가치성향이 상대적으로 강한 영향력을 행사하고 있기 때문에 정부의 공공정책 수행능력 증진이 정치제도에 대한 신뢰를 향상시킬 수 있는 최선의 전략이다.

제4장 "언론 보도에 대한 불신 · 신뢰구조와 그 영향에 관한 연구"(유재천)는 한 사회의 신뢰와 불신구조는 사회구성원이나 집단 또는 제도에 대한 진술의 진실성과 연관되어 있다고 강조하면서, 사회구성원들에게 이와 같은 진술을 전파하는 언론 보도의 공정성 여부가 사회적 신뢰와 불신을 구조화하는데 절대적인 영향을 미친다고 보고 있다. 즉, 오늘날 우리 언론은 개인이나 집단 혹은 제도에 대해 부정확하거나 왜곡된 보도를 함으로써 그들의 명예를 훼손하여 회복하기 어려운 피해를 입힐 뿐만 아니라, 더 나아가 개인이나 집단, 제도에 대한 사회적 불신을 초래함으로써 한국 사회의 신뢰구조를 파괴하고 있다는 것이다. 이러한 언론 보도의 부정확성은 기자들의 소홀한 사실여부 확인과 불충분한 취재에 기인하기 때문에, 언론이 정확성을 생명으로 삼아 특히 논쟁적 사안에 대해 균형 있는 보도를 해야만 한국 사회의 신뢰구조가 공고해지리라는 것이 필자의 결론이다.

제5장 "종교와 신뢰의 문제에 대한 고찰"(정진홍)은 흔히 종교가 신뢰의 원천으로 간주되나, 오늘날에는 오히려 갈등과 불신의 원천이 되고 있다고 비판하면서 종교 간 갈등과 불신의 원인을 구조적인 것으로 전제하고 그 표출양태를 기술하면서 가능한 출구를 모색하고 있다.

제6장 "신뢰와 가족: '가족해체' 의 재조명 작업을 중심으로"(황정미)는 가족에 관한 기존의 신뢰 연구는 기능주의적 가족관을 액면 그대로 전제함으로써 최근 급속하게 진행되고 있는 가족의 역동성을 충분히 고려하지 못하였다고 비판한다. 필자는 이러한 맥락에서는 가족에 대한 신뢰를 '정태적 사적 신뢰' 로 보는 기존의 논의를 비판적으로 검토하여 제도로서의 가족, 관계로서의 가족에 대한 신뢰를 구분한 후, 제도로서의 가족은 사적 신뢰와 공적

신뢰가 교차하는 영역이라는 점을 강조하면서 가족-시장-국가를 연결하는 사회제도의 레짐 변화가 전체적인 사회적 신뢰 형성에 어떤 영향을 미치는지를 주목해야 한다고 주장하고 있다.

물론 이 책에서 제시된 신뢰회복의 처방과 전략들은 포괄적 방향을 제시한 것이기 때문에 구체적인 적용과 실천을 위해서는 보다 세밀한 정책적 판단과 재조정이 요구된다. 그러나 지금까지의 신뢰연구가 주로 신뢰의 개념, 양상과 요인과 관련된 학문적 담론에 제한되어 왔다는 점을 고려할 때, 우리 사회의 신뢰수준을 고양시킬 수 있는 구체적인 전략을 담고 있는 이 책은 학문적인 측면뿐만 아니라 실천적 측면에서도 공헌을 할 수 있으리라고 본다. 아무쪼록 수록된 연구들이 우리의 사회적 자본을 대폭 증진시키는 데 일조하기를 바란다. 그간 연구작업을 전폭적으로 지원해 주신 '한국학술진흥재단'과 한림대학교 관계자들께 깊은 사의를 표한다.

2007년 2월

편저자 김지희

1부

신뢰의 역사적 · 사회적 기반과 전망

제1장

신뢰와 한국적 사회연결망 구조:
조선시대 양반의 연대, 연계, 연줄

전상인*

I. 서론

사회자본은 주로 거시적 차원에서 포착되는 특정 사회의 문화적 및 조직적 특징으로서 일반적으로 신뢰나 협동과 같은 호혜성을 제공하는 것으로 이해되고 있다(Putnam 1993 ; Fukuyama 1995). 지금까지 사회자본의 역할은 주로 현대 서구사회의 산물인 자본주의나 민주주의 등에 연관하여 논의되어 왔다. 이에 반해 이 연구는 분석의 초점을 한국의 전통사회에 맞춘다. 사회자본의 효용성을 굳이 근대적 사회변동이나 사회발전에 관련하여 논의할 필요가 없다는 판단 때문이다. 말하자면 조선시대 사회자본의 특징과 기능을 당시의 시대적 수요와 상황적 조건을 감안하여 분석하고 평

* 서울대학교 환경대학원 교수

가하려는 것이다.[1)]

이 논문의 목적은 조선시대의 사회자본을 양반들의 관계망을 중심으로 분석하는 것이다. 사회자본에 대한 논의에서 연결망의 중요성은 아무리 강조해도 지나치지 않다. 이 점에서 조선시대 양반들의 존재양식은 사회자본 연구를 위한 적절한 사례로 보인다. 무엇보다 양반들은 개인적 존재라기보다는 집단적 내지 집합적 존재였기 때문이다. 이 글은 양반의 사회적 관계를 세 가지 차원으로 구분할 것이다. 첫째는 연줄(network)이다.[2)] 이는 양반이 개인적 수준(as an individual)에서의 맺는 사적 관계망을 의미한다. 둘째는 양반들이 집단적 수준(as a group)에서 맺는 제도적 내지 준(準)제도적 결사체이다. 이는 연계(linkage)라고 명명(命名)될 것이다. 세 번째는 집합적 수준(as a whole)에서 이루어지는 연대(solidarity)이다. 이는 사회문화 공동체로서의 양반사회 전체에 해당한다.

1) 조선시대의 사회자본을 자본주의의 발전이나 민주주의의 가능성 등에 연관하여 판단하려는 태도는 또 다른 '오리엔탈리즘'(Orientalism)일 수도 있다. 가령 유교의 가치를 평가하는 잣대는 그것이 조선조의 안정과 발전에 끼친 효과만으로 충분하다(Palais 1999, 21). 이런 점에서 이른바 '유교자본주의' 논쟁은 지적인 흥미에도 불구하고 현실적으로는 무해무익(無害無益)한 것이다. 조선조의 기본 성격은 어디까지나 '재분배경제에 기초한 도덕사회'였기 때문이다(이영훈 2004, 96).

2) 영어로는 모두 네트워크(network)일 수밖에 없는 연줄과 연결의 차이를 개념적으로 명확하게 구분하는 것은 매우 어려운 일이다. 왜냐하면 연줄과 연결의 구분은 궁극적으로 관계를 맺는 사람의 선호의 근거에 관한 심리적 동기에 의존해야 하기 때문에 외부에서 직접적으로 관찰하기 어렵다(김용학 2003, 90-94). 김용학에 따르면 연줄은 지연이나 학연, 혈연처럼 특수주의적이고 폐쇄적인 관계이고, 연결은 보편주의적 성격에 의해 맺어지는 개방적 관계이다. 김용학이 연줄과 연결을 구분하는 데 특수성과 보편성, 그리고 폐쇄성과 개방성을 대비하는 까닭은 둘 사이의 차이를 '도덕적'으로 평가하고자 하는 의욕 때문으로 보인다. 그에 의하면 연줄망은 도덕적으로 약화되어 연결망에 의해 대체되어야 하는 그 무엇이다.

II. 양반은 누구이고 무엇인가

양반에 대한 정의는 쉽고도 어렵다. 실체는 분명하나 설명하기가 힘들기 때문이다. 선비〔士〕가 벼슬을 하면 대부(大夫)가 된다. 그리하여 사대부(士大夫)는 양반의 전형적인 모습이다. 하지만 양반은 과거합격이나 관직 보유와 같은 객관적 · 법률적 기준에 반드시 부합하지는 않는다. 또한 양반은 결코 생득적(生得的) 신분이 아니었다. 따라서 호적이나 방목(榜目), 향안 등 공식적인 사회기록만으로는 양반 여부를 따질 수 없다. "조선시대의 사회신분제도를 구명하는 많은 사람들이 당시의 호적에 나타나는 개개의 호(戶)를 마치 무기물적인 표본을 다루듯 각각 하나의 고립된 개체로 간주하고 거기에 일정한 공식을 적용시켜 통계적으로 처리하는 경향"이 근본적으로 잘못된 것이다(송준호 1987, 143, 149).

양반에 대한 기준은 "주어진 상황 하에서 거기에 관여하는 사람들의 주관적인 합의에 따라 정해지는" 것이었다(송준호 1987, 135). 송준호에 의하면 양반은 다음 세 가지 자격요건을 충족시켜야 했다(송준호 1987, 118-164). 그중 가장 의미 있는 것은 현조(顯祖)의 존재였다. 현조란 말하자면 '크게 성공한 양반'인 셈인데, 중요한 점은 현조의 숫자나 현조와의 거리가 아니라 계보관계의 명확성이었다. 둘째, 양반은 누대(累代)에 걸쳐 세거(世居)한 결과로서 동족집락을 형성해야만 했다. 하지만 몇 대가 어느 규모의 동족마을을 이루고 살아야 하는지에 대한 구체적인 기준은 없었다. 셋째, 양반은 이른바 양반다운 생활을 부단히 실천해야 했다. 봉제사(奉祭祀) · 접빈객(接賓客) 등을 정중히 행함과 동시에 자기수양과 학문연마를 부단히 지속해야만 했다. 단, 여기서도 '양반다운 생활'이 어디에서부터 어디까지인지가 명확하게 규정되어 있지는 않았다.

흥미로운 점은 이처럼 절대적 · 객관적 기준이 아니라 주관적 · 상대적 평가였기 때문에 양반 자격에 대한 사회적 판단이 오히려 더 분명했다는 역설이다. 누대세거(累代世居)에 의한 고도의 정착성, 그리고 '이웃사촌'으로 표현되는 강한 공동체적 성격은 따라서 족보 위조를 통한 양반 행세를 사실상 불가능하게 만들었다. 양반은 개인적 차원이나 개인적 속성의 문제가 아니었기 때문이다. 그러므로 통계 자료에 잡히는 수치는 다분히 명목적이거나 형식적인 것으로서, 양반 숫자의 급격한 증가나 감소는 실제로 일어나기 어려운 일이었다. 양반의 숫자는 전체 인구에 대비하여 "최대한 늘려 잡아도 5~8% 수준"을 결코 넘지 않았다(송복 1991, 485-486). 특히 국가의 중추권력을 장악하고 있던 재경 양반층은 '한 줌의 특권집단'에 불과했다(미야지마 1996, 45-46).

요컨대 양반은 개인적 실체가 아니었다. 물론 과거(科擧) 합격이라든가 관직수행, 혹은 자기수양이나 학문연마 등에 관련하여 양반은 개인적 차원을 확보한다. 자격이든, 능력이든, 속성이든 최종적으로 그것은 개인에게 소속, 귀속 혹은 체화(體化)되는 것이기 때문이다. 그리하여 개인으로서의 양반은 어떤 의미에서 '문화자본'의 소유자에 가깝다. 그러나 이러한 사실 때문에 양반의 존재양식이 개인적이라는 뜻은 결코 아니다. 양반의 자격요건인 현조의 존재와 동족집락의 형성, 그리고 양반다운 생활의 영위는 결코 개인기(個人技)의 문제가 아닌 것이다. 양반은 좁게는 가족, 친족, 문중, 동문(同門) 등과 같은 집단의 일원으로서, 그리고 넓게는 양반사회라는 신분구조를 배경으로 하여 존재하였다. 양반은 개인 혹은 개인들의 합이라기보다, 집단 내지 구조 내에 위치한 개인들 사이의 관계 내지 관계망으로 이해되어야 한다. 양반을 양반답게 만든 것은 양반이라는 자격 그 자체가 아니라 양반들 사이의 상호작용이었다. 양반에게 관계 맺기란 따라서 일종의 삶의 조건이자 운명이었다.

그렇다면 왜 양반은 하나의 개체로서보다 집단의 일원으로 존재하고, 또한 관계 맺기를 통한 상호작용이 필연적일 수밖에 없을까? 여기서 우리는 이념형으로서의 양반과 생활인으로서의 양반을 구분할 필요가 있다. 규범적인 차원에서 양반은 다분히 내향적(內向的)인 존재였다. 선비의 기본덕목이 자기수양과 자율기강인지라 그들은 무엇보다 전문 '독서인'(讀書人)이었다. 사회 구성원의 윤리적 모범이 되어야만 했던 심리적 중압감은 양반 개개인을 중세 유럽의 귀족 못지않은 '고독한 존재'로 만들었을 것이다. 양반을 종교적 수행자로 보기는 어렵다. 그 대신 그들은 '지식 소유의 신성성과 성리학적 생활실천의 윤리성'에서 지배의 정당성을 찾았다(윤병철 2006, 27). 양반에게 독서 혹은 책읽기는 따라서 단순한 과거(科擧) 준비용이 아니라 양반다운 생활 그 자체였다. 관직만이 아니라 도덕과 학문 역시 양반으로 발신할 수 있는 계기였던 것이다(이성무 1994, 57-58).

하지만 독서인 내지 교양인으로서의 양반은 반쪽 모습에 불과한 것이다. 나머지 반쪽은 생활인 내지 경제인(經濟人)의 얼굴이다. 책만 읽고 앉아 있는 샌님의 이미지, 검약과 절제를 미덕으로 하는 선비 이미지로서는 양반에 대한 총체적 이해에 도달하지 못한다. 양반은 무엇보다 가계(家計)의 궁극적인 책임자였다. 그 결과, 양반은 지주이기도 했고 관료이기도 했으며, 농사의 기획자이기도 했고 노비의 관리자이기도 했다. 실존했던 양반은 따라서 대부분 독서인과 경제인 사이의 경계인(境界人)이었다. 양반이 경제인의 성격에 가까울수록 그들은 '고독한 존재'가 아니라 서로가 서로의 존재를 필요로 했다. '나 홀로 양반'이 아니라 '더불어 양반'이었던 것이다. 양반다운 양반 자체가 코호트(cohort) 집단으로부터의 인정을 전제로 하는 데다가, 특히 양반다운 생활을 위해서는 다른 양반들과의 적극적인 교류가 필수적이었다. 전형적인 양반의 경우 주변의 친척은 물론 정계나 학계의 선배, 동료, 후배 그리고 수많은 청탁자들로 둘러싸였다. 그들과의 관계 맺기야말로 정치적 안전과 출세, 그리고 경제적 안정과 번영을 지향하던 양반들의 최대 자산이자 무기였던 셈이다.

III. 양반의 연대

조선조의 국가 건설자들은 "국가질서가 순수하고 완벽한 유교적 이상의 구체적 표현 형상이 되기를 간절하게 바라고 노력하였다"(박영신 1978, 122). 유교는 "수기치인(修己治人)이나 내성외왕(內聖外王)의 기치에도 나타나듯이 단지 개인의 수신에 그치는 것이 아니라 정치를 통해서 그리고 정치를 통해야만 그 가치가 구현되는 사상체계"였기 때문이다(최우영 1994, 79). 그리고 바로 이러한 유교이념을 현실세계에서 구현하는 것은 양반의 몫이었다. 양반은 유교이념의 담지자로서 "스스로 속한 사회의 가치체계를 도덕적으로 대표하고 엄격히 실현하고, 이의 공식적인 주석가이자 전달자로, 그리고 후견인으로 자처"했던 것이다(박영신 1978, 133). 유교 없는 양반이나 양반 없는 유교는 공히 생각할 수도 없는 것이다.

성(聖, the sacred)과 속(俗, the secular)이 서로 분리된 것이 아니라 함께 융합된 고도의 가치지향적 사회에서 양반은 개인적 존재가 아니었을 뿐만 아니라 개인들의 단순한 합도 아니었다. 양반은 개인적 혹은 집단적이라기보다는 집합적 내지 전체적으로 존재하고 기능했다. 그들은 한 시대의 사회를 정의롭게 이끌어 가는 일을 혼자의 힘이 아니라 "횡적으로 뜻을 같이하는 동지들과 함께" 하고자 노력했다(금장태 2000, 17). 조선조 지식인들은 '기본적으로 정치지향적이라는 공통분모'를 가졌고 "정치를 통해 자기성취를 하고 국가사회에 기여하겠다는 의지를 상징적으로 갖고" 있었다(정옥자 2002, 28). 이른바 '양반다운 양반'으로서 '양반다운 생활'을 하는 것에서 양반은 차별화된 존재였고, 그러한 바로 문화적 차별화가 사회적 연대의 출발이자 바탕이었다. 이로써 양반은 동일한 이념과 동일한 이상, 그리고 동일한 상징에 기초한 신분공동체이자 지위공동체 혹은 문화공동체였던 것이다.

양반의 사회적 연대는 일차적으로 신분제 원리에 내재했다고 볼 수 있다. 양반과 다른 사회집단과의 구별은 "내부적으로 이념적 동일시의 효과를, 그리고 타(他) 신분에 대해서는 이념적 · 사회적 배제의 효과"를 노릴 수 있었기 때문이다(최우영 1994, 92). 양반적 생활양식의 수행자로서 선비의 가장 큰 특징은 "이쪽에서 보나 저쪽에서 보나 다른 사람과 다르다는 것, 그 하나였다"(송복 1997, 212). 그리하여 조선시대의 양반은 내부의 계층적 격차나 가문의 차이 혹은 지역적 편차를 초월하는 집합적 일심동체(一心同體)였다. 관직이 있든 없든, 가세가 강하든 약하든, 경상도 양반이든 전라도 양반이든, 문자 그대로 '양반은 양반'으로서 서로를 인정하고 예우했던 것이다. 가짜 족보가 진짜 양반을 만들 수는 없었다(정진영 1996). 오직 선비라는 자격만으로도 연령과 학식의 고하에 상관없이 서로간에는 학문적 토론이 무성하였고, 선비들 사이에 지역 차별이나 지역감정 같은 악습은 찾아보기 어려웠다(백승종 2003, 22, 230).[3)]

양반의 전형 혹은 이상형은 물론 선비였다. 그리고 선비란 자고로 '조선왕조의 인간화 작업이 탄생시킨 인간형'이었다(정옥자 2002, 12-25). 선비는 '타고나는 것이 아니라 만들어지는 것'이었다(금장태 2000, 14). 선비의 수기치인(修己治人)은 어린 시절 『소학』(小學)의 학습을 통해 청소하는 법, 어른 모시는 법, 나가고 들어가는 법 등 사람으로 행해야 할 가장 기초적인 행위 규범을 배우는 것으로 시작되었다. 성인이 되어서는 문(文) · 사(史) · 철(哲)을 체득해야 했고 여기에 시(詩) · 서(書) · 화(畵)를 체질화함으로써 이성과 감성이 조화된 인간을 추구하였다. 이른바 '삿된' 학문은 선비의 세계에서 용납되지 않았다. 그 결과, 선비들은 글쓰기 방식에 있어서도 표준

---

3) 이런 점에서 16세기의 대표적 선비 퇴계(退溪) 이황(李滉, 1501~1570)과 고봉(高峯) 기대승(奇大升, 1527~1572년)이 세대와 지역, 그리고 사상의 차이를 뛰어넘은 채 편지를 통해 13년에 걸친 '영혼의 교류'를 진행한 것은 대단히 감동적이다. 양인은 편지 끝머리에서 항상 상대방에게 큰절을 올렸다. 편지란 당시 경향 각지의 선비들을 이어주는 거의 유일한 수단이었다. 그것은 안부 편지일 뿐 아니라 학술논문이기도 했고 자기와 세상을 되돌아보는 성찰이기도 했다(김영두 2003 참조).

화된 고품격을 지향했다. 곧, '우주와 역사에 대한 깊고도 원대한 사유, 중후한 격식을 갖춘 문장'만이 주류로 인정받은 것이다.[4)]

선비들이 가졌던 최대의 공통점은 무엇보다 전문 독서인이라는 사실이었다. 선비들의 일과는 독서와 사색 중심으로 짜여졌으며, 적어도 규범적인 차원에서 보자면 선비란 일종의 수도자 내지 수행자였다.[5)] 독서로부터 자유로운 선비는 없었던 것이다. 소대헌의 경우에도 보는 것처럼 양반에게 '날마다 책 읽는 것이 생활'이었고, '살림보다 독서가 더 중요'했다(허경진 2003, 118). 유배생활 중에도 정약용은 아들에게 보낸 편지에서 '폐족(廢族)으로 잘 처신하는 방법은 오직 독서'이며 '독서라는 것은 사람에게 가장 중요하고 깨끗한 일'(박석무 2003, 35)이라고 가르쳤다. '너희들이 독서하는 것이 내 목숨을 살려주는 것'이라고 말하기도 했다(박석무 2003, 39).

선비들은 또한 사람들 사이의 관계를 중요시했다. 유교적 규범에 따라 가족들 사이에 효제(孝悌)가 강조되었음은 두말할 나위가 없다. 정약용은 귀양살이를 하는 동안 자식들에게 효제의 중요성을 되풀이하여 역설했다. 그러나 가족 단위의 효제를 넘어서는 타인들과의 우의(友誼) 또한 양반들은 중시했다. 일반적으로 다산이 효제를 일관되게 주창한 반면 박지원은 우도(友道)를 최고의 가치로 내세운 것으로 대비되고 있다(고미숙 2003, 383). 연암의 경우, 벗의 사귐이 일상의 요체였지만, 다산은 신기할 정도로 친구가 드문 반면 가문의 유지가 일차적인 고심거리였다. 우의를 강조한다는 점에서 보자면 박제가(朴齊家, 1750~1805)는 연암 편이었다. 박제가는

---

4) 1792년 10월 19일 정조가 시도한 이른바 '문체반정'(文體反正)은 이것의 단적인 표현이다. 정조는 명청(明淸)문집의 유행과 서학의 유포를 경계하고 양반들의 글쓰기에 대한 일대 검열을 단행하였다. 정조의 논리는 "소품을 읽다 보면 경학을 벗어나게 되고, 그러다 보면 윤리를 무시하게 되어 마침내 삿된 학문에 물들게 된다"는 것이다(고미숙 2003, 111).

5) 선비들은 하루 일과의 대부분이 문안과 독서, 묵상, 사색, 그리고 자녀교육이었다. 손님접대나 집안일 점검은 오직 틈틈이 행할 뿐이었다(정옥자 2002, 397).

'천하에서 가장 친밀한 벗으로는 곤궁할 때 사귄 벗'이라고 했다(박제가 2000, 106).

그 밖에도 양반들은 인격이나 품위, 혹은 품격 등의 측면에서 다른 부류의 사람들과 달랐다.[6] 소대헌의 경우 부모 삼년상 동안 벼슬을 내어놓고 부부관계도 멀리한 것으로 알려지고 있고(허경진 2003, 99), 박지원의 『양반전』에 따르면 양반은 손에 돈을 집지 말아야 하고〔手毋執錢〕, 쌀값을 묻지도 말아야 했다〔不問米價〕. 소대헌 역시 비록 상거래를 하긴 했지만 구태여 이문을 남기려 하지는 않았다고 한다. "사사롭게 계산하고 따지는 뜻이 없었다"라는 의미이다(허경진 2003, 104). 17세기 선비 이유태(李惟泰, 1607~1684)의 경우에도 "살림의 구석구석까지 꼼꼼히 살핀 것은 사실이나 그것은 '사대부로서의 풍모를 손상시키지 않는 범위'에서의 재산증식"에 머물렀다(우인수 2000, 54-55). 결국, 양반들은 유교를 배경으로 강력한 동류의식을 공유한 종교공동체이자 문화공동체였다.

요컨대 양반은 하나였다. 차후에 논의하게 될 양반들의 연줄이나 연결 역시 어디까지나 연대의 존재를 전제로 하는 것이다. 베버(Max Weber)에 의하면 신분제가 제공하는 이른바 '지위 상황'(status situation)은 긍정적이든, 부정적이든 명예에 대한 주관적 평가에 의해 결정되는 '삶의 운명'(life fate)으로서, 계급과는 달리 공동체로 기능하는 경향이 있다(Gerth and Mills 1948, 186-187). 더욱이 양반들은 주어진 유교적 규범과 의례에 철저히 따라야 했다. 양반으로 존재하기 위해서는 행색(行色)과 처신, 예법 등의 차원에서 동질적이어야 했던 것이다. 이로써 양반들은 개인간의 차이를 넘

6) 물론 실제로 양반들이 얼마나 달랐는가 하는 것은 별개 차원의 논의이다. 이덕무(李德懋)의 「사소절」(士小節)에 의하면 "글 읽는 일에만 도취되고 사리에 어두운 자는 완전한 사람이 아니다" 하면서 '완인'(完人) 개념을 제시하고 있다(한예원 1996). 그리하여 양반이 보통사람과 전혀 다른 존재라고 말할 수는 없을 것이다. 그럼에도 불구하고 양반은 남들과 다르거나 아니면 최소한 달라지고자 나름대로 부단히 노력했던 존재였다.

어서서 집단적인 취향이나 선호의 유사점을 공유했다. 부르디외 식으로 말하자면 구조화된 아비투스를 바탕으로 한 자신들만의 사회문화적 연대를 유지하면서 다른 집단이나 계급에 대한 이른바 '구별 짓기'(disticntion)를 이룩한 것이다(Bourdieu 1984 참조).

IV. 양반의 연계

문화적 및 상징적 차원의 연대에 더하여 양반은 다양한 방식의 연계를 통한 사회적 결집을 나름대로 도모하였다. 물론 그것이 공식 조직(formal organization)으로서 전국적 범위로 발전한 것은 아니었다. 우선 양반은 신분적으로 매우 명확한 사회집단으로서 별도의 공식적 조직화를 모색할 필요가 없었다. 또한 당시의 교통이나 통신망의 발달 수준이 이를 가능하게 만들지도 않았다(전상인 2001, 270). 그럼에도 불구하고 양반들이 일정하게 제도화된 사회적 결사체를 완전히 백안시한 것은 아니었다. 주로 집단적 수준에서 이루어진 양반들의 결사체적 연계는 크게 보아 지연(地緣), 학연, 혼인 및 각종 계(契)에 기초한 것으로 대별할 수 있다. 물론 이들은 서로 배타적인 것이 아니라 상호 중첩 · 중복되는 경우가 허다했다.

조선조는 기본적으로 중앙집권적 왕권국가였다. 곧, 중세 유럽이나 일본과 같은 분권형 봉건체제가 아니었던 것이다. 따라서 지방통치의 책임자는 중앙에서 파견되었다. 조선조는 전국을 8도로 나누고 그 예하에 약 350개 정도의 군현(郡縣)을 두었다. 그리고 전국의 모든 주민을 중앙정부가 일원적으로 통치하기 위해 모든 군현에 수령(守令)이 파견되었다. 수령은 '임금의 분신'으로서 지방의 행정, 사법, 군사권을 장악했다(한영우 2004, 292). 하지만 수령은 부패와 비행을 염려하여 제도적으로 임기가 짧았을 뿐 아니라 잦은 교체의 대상이었다. 바로 이와 같은 약점을 보완하기 위해 각 군현에는 유향소(留鄕所) 혹은 향소(鄕所)가 설치되었다. 유향소는 말하자면 중앙집권체제에 지방자치의 의미를 보강한 것으로 오늘날 '지방의회와 비슷한 기능'을 수행했다(한영우 2004, 294).[7] 그리고 서울에는 경재소(京在所)를 두어 군현에서 공무로 올라온 양반에게 각종 편의를 제공하는 한편, 중앙과 지방 간의 커뮤니케이션을 담당했다. 경재소는 말하자면 향소의 재경(在京) 사무소였다.

그러나 16세기 이후 재지양반 가문들이 전국적으로 확대되면서 이들은 계층으로서의 사회적 결집을 적극적으로 모색하기 시작했다(미야지마 1996, 171-180). 향촌사회의 새로운 주역으로 등장한 이들은 지방 세력가였던 향리(鄕吏) 중심의 이족(吏族)에 대응하는 이른바 '사족(士族)의 세계'를 형성하고자 했던 것이다. 이들 재향사족은 지주인 양반과 농민인 경작자가 공존하는 유교적 이상향, 곧 '향음주례'(鄕飮酒禮)를 꿈꾸며 향촌사회를 자신들의 입맛에 맞추고자 했다. 따라서 재지사족들이 향촌에서 어떻게 생활할 것인가, 곧 거향(居鄕)에 대해 지대한 관심을 가지게 된 것은 당연한 일이었다. 거향의 문제, 곧 관(官)과의 관계를 어떻게 설정할 것인가 하는 문제가 중요했던 궁극적인 이유는 그들 또한 출사(出仕)할 경우 같은 입장이었기 때문이기도 했다(김인걸 1994, 181). 결과적으로 16~17세기에는 수령을 정점으로 하는 관 주도 행정조직 이외에 재지사족이 중심이 된 향촌지배기구가 독자적인 기능을 수행했다(김인걸 1994, 157). 그 결과 관료와

---

7) 수령은 군현의 크기에 따라 구분되는 목사(牧使: 정3품), 부사(府使: 종3품), 군수(郡守: 종4품-정5품), 현령(縣令: 종5품) 등을 통칭하며, 성주(城主), 지주(地主), 원님, 또는 사또 등으로 불리기도 했다. 수령이 행해야 할 기본임무 7가지는 농업발전, 교육진흥, 부세수취, 치안확보, 인구증식, 군대정비, 공평한 재판이었다. 이를 '수령 7사'(守令七事)라 했다. 한편, 군현을 350개 내외로 설치한 것은 왕이 하루에 한 군현을 다스리면 1년에 전국을 모두 다스릴 수 있다는 계산을 바탕으로 했다(한영우 2004, 292, 294).

선비, 혹은 이족과 사족은 향촌사회의 주도권을 놓고 늘 미묘한 경쟁관계에 놓이게 되었다.

유향소는 단순한 '지방의회'의 기능을 넘어 지방행정에 보다 직접적으로 개입하고 간섭하는 경우가 많았다. 유향소를 통한 사족 연계망은 대개 읍 단위 수준이었다. 곧, 재지사족에 의한 일향공론(一鄕公論)의 공간적 범위가 읍 정도였던 것이다. 유향소는 1명의 좌수(座首)와 약간 명의 별감(別監)으로 구성된 지도부를 구성하고 향리층 감독을 일차적 임무로 설정하였다(미야지마 1996, 177-178). 이로써 재지양반층은 향소를 통해 "지방 통치 체제의 일익을 담당함으로써 '아관'(亞官) 곧, 관아에 버금가는 지위를 인정"받았다. 향소의 부차적 임무는 지방의 풍속과 질서 안정 그리고 지방민의 상호 부조였다. 이를 위해 제정한 것이 바로 향약(鄕約)이었다. 향약 가운데 가장 유명한 것은 이황의 예안향약이었다. 일반적으로 향약의 4대 항목으로는 덕업상권(德業相勸), 과실상규(過失相規), 예속상교(禮俗相交) 및 환난상휼(患難相恤)이 꼽히고 있으며, 향약은 양반뿐만 아니라 일반 민중을 포함한 지역사회 전체를 위한 규약이었다.

향소는 향촌 수준에서 형성된 양반들의 집단적 연계 거점이었다. 양반이 향소의 멤버가 되기 위해서는 향회(鄕會)에 가입하고 향안(鄕案) 혹은 향록(鄕錄)에 등록해야만 했다. 향안은 각 읍마다 작성된 말하자면 양반들의 공식 명부였다(기시모토 · 미야지마 2003, 117). 17세기는 문자 그대로 '향안의 시대'가 되었다(김현영 1999, 165). 삼남 지방을 중심으로 전국 대부분 지역에서 향안이 17세기에 집중적으로 작성되었기 때문이다. 보다 중요한 사실은 향회 가입 절차가 결코 만만치 않았다는 점이다. 그 결과, 향소와 향회가 항상 그리고 반드시 일치하지는 않았다. 향회는 오직 향안 등록자들의 모임이었기 때문이다. 향안 입록(入錄)에는 엄격한 자격심사가 선행되었는데 정부의 고위고관이라고 자동적으로 가입이 보장되지는 않았다(미야지마 1996, 172-173). 또한 향안 혹은 향록 등록자들끼리는 향회의 규칙, 곧 향규(鄕規)에 대한 준수의무가 부과되었다. 향약과는 달리 향규는 재지양반층 집단의 내부규율이었던 셈이다. 이런 점에서 그것은 단순한 '상부상조의 미풍양속' 정도에 그치지 않았다. 대신 '사족집단의 자치적인 신분적 지배기구'로 볼 필요가 있다(김필동 1999, 343-357).

양반의 연계는 학연을 통해서도 이루어졌다. 곧 사제(師弟)라든가 동학(同學)관계가 학문을 통한 양반간의 결합을 만들어 낸 것이다(미야지마 1996, 189). 그리고 학연은 향안과는 달리 읍 단위를 넘어 재지양반층을 연결시키는 역할을 수행하였다. 학연을 통한 연계의 대표적 거점은 서원(書院)이었다. 재지양반층의 사회적 결집의 장으로서 서원이 중요하게 된 것은 향소의 기능이 17세기 후반 이후 중앙정부 및 관아가 유향소의 성장을 경계하고 통제하기 시작한 것과 밀접히 연관되어 있다. 원래 조선시대에는 과거를 위한 국립 교육기관으로서 서울에 성균관, 동서남북의 사학(四學), 그리고 향교가 설치되었다. 조선조 초기만 하더라도 사학(私學)에 해당되는 서원은 관학인 향교와 경합관계에 있었으나 이 무렵부터 서원의 숫자도 많아지고 권위도 높아지게 되었다. 재지양반층의 교육기관으로서 서원이 차지하는 비중은 더욱더 중요해졌는데, 그 결과 양반 자제들은 서원에, 평민 자제들은 향교에 들어가는 것이 점차 관례가 되었다(한영우 2004, 354).

서원은 지방 선비들이 성장하는 중요한 기반이었다. 양반 자제를 가르치는 교육기능에다가 선배 유학자를 기리고 제사하는 사당(祠堂) 기능을 통합함으로써 서원은 점차 일종의 교학(教學)기구로 거듭나게 되었다(한영우 2004, 353). 서원의 효시는 1542년 풍기군수 주세붕(周世鵬)이 세운 백운동 서원이었고, 후일 이황이 풍기군수로 오면서 소수서원(紹修書院)이라는 편액을 하사받았다. 편액서원 혹은 사액서원에는 면세와 면역의 특권이 부여되었다(미야지마 1996, 191). 그 이후 영남 지방을 중심으로 서원을 통한 '사림의 기반화'가 본격적으로 확립되었다(김문택 1998, 174-175). 18세기 초에 이르러 서원은 전국적으로 600～700개에 이르렀고(한영우 2004, 354), 고종 초에는 1,000여 개에 육박했다. 그 가운데 사액서원만 1/3이 넘었다.

향약이나 서원 이외에 혼인을 통한 양반들 사이의 연계도 결코 빼놓을 수 없다. 물론 혼인 자체는 개인 혹은 가문의 문제이다. 그러나 향촌사회에 광범위한 재지양반층이 형성되면서 "계층적 결합의 강화에 따라 결혼의 대상도 점차 동일한 계층 내에"이루어졌다는 점에서 양반들의 혼인망은 전반적으로 제도적 연계의 성격을 갖게 되었다고 볼 수 있다(미야지마 1995, 186). 학연과 마찬가지로 혼인망 역시 읍 단위를 넘어서는 것이 상례였다. 이는 이른바 귀혼(貴婚)이나 부혼(富婚)을 위해 일반적으로 원혼(遠婚)을 장려한 결과였다(한국고문서학회 1996, 317). 그러나 실제로 통혼권의 범위가 아주 넓었던 것은 아니었다. 봉산(鳳山) 이 씨나 사천(泗川) 목(睦) 씨의 경우를 보면 지역 내 혼인이 일반적이었다(이기순 1996a; 1996b). 안동 지방의 유곡 권 씨인 권벌의 경우에도 중앙의 명문 가문을 찾기보다는 주변 지역의 대표적인 재지양반층과 폭넓은 혼인관계를 형성하였다(미야지마 1996, 189). 적어도 16세기 이전만 해도 그 이후에 비해 정략적 혼인이 크게 성행한 것은 아니었다. 혼인에 의한 양반간의 사회적 연계는 일종의 문화였다. 그것은 남녀균등상속제도 및 쌍계적(雙系的) 친족 개념 탓이었다(기시모토 · 미야지마 2003, 110).

양반들의 제도적 연계 기반으로서 계를 빠트릴 수 없다. 특히 동계(洞契)는 동리 단위의 계로서 동원(洞員)간의 사회적 결속과 혼상(婚喪) 및 재난의 경우 상호 부조 등의 목적을 갖고 있었다. 동계의 발전은 일반적으로 17세기 중엽 이후 동족마을이 형성되고 거기에 따라 문중간의 모임이 활발하게 되는 시대적 추이와도 일치한다(이해준 1996, 284-294; 김문택 1998, 168-170). 영천 지방의 경우, 양반들이 마을 내에서는 동계를 중심으로, 지역 내에서는 임고서원을 중심으로 뭉쳤다고 한다(김문택 1998). 18세기 후반에 이르면 공주 부전동(浮田洞) 사족들도 향안을 통한 일향의 지배보다는 대동계를 통한 동리의 대내적인 지배에 보다 많은 관심이 집중되었다(임선빈 1990). 결국, 조선 후기의 사족지배조직은 중층적 성격을 띠고 있었다(김현영 1991; 1999). 곧, 군현 단위의 향안이나 서원이 면리 단위의 동약 및 친족 수준의 각종 계와 중첩되어 있었던 것이다. 대체적인 추세는 조선조 후기로 갈수록 이른바 '일향공론'(一鄕公論)을 선도하던 향약의 힘이 점차 약화되어 갔다는 사실이다.

V. 양반의 연줄

'나 홀로 양반'이 아닌 '더불어 양반'의 실상은 연대가 연계가 아닌 연줄망을 통해 보다 구체적으로 드러난다. 양반과 양반 사이에 연줄이 존재했다는 것은 무엇보다 연줄이 서로 필요했기 때문이다. '양반다운 양반'이라는 자신들의 정체성, 그리고 '양반다운 생활'이라고 하는 자신들의 차별성을 위해 그들의 일상생활은 실질적이고 구체적인 연결망을 필요로 했던 것이다. 이는 '독서인' 내지 '교양인'으로 존재하기 위해서도 그랬지만, 특히 '생활인'이나 '경제인'이 되기 위해서는 더욱더 불가결한 요소였다. 선비나 유학자라고 하는 조선조 양반의 이미지는 허구가 아닐지는 모르나 반쪽에 불과한 것이다. 하나의 인간으로서 양반 역시 먹고사는 문제로부터 결코 자유롭지 않았기 때문이다. 당시를 살았던 양반들의 진솔한 기록 가운데 하나인 다양한 일기류가 이를 웅변한다.

예컨대 『미암일기』(眉巖日記)의 주인공인 유희춘(柳希春)은 '세간에는 청렴하고 세상물정에 어두운 인물'로 인식되고 있었지만(이성임 1995a, 93), 사실은 '자신이 소유한 유자목(柚子木)의 열매 수까지 알고 있을 정도로 치밀한 인물'이었다 (이성임 1995b, 135). 물론 유희춘의 경우 20년에 걸친 유배생활 이후 이를 빠른 시일 내에 만회하려는 특수한 경우라고 볼 수도 있지만, 일기 전체를 통해 그가 "재산확대를 위해 노심초사"하는 모습이 잘 드러나고 있다. 그리하여 지위 고하와 정도의 차이는 있겠지만 그것이 당시 양반들의 '보편화된 행태'라는 것이 조선사회사 연구자들의 주장이다(이성임 1995a, 143). 『쇄미록』(瑣尾錄)의[8] 저자 오희문(吳希文) 역시 '이재(理財)에 밝아 경제관념이 뛰어났을 뿐만 아니라 가계운영에 있어서도 적극적인 인물'로 평가받고 있다(이성임 1999b, 42).

조선시대에 있어서 양반이라는 신분 자체는 안정되고 풍요로운 삶을 자동적으로 보장하지 못했다. 양반이 공식적으로 얻을 수 있는 유일한 직업은 관료였다. 그러나 관료로서 국가로부터 받게 되는 수입은 결코 충분한 것이 아니었다. 유희춘의 경우, 비록 재직중이라도 중앙정부는 자신의 다양한 소득원 가운데 하나에 불과했다.[9] 녹봉은 대부분 자신의 생활비로 쓰였을 뿐, 가족을 위한 가계비용이나 재산축적의 수단이 되지 못한 것이다(정창권 2003, 35). 게다가 국가지출의 과다라든가 흉년 등의 이유로 감록(減祿)되는 경우도 적지 않았다. 그리하여 양반 관료 가운데 녹봉만으로 살아간 사람은 극히 일부였고 대부분은 자기 힘으로 살아가야 했다. 국가는 녹봉을 관료에게 지급하는 주된 생활보장책으로 인식했으나 현실적으로는 "녹봉이 관료의 생활보장이라는 의미를 지니기 어려웠다"(이성임 1995a, 96, 100).

하지만 양반다운 양반이 되고, 양반다운 생활을 영위하는 데 소요되는 지출은 결코 적지 않았다. 게다가 이와 같은 기본적 품위 유지를 넘어 경

8) 오희문(1539~1613)이 주로 임진왜란으로 피난하던 중의 생활상을 기록한 수필일기(미야지마 1996, 147). 1591년 11월 27일부터 1601년 2월 27일까지 9년 3개월에 걸쳐 있음.

9) 유희춘이 국가로부터 받은 급여는 다음과 같다. 첫째는 녹봉(祿俸)이었는데, 녹은 소위 '사맹삭반록제'(四孟朔頒祿制)에 입각하여 정월, 4월, 7월 그리고 7월 초에 받는 것이었고, 봉은 월별 이하 단위에서 지급되는 것으로 주로 곡물과 옷감이 주어졌다. 둘째는 한여름에 서빙고에서 지급하는 얼음〔氷〕이었는데 실제적인 효용보다는 상징적인 의미가 더 컸다고 한다. 셋째는 찬물(饌物)로서 건어물 등 반찬류에 해당하는 것이었다. 이로써 국가의 입장에서는 관료가 품위 있게 사는 데 필요한 모든 물품을 지급하는 외양을 나름대로 갖춘 셈이다(이성임 1995a).

제적 부(富)를 보다 적극적으로 축적하고자 할 경우 관료로서 국가로부터 받는 급료는 태부족이었다. 이러한 문제를 해결하기 위한 나름대로의 전략이 바로 연줄망이었던 것이다. 양반사회의 연줄망은 크게 보아 두 종류였다. 그중 하나는 양반과 관료 사이에 맺어졌다. 이는 관직을 배경으로 하는 것으로 현직(現職)에 종사하는 양반 관료와 비관료 양반 간의 연줄망이라고 말할 수 있다. 다른 하나는 관직과는 직접적 상관없이 양반들 상호간에 맺어지는 관계였다. 물론 이 두 가지 종류의 연줄망이 현실적으로는 엄격하게 구분되기 어려웠다. 왜냐하면 관직과 관인(官人)이 서로 엉켜 있었기 때문이다.

조선조 양반이 일상생활에 필요한 물품을 조달하는 방식은 형식적인 측면에서는 다양했다. 우선 앞에서 살펴본 것처럼 비록 양적으로 충분하지는 않았지만 관료로서 국가로부터 받는 녹봉이 있었다. 둘째, 어떤 물건은 양반들이 스스로 제조하여 사용하기도 했다.[10] 사실상의 주문생산이었던 이 경우 역시 범위는 제한적이었다. 셋째는 시전(市廛)이나 장시(場市)에서의 구매였다. 하지만 조선조는 기본적으로 상업이 발전하지 않았던 사회였다.[11] 게다가 양반들의 구매행위는 대개의 경우 '일상적 구매'가 아니라 '청탁성 구매'였다(이성임 1998, 109). 다시 말해 시장원리에 입각한 구매가 아니라 연줄과 관계망에 기초한 구매였던 것이다.[12] 양반들이 필요한

10) 유희춘의 경우 자신이 사용하는 붓 생산은 필공(筆工)이, 공책 제작이나 서책 장정은 장책장(粧冊匠)이, 그리고 서책이나 문건의 필사는 서사관(書寫官)이 각각 담당했다(이성임 1998, 101-105).

11) 『쇄미록』에 의하면 지방에서의 장시(場市)는 통상적인 상업적 이윤추구가 목적이 아니었다. 오희문이 전쟁과 피난과 같은 궁핍한 시기에 주로 곡물류에 대한 구매를 집중한 것은 자급자족이 어려운 상황에서 자신이 소유한 것을 팔아 필요한 것을 구입한다는 의미를 넘어서지 않았다. 결국 "당시의 장시는 이윤추구보다는 유무상천(有無相遷)하여 생계유지를 도모케 하려는 구황(救荒)의 측면이 더 큰 것"이었다(이성임 1999, 52).

12) 유희춘은 다양한 경로를 통해 물건을 구입했다(이성임 1998, 84-101). 예컨대 중국으로부터는 조복(朝服)이나 쇄자(刷子, 갓의 먼지를 터는 솔), 서책(書冊), 약재 등

물품을 조달하는 또 하나의 방식은 증여였다. 그리고 증여야말로 양반들의 경제생활에서 가장 큰 비중을 차지했을 뿐만 아니라 연줄망을 통하지 않고는 실현이 불가능한 것이기도 했다.[13)]

유희춘이 귀양살이를 마치고 재출사(再出仕)한 이후 1567년부터 1577년까지 10년 동안 행한 물품의 수증(受贈)은 2,855회에 달했다(미야지마 1996, 155). 이에 비해 구매는 66회, 그리고 직접 제작은 37회에 불과했다. 이처럼 물품 구매나 직접 제작이 흔하지 않았던 이유가 당시 양반사회에서 광범위하게 작동하고 있던 증여 및 수증 관행 때문이었던 것이다(이성임 1998, 106-107). 유희춘은 평균 하루에 한 건 이상씩 수증하거나 증여하였다. 그리고 내용면에서 그것은 일상품에서 사치품까지를 총망라하였다.[14)] 오희문의 경우 역시 방문객과의 선물교환이 피난생활을 지탱하는

을 구매했는데, 대부분의 경우 성절사(聖節使)나 보은사(報恩使), 천추사(千秋使) 혹은 이들을 수행하던 서장관(書狀官), 통사(通事) 및 군관(軍官) 등에게 직간접으로 부탁하여 이루어졌다. 곧, 친분을 통해 중국으로부터 물품을 수입할 수 있었던 것이다. 중앙관서로부터 서책이나 기와, 관(棺) 혹은 일력(日曆)을 구입하기도 했는데, 소량생산 품목들이라 고위관직을 배경으로 해서 구입이 이루어졌다. 한편, 지방 특산지로부터 은대(銀帶) 제작용 은이나 벼루, 소금 등을 구매했는데, 이 경우 역시 연고가 있는 인물을 통해서 이루어졌다. 게다가 유희춘이 직접 값을 치르기보다 지방관이 현지에서 대납하는 일이 많아 사실상 증여(贈與)에 가까웠다.

13) 양반들의 물품조달에서 관급(官給), 제작, 구매, 증여방식 이외에 대부(貸付)도 있었다. 혼례나 상례(喪禮) 때 지인이나 친척 혹은 관청으로부터 혼립(婚笠)이나 말안장, 상여 등을 빌리는 것이 그 보기이다.

14) 유희춘이 주로 받은 물건의 내역은 쌀, 보리, 콩과 같은 곡물류, 면포 및 의류, 부채와 같은 용구류(用具類), 종이, 붓, 벼루, 공책과 같은 문방구류, 꿩〔雉〕을 포함한 치계류(雉鷄類) 및 황우나 돼지, 노루와 같은 포육류(脯肉類), 낙지, 석화, 대하, 조개〔蛤〕, 복어〔鰒〕와 같은 어패류, 소금, 된장, 간장 등의 찬물류(饌物類), 감, 유자, 배, 귤, 감자, 토란과 같은 과채류, 밤, 대추, 은행, 호도, 인삼, 청밀(淸蜜)과 같은 견과 및 약재류, 땔감이나 마초(馬草)와 같은 시초류(柴草類) 등으로 다양했다(이성임 1995a,124). 요컨대 반찬거리에서부터 식량과 의복에 이르기까지 매일같이 선물을 보내왔던 것이다(정창권 2003, 31-32).

데 큰 역할을 수행했다. 이처럼 양반들은 서로 선물을 주고받음으로써 집단적으로 공생할 수 있었다. 물품의 수증과 증여는 말하자면 '양반 상호공조의 관행'이었던 셈이다(이성임 1999, 65). 결국, "경제생활에서 선물을 주고받는 것, 즉 증답경제(贈答經濟)라고 말할 수 있는 것이 큰 역할을 담당하고 있었음은 상당히 보편적인 현상"이었던 것이다(미야지마 1996, 154).

당시 양반가(兩班家)에서는 이와 같은 선물경제(Gift Economy)의 작동을 위한 내부적 시스템을 효율적으로 가동하고 있었다. 유희춘은 물품을 수증할 때 거절하거나 사양하지 않고 흔쾌히 받았으며, 많이 보내오면 매우 흡족해 했다고 한다(이성임 1995a, 133-134). 이런 정황의 이면에는 우선 선물을 갖고 오는 손님을 환대하는 것은 부녀자의 노력이 있었다. 17세기 서울의 대표적 양반가문 여성인 남평(南平) 조 씨(曺氏)가 남긴 『병자일기』(丙子日記)에 의하면 '접빈객(接賓客)은 양반사회의 대표적인 공조 기능'이었다(이순구 1998, 131). 피난살이 끝에 서울로 돌아온 남평 조 씨는 늘 가득한 손님맞이에 여념이 없었는데, 선물을 교환함으로써 발생하는 경제적 이득 탓에 여성으로서의 불평은 찾아보기 어려웠다. 이와 함께 증답경제의 실질적인 수족은 바로 노비들이었다. 노비의 중요한 임무 중 하나가 각종 선물의 운반이었기 때문이다(미야지마 1996, 161).[15] 양반이 직접 나들이하지 않은 채 노비만 보내 선물을 증여하는 일도 허다했다. 선물을 "바라는" 양반, 선물을 챙기는 부인, 그리고 선물을 나르는 노비 등을 상상해 본다면, 조선시대 양반가정은 '오늘날 웬만한 기업체와 맞먹을 정도로 거대한 사회였고 집안일도 엄연한 사회활동'이었던 것임에 틀림없다(정창권 2003, 267).

---

15) 증답경제에 관련된 노비의 역할은 사실상 단순한 선물운반책 정도에 머물지 않았다. 노비의 또 다른 역할은 메신저였다. 다시 말해 종은 당시 양반간 커뮤니케이션을 중요 수단이었다. 예컨대 낙향한 양반의 경우 노비를 서울에 남겨두고 끊임없이 서울 소식을 알고자 했다(허경진 2003, 93 참조). 17세기 양반 소대헌 부부의 일기를 보면 1636년 6월분 『동춘당 일기』 11편 가운데 2개가 "서울 소식을 들었다"는 내용이다(허경진 2003, 100).

양반 사이의 증여 네트워크는 관료와 비관료 모두를 포함하고 있었다. 유희춘에게 선물을 전달한 사람은 감사(監司), 병사(兵使), 수사(水使), 수령(守令), 만호(萬戶), 육참봉(陸參奉), 훈도(訓導) 등과 같은 전국의 지방관들과 동료나 문인, 친인척에 해당하는 인물로 대별할 수 있다. 유희춘의 경우, 초기에는 혈연이나 지연에 입각한 연줄망을 통해 선물을 받는 비율이 많았다가 관직생활을 오래 하는 동안 인간관계의 폭이 넓어지면서 지방관 등 관료들로부터 받는 수증이 증가하였다(이성임 1995a, 132). 또한 그는 지방관으로부터 자신만 증여받는 것이 아니라, 자신의 다른 친인척에게도 전달하도록 조치하기도 했다. 물품 증여의 일차적인 계기는 물론 힘 있는 관직 보유자라는 사실이었다. 따라서 증여행위의 매개는 천거(薦擧)나 피역(避役)을 위한 청탁 수수가 많았다(이성임 1995a, 135). 하지만 보다 궁극적인 목적은 동일한 양반으로서 비관료와 관료 사이의 상호 보험이었다. 현직(現職)에서의 증여를 퇴직(退職)시의 수증과 묵시적으로 교환한 것이다. 그런 만큼 그것은 어느 정도 강제성을 띤 관행이었을 것으로 추측된다.[16)]

먹고 살아야 하는 평범한 '생활인'으로서, 또한 독서 및 각종 유교적 의례(儀禮)를 결코 소홀히 할 수 없는 특별한 '문화인'으로서 양반에게 증답경제는 필요불가결한 요소였다. 양반사회에서 연줄망을 통한 증여관계의 효용성은 그러나 단순히 이것으로 그치지 않았다. 어떤 양반들은 자신들의 관직을 기초로 형성된 연줄을 활용하여 보다 적극적으로 재산을 늘리기도 했기 때문이다. 말하자면 '직위 그 자체가 광범위한 식이(殖利)의 토대'로 작용하는 경우였다(이성임 1998, 83). 사실상 가문의 배경을 보자면 유

16) 『묵재일기』를 보면 이문건(李文楗, 1494~1567)의 제삿날 성주 판관이 제물과 인력을 제공하고, 상례 때는 분묘를 조성하는 조묘군(造墓軍)이나 상여 메는 역인들을 지원했음을 알 수 있다. 이와 같은 지방관들의 '조제(助祭)관행'은 양반들이 요청하는 경우보다 관리들이 미리 알아서 보내 주는 경우가 많았다. 이는 개인적인 친분관계에서 유래하는 것일 수도 있지만, 국가에서 사대부들의 안정과 유지를 위해 관례적으로 배려한 측면도 많다(김경숙 2000, 98).

희춘은 거부(巨富)가 될 입장이 아니었다. 그러나 혈연 · 지연 · 사우(師友) 관계와 관직은 부를 확대할 수 있는 기반이 되었다(이성임 1995a, 125). 유희춘이 재산을 늘리는 대표적인 방식은 남들과 마찬가지로 당시에 유행하던 농지개간이었다.[17] 그런데 그는 관직을 이용하여 개간에 필요한 재원과 노동력을 동원하였다. 심지어 가사(家舍) 신축에서도 인근 수령과 수사, 병사의 지원을 크게 받았다. 높은 관직은 또한 이른바 매득(買得)을 통한 재산 증식 기회를 제공하기도 했다(이성임, 1995a, 127). 조선시대에는 조상 전래 토지에 대한 방매(放賣)를 비윤리적 행위로 간주했는데, 그 결과 가까운 친인척 사이의 토지매매는 유력 관료를 도와주는 결과를 초래했다.

재산증식을 위한 관직남용이 연줄망의 간접적 활용이라면, 혼인은 그것을 보다 의도적 내지 적극적으로 이용하는 경우였다. 혼인이 점차 정략으로서의 성격을 띠게 된 결과였다. 양반에게 '혼인은 곧 재산증식의 문제'가 되곤 했다(박미해 2004, 4). 왜냐하면 남녀균분 상속제도는 혼인으로 인하여 신부 집의 재산을 신랑 집에 귀속시킬 수 있었기 때문이다. 재산증식은 가문을 일으키는 데 매우 절실한 것으로 생각한 유희춘이 혼인이 재산규모의 증감에 미치는 영향을 결코 모를 리 없었다. 따라서 그는 혼처를 물색함에 있어 가계의 유족(有足) 여부를 중요한 기준으로 삼았다(이성임 1995a, 127-133). 유희춘의 손자 유광선의 혼인과정을 보면 신부측은 명예를 얻고 신랑측은 재산을 증식하게 되는 교환적인 성격을 뚜렷이 읽을 수 있다(박미해 2004, 16). 혼주(婚主)로서의 최대 관심사는 혼수와 위요(圍繞) 문제였는데, 유희춘은 "권력과 인맥을 활용하여 혼인물자를 조달"하였고, VIP급 인사를 혼례의 위요로 청함으로써 집안의 위상을 과시하고자 했던 것이다(박미해 2003, 7).[18]

---

17) 당시 농지개간에는 연못과 같은 저습지에 대한 축안작답(築堰作畓), 곡지(谷地)나 석전(石田) 등과 같은 황지(荒地) 개간, 해택(海澤)의 개간 등이 있었다. 개간에 필요한 재원과 노동력은 관직을 배경으로 동원되었다(이성임 1995a, 115-118).

18) 물론 혼인은 새로운 인맥을 구축하고 연줄망을 형성하는 중요한 계기가 되었다. 양

VI. 연대, 연계 및 연줄의 역사적 추이

양반은 조선조의 명실상부한 지배층이었다. 양반들간의 집합적 연대야말로 조선 사회의 안정을 담보한 최대의 자산이었다. 그리고 이러한 양반 공동체의 확립은 대체로 조선 중기에 이르러 확고해졌다. 그 이후 조선조 양반들은 향촌사회의 새로운 주역으로 자리 잡으며 다양한 형식의 집단적 연계를 형성하였다. 각종 향안이나 사원, 혹은 동계 등에 기초한 각종 양반 결사체가 이에 해당한다. 물론 이와 같은 양반들의 공동체적 연대와 결사체적 연계는 양반 상호간에 개인적 수준에서 결성되는 연줄망과 병존하고 있었다. 하지만 조선시대를 개관해 볼 때 큰 흐름은 전기에서 후기에 이를수록 연대보다는 연계, 그리고 연계보다는 연줄이 중요해지는 사회로 나아갔다고 볼 수 있다. 물론 이들 세 가지의 구분이 개념적으로나 시대적으로 결코 명확할 수는 없지만, 조선조의 시작은 양반간의 공동체적 연대였지만 그것이 결사체적 연계의 성쇠를 거쳐 마침내 연줄사회의 심화로 끝나는 양상을 보여 주는 듯하다.

이와 같은 현상은 다음과 같은 몇 가지 이유로 설명될 수 있다. 우선 조선시대 양반들이 집단적으로 구가하던 경제적 성장은 16세기 말 혹은 17세기 초에 절정을 이루었다. 이는 이른바 '개발의 시대'가 종식되면서 양반들의 공동 번영이 더 이상 지속될 수 없었다는 사실을 의미한다(미야지마 1996, 115-144). 이러한 상황은 상징적 차원의 연대 대신, 구체적 이익을 위한 결사나 연줄의 중요성을 상대적으로 제고시키는 요인이 되었을 것이다. 둘째는 조선시대의 과거제도가 명목상의 개방성과는 달리 실질적으로

반가의 "혼속은 새로이 결합되는 신혼부부들을 통하여 양가의 네트워크가 확산되며 새로운 관계를 형성하는 데 기능하며 또한 양가의 가부장권이 확대되는 것을 돕는" 역할을 수행한 것이다(박미해 2004, 16).

는 독과점의 심화로 치닫고 있었다는 점이다(기시모토 · 미야지마 2003, 91-102). 이는 조선조의 과거 자체의 특이성 탓도 있었지만, 조선조 후기 서원의 발달과도 긴밀히 연관되어 있는 것이다. 조선조의 과거는 오늘날 남아 있는 3,000개 성씨를 기준으로 삼으면 약 1%의 동족집단들이 모든 문과 합격자의 반수 이상을 배출하는 '극심한 과점상태'를 드러냈다.[19] 셋째는 18세기 이후 수전법(水田法), 이앙법(移秧法), 견종법(畎種法) 등의 발전이 초래한 농업생산력의 향상 및 상업적 농업의 증대를 지목할 수 있다. 이에 따라 이익이라든가 부와 같은 물질적 가치가 사회적으로 확산되었고, 탈물질적 공동체적 유대가 약화되기 시작하였다. 소농사회의 출현 또한 호적대장상의 신분제 변화와 함께 양반이 구가하던 기존의 향촌 지배권을 위협했는데, 이로써 양반들의 자기 규제나 상호 규제의 원리 대신 적나라한 경쟁과 수탈이 만연되기 시작했다.

연대의 약화와 연계의 저하, 그리고 연줄의 강화는 양반들의 사회적 관계가 범위의 차원에서 축소하고 내용의 측면에서 혈연적 결속이 강화하는 것으로 나타났다. 이 무렵 양반들의 관계망 변화는 재지양반들의 경제력의 저하 이후 상속제도의 변화 및 족보 편찬방식의 변동과도 밀접히 연관되어 있다(미야지마 1995, 239). 남녀 균분상속이 남자 균분상속을 거쳐 장남우대상속으로 변화하고, 족보 작성에 있어서 남계자손 우선 편찬방식이 보편화되며, 또한 문중조직이 더욱더 강화되는 현상은 17세기 후반에서 18세기에 걸쳐 거의 동시에 진행된 일련의 사회적 경향이었다. 그 결과, 상징적 차원에서 형성된 양반들 사이의 집합적 연대는 점차 그 특권적 의미

19) 조선조 전시기(1392～1894)를 통틀어 문과 합격자 총수는 14,333명이었다. 그 가운데 상위 10대 문중이 23.7%인 3,397명, 상위 30대 문중이 46.2%를 차지했다. 그리고 소수 동족 내지 혈연집단에 의한 집중 현상은 후기로 가면서 뚜렷이 심화되었다. 중국에 비교하여 조선의 과거제도에서는 문과의 비중이 너무 높았고, 시험공고기간이나 엄격성에서 세력 있는 가문에게 유리한 점이 많았다(기시모토 · 미야지마 2003, 97-100).

를 상실해 갔다. 지연이나 학연 등에 기초한 사족 결사체 또한 효력을 잃어 가면서 양반들의 관계망은 가까운 혈연이나 가족 중심으로 크게 수축되기 시작했다. 그리하여 조선 후기에 접어들면서 향안, 향규, 향약 등과 같은 일향(一鄕)의 지배보다는 혈연적인 족계를 만들어 문중의 결속력을 확보하기도 하고, 지연과 혈연적인 촌락을 중심으로 자기 방어를 모색하는 일이 보편화되었다(우인수 2000, 62).

가령 경북 지방의 재지사족의 경우, 16세기 무렵에는 학파 중심, 일읍(一邑) 공동의 서원 설립이 주류였으나 18세기 이후에는 점차 씨족이나 문중을 중심으로 개별적인 서원이나 사묘(祠廟)가 분립되었다. 이와 같은 향촌의 분열과 향전(鄕戰)은 세월이 지날수록 전국적으로 보다 심화되었다(이수건 1987). 전라도 영암의 경우에도 17~18세기경부터 사족활동은 점차 동성동족적(同姓同族的)인 것으로 재편되기 시작했다(이해준 1988, 15-19). 다시 말해 문중별로 자신들의 세력기반 확보를 꾀하는 움직임이 활발해진 것이다. 동계나 동약 또한 초기에는 지역적 혹은 신분적 특권의지를 바탕으로 하여 관에 대항하는 성격을 드러냈으나, 점차 하층민의 통제를 위한 전제(專制)의 양태로 변모되어 갔다(이해준 1988, 6). 남원의 경우에도 19세기가 되면 연대나 연계에 입각한 사족 지배구조가 형해화되어 가는 모습이 여실히 드러나 있다(김현영 1989). 그 대신 학연과 혈연과 같은 연줄망의 강화를 통해 몇몇 집안들이 과거를 독과점하고, 사회적 부를 독차지하는 현상이 심화해 갔다.

이렇듯 연줄망이 좁아지고 닫혀짐으로써 조선조는 사회 전체가 승자독식사회로 변하기 시작했다. 양반제의 전성기에는 지주제적 소유관계와 중세적 생산력을 전제로 해서 문화자본에 기초한 사회자본의 동원이 경제자본을 산출하는 기초가 되었는데, 소유관계에서 지주제의 약화 혹은 변형, 상업화의 꾸준한 진전, 그리고 양란(兩亂)의 충격에 의한 양반적 헤게모니의 위기 등으로 조선 사회는 후기에 이르러 전기에 비해 질적으로 크게 달라진 모습을 드러낸 것이다. 이는 사회적 불평등이 심화되는 상황에서 나타나는 계급적 전략의 차이에 주목한 파킨(Parkin 1979)을 상기시킨다. 곧, 파킨에 의하면 지배계급은 이른바 '배제'(exclusion)로서의 사회적 폐쇄 전략을 통해 자신들의 기득권을 지키고자 하며, 피지배계급은 소위 '강탈'(usurpation)로서의 사회적 폐쇄전략을 통해 기득권을 뺏고자 하는 것이다.

양반들이 배제를 통한 사회적 폐쇄에 빠진 모습의 전형은 19세기 후반 충청도의 뛰어난 유학자 조병덕(趙秉悳, 1800~1870)의 말년이 이를 웅변한다. 이제 '뿔뿔이 흩어진 양반가의 모습'은 더 이상 낯선 광경이 아니었다(하영휘 2004, 5). 그 무렵 사회생활의 단위는 가까운 가족 범주로 더욱더 축소되어 있었다. 증답경제가 간신히 유지되긴 했지만 "동서남북의 빚 독촉이 끊이지 않는다"라고 쓸 정도로 그는 경제적으로 궁핍했다(하영휘 2004, 36). 몰락하는 양반으로서 그는 경상적인 생활비 외에도 양반의 신분과 체면을 유지하는 데 필요한 돈을 크게 아쉬워했다. 농사수입은 턱없이 부족했기에 자연히 그는 자식이나 조카 등 자제배(姊弟輩)의 인사에 관심이 많았다. 왜냐하면 그들의 선물과 증여가 절실했기 때문이다(하영휘 2003, 93). 이처럼 양반으로서의 지위와 풍모를 유지하는 문제에서조차 전전긍긍하는 모습이야말로 양반사회의 집합적 연대가 흐트러지는 단적인 보기라 하겠다.[20] 어렵고 힘든 시기를 맞아 믿고 기댈 것이라고는 결국 연줄이었다. 이런 점에서 '19세기는 공동체 사회라기보다는 연망사회'였다(하영휘 183).

20) 경제력 저하, 신분제의 동요, 그리고 서세동점의 국가적 위기에 처해 영락(零落)하는 양반 조병덕이 끝으로 찾고자 했던 '마지막 비상구'는 '연망사회'였다. 그는 '전국적 통신망' 유지에 각고의 노력을 경주했는데, 그 매개는 전국 각지의 동문, 제자 및 친척들과 적극적인 서신 교류였다 (하영휘 2004, 155). 이때의 목적은 그러나 증답경제원리에 입각한 과거 연줄사회의 재건이 아니었다. 그 대신 "전국방방곡곡에 독서종자를 뿌려 유학을 공부하는 학자를 늘림으로써 땅에 떨어진 삼강오륜을 회복하고 전국 각 지방을 추로지향(鄒魯之鄕)으로 만드는 것"이었다(하영휘 2004, 156). 다시 말해 선물보다는 정보가 목적이었던 것이다. 곧, 누란에 처한 국가적 위

VII. 결론

이 글은 조선시대의 사회자본을 양반들의 관계망 내지 연결망의 시각에서 분석한 것이다. 양반들의 관계와 연결에 주목하는 이유는 조선조 양반을 '나 홀로 양반'이 아닌 '더불어 양반'으로 파악하기 때문이다. 양반들의 사회적 관계는 연줄(network), 연계(linkage), 그리고 연대(solidarity)의 세 종류로 구분되었다. 연줄은 개인적 수준의 사적 관계망, 연계는 집단적 수준의 (준)제도적 결사체, 그리고 연대는 집합적 수준의 신분 공동체를 각각 의미한다. 이 세 가지 종류의 사회적 관계망은 대체로 서로 공존 내지 병존하였다. 그러나 이 글은 양반사회에서 사적 연줄망이 차지했던 비중을 특히 강조하였다. 곧, 실제로 양반사회를 지탱하고 신분구조를 유지시킨 것은 양반들 사이의 상징적 연대나 제도적 연계가 아니라 사적 연줄망이었다는 것이다.

또한 조선시대의 전반적인 추세도 연대의 힘이 점차 약화되고 연계의 효과 역시 점점 둔화되는 대신, 후반기로 갈수록 연줄의 중요성의 증대하는 것으로 파악되었다. 이런 점에서 '한국 사회=연줄사회'라는 오늘날의 평가는 일제 강점기나 해방, 전쟁 등과 같은 최근세사의 경험 때문이 아니라 조선시대에 이미 그 단초가 내장되어 있었거나 그 효과가 발현되었던 것으로 생각할 필요가 있을지 모른다. 물론 연줄사회로서의 조선조 사회에 대한 도덕적 평가는 다른 차원의 문제다.

기와 신분제 붕괴에 대비하기 위해 양반들 사이의 커뮤니케이션과 커넥션이 절실하다는 판단이었다.

2부

부문별 신뢰구축방안

제2장

신뢰와 정치적 선택:
한국 사회에서 공공성과 공론장의 정치를 위한 시론

진덕규*

I. 머리말

이 연구는 한국의 현대정치에서 '민주화 이후의 민주주의'에 대한 사회 구성원들 사이의 정치적 합의와 그것에 기반을 둔 정치 행태의 표출 사이에 빚어지는 갈등과 그 조정과정, 그리고 이를 위한 연대성의 확립에 대한 논의에 인식의 초점을 두고 있다.[1] 특히 이 연구는 '사회적 신뢰'의 관점에서서 현실적인 문제를 바라보게 될 것이며, 그것이 정치적으로 보여 주는

* 이화여자대학교 석좌교수

1) '민주화 이후의 민주주의'에 대한 논의는 비판적인 인식과 함께 발전적인 견해로 나뉘어 이해될 수 있다. 그러나 이를 민주주의의 본질적인 의미, 단순히 사회경제적인 차원에서만이 아니라 정치의 본질적인 상황에 맞추어 논의할 때도 여전히 그것은 절차적 민주주의에만 머물고 있다는 비판에서 벗어날 수 없게 된다. 이 점에 대해서는 Lukacs (2005); 최장집(2005)을 참고할 것.

성격과 의미를 살펴봄으로써 오늘날 한국의 정치사회가 당면하고 있는 민주주의 시민사회의 정립에 대한 핵심적인 과제에 대한 인식을 시도해 보려는 것이다.

이러한 논의는 정치사회에서 신뢰에 바탕을 둔 사회관계와 그것과 연관된 정치 유권자들의 정치행위와 일정한 연관을 맺는다는 전제에서 시작된다. 정치 구성원의 정치적 표현이나 행동은 그들 사이의 사회 관계의 신뢰도에 따라 다르게 표현되는 것이 일반적이다. 그러므로 이 연구에서 소기의 목적을 달성하기 위해 다음 몇 단계를 논의할 것이다.

첫째는 신뢰에 대한 일반적인 인식을 정치사회학의 관점에서 다룰 것이다. 신뢰, 여기서는 넓은 의미에서 사회 신뢰를 중심으로 하게 되는데 이 문제에 대한 수많은 연구나 논리 중에서 정치적인 사실과 연계된 기존의 논의들을 찾아 이를 분석해 봄으로써 그것이 갖고 있는 이론적인 성격을 찾아보려는 것이다.

둘째로는 이러한 인식을 통하여 한국에서 인식되는 사회 신뢰의 기본 의미와 내용에 대해 살펴볼 것이다. 이러한 작업을 통해서 한국 정치에서 실제로 존재하는 사회 신뢰의 본질을 규명하려는 의도가 들어 있다. 이러한 논의에 의해 한국의 정치사회에서 '존재하는 사회 신뢰'의 의미를 생각해 보려는 것이다.

셋째로 현실 정치의 실제적인 전개과정에서나 표출에서 보여 주는 신뢰의 한계가 무엇인지도 밝혀 보고 그것이 갖는 정치적 역함수(political negative function)에 대해서도 찾아볼 것이다. 이렇게 함으로써 한국의 정치사회가 신뢰할 수 없는 사회관계를 조성하게 되었고, 그것은 결과적으로 한국의 민주주의와 시민사회로의 발전에 한계로 이어졌음을 밝히려는 것이다. 이 문제를 다룸으로써 한국의 정치사회에서 신뢰의 존재양식에 대한 보다 본격적인 접근도 가능하게 될 것으로 여겨진다.

넷째로 이러한 접근의 종국적인 귀결로 '한국 사회의 신뢰의 의미가 갖는 한계성을 넘어서는 문제'에 대해서도 다루게 될 것이다. 다시 말하면 신뢰 결여의 정치 사회로부터 신뢰관계가 이루어진 사회로의 발전을 이룩하려는 것이 이 연구의 종국적인 목표이다.

또한 이 연구에서는 일종의 단계적인 접근을 이룩함으로써 기본적으로 한국의 정치사회가 갖는 사회 신뢰의 존재성과 그 한계성을 극복하려는 기본 명제를 논의하게 될 것이다. 또한 이 연구에서는 다음과 같은 하나의 전제에 의거해서 상황을 분석하게 될 것인데, 그렇게 함으로써 문제인식과 대응성의 발견이라는 본래의 의도를 이룩할 수 있을 것이기 때문이다.

한국 정치사회에서 민주화 이후의 민주주의가 사회통합보다는 갈등과 대립구도로 이어지는 상황이 빚어지고 있음은 사회 구성원의 관계에서 신뢰가 결여되었기 때문이다. 사회 신뢰가 확립되지 않는 상황에서 단순히 제도적인 민주주의만으로는 혼돈의 정치와 갈등 그리고 발전 없는 정치사회로 귀착되고 만다.

이러한 전제에 입각해서 이 연구는 한국의 민주시민사회의 건설을 위한 기반적인 연구로 이해될 수 있다. 여기서 한 가지 덧붙일 것은 이 연구에서는 사회적 신뢰, 사회자본, 공공성, 시민사회 등의 개념을 함께 활용함으로써 한국 정치의 발전적 미래라는 의도성을 함의하고 있다는 점이다.

II. 신뢰, 사회자본 그리고 공공성

먼저, 이 작업을 실시하기 위해서는 사회 신뢰에 대한 기본 개념을 설정할 필요가 있다. 그뿐 아니라 그것과 직접 연계된 일련의 유사 개념군(概念群)에 대한 비교론적 인식도 필요해진다. 이를 위해 이들 문제에 내포된 개념부터 살펴보기로 한다.

먼저 사회 신뢰에 대한 개념을 다음과 같이 규정하기로 하자. 사회 신뢰는 공공성에 기반을 둔 사람들 사이의 합리적 연계관계이다. 그것은 넓은 의미에서는 사회적 도덕성을 전제로 하며 사람들 사이의 가치적 연관성을 이룩하게 된다. 이러한 의미에서 최근 이러한 개념이 갖는 문제의식에서는 사회 신뢰와 사회자본(Social Capital)을 동일 개념으로 접근하는 현상도 찾아볼 수 있다.

사회 신뢰를 사회자본의 관점에서 인식함으로써 그것의 실제적인 전개와 표출을 보다 구체적으로 찾아볼 수 있기 때문이다. 이 점에서 여기서는 또 다른 개념으로 오늘날 통상적으로 사용되고 있는 사회자본의 개념 설정도 요구된다.

사회자본은 사회관계에서 특정 목적을 달성하기 위해 투자하거나 시도되는 인적 또는 물적 자본과 비슷한 형태로서 사람들 사이의 관계망을 의미한다. 사람들 사이의 관계망은 경제적인 것에서 정치 · 사회 · 문화의 전 영역에 걸쳐서 일구어질 수 있는 관계망으로, 일정한 상황이나 그것의 전개에 대한 기준으로 활용될 수 있다. 사회자본은 개개인이 갖는 가치 관념이나 삶의 양식에 의해 조성되며, 궁극적으로는 전체 공동체 구성원의 이익확보와 그 실현에도 기여하는 결과를 미치게 된다(Herreros 2004, 28).

이러한 개념규정에 따르면, 사회자본이 경제적인 의미에서 사용되는 자본과 같은 성격으로 인식될 수 있지만 주로 비화폐적인 평가, 즉 동업자의 신뢰관계를 믿을 수 있는가에 따라 그 수준과 성격이 결정된다.

사회자본이라는 말을 처음 사용한 Glenn Loury는 '사회자본은 가족들 사이에서 체화되고 어린 시절부터 학습된 전반적인 가치 관념이 사회관계에서 표현된 것'(Loury 1997, 27)이라고 파악했던 것도 그것이 단순한 경제적인 것만이 아닌 삶의 총체성을 반영하고 있음을 의미한다. 즉 사회자본은 단순히 자본이라기보다는 자본과 다를 바 없는 경제 사회적인 생산성을 가져다 주는 것으로, 재화나 노동과 같은 직접적인 투자의 개념에는 해당되지 않지만 생산성을 더 높이고 효율적인 결과를 가져다 줄 수 있는 사회 환경의 조성이라는 점에서는 대단히 중요한 의미를 갖게 된다. 한 사회에서 사회자본의 존재 여부는 경제적인 생산성의 높은 결실은 물론이고 나아가 효과적인 경제체제로 정립될 수 있는 사회문화적인 기반이 마련되었음을 의미한다.

사회 신뢰를 앞에서 말한 사회자본의 관점에서 파악할 때는 다음과 같은 개념으로도 이해될 수 있다.

"사회적 신뢰는 사회관계에서 공공성에 바탕을 둔 행위양식이자 관념이며, 사회관계를 맺는 상대방의 행위가 합리적이고도 합법적인 범주에서 예측될 수 있게 하는 기준이다. 그러므로 그것은 사회행위를 통해 합리적으로 주고받음이 성립될 수 있으며 양 당사자 모두를 유리하게 귀결시키는 기반일 수 있다."

이러한 의미에서 사회 신뢰가 높은 사회에서는 공동체적 연대도 강하게 자리 잡을 수 있다. 이는 앞에서도 말했지만 사회자본과의 유사 개념임을 의미하며, 넓은 의미에서는 정치 문화에서 설명되는 '참여적 정치문화'의 성격과도 같은 개념군으로 파악될 수 있다.

그러나 한 가지 지적되어야 할 사실은, 사회 신뢰 또는 사회자본이 약하거나 또는 결여된 사회에서는 사람과 사람 사이의 관계가 공생적이거나 호혜적인 것에서 벗어나며, 이러한 상황이 빚어지면 그 사회는 일종의 무규범적인 상황을 조성하게 된다. 이 점에서 한국의 현대정치사회를 인식할 때, 특히 '민주화 이후의 민주주의'의 현실 상황을 바라볼 때 사회자본이나 사회 신뢰의 문제가 제기될 수밖에 없음을 알 수 있게 된다. 정치적 선동과 조작에 의해 주도되는 포퓰리즘의 대두를 정치사회의 일각에서 쉽사리 찾아볼 수 있는데, 이는 사회 신뢰가 저수준 상태에 놓여 있을 뿐 아니라, 바로 그 낮은 사회자본으로 인하여 정치발전이나 사회적 공정성에도 적지 않은 한계가 부여되고 있음을 의미한다.

앞에서 말한 사실들을 전제로 할 때 사회자본이나 사회적 신뢰와 연관 관계를 맺고 있는 일련의 사회적 상황과 그 전개에 대한 논리적인 주장을 정리하면 다음과 같다.

1) 사회 신뢰, 또는 사회자본이 결여되었거나 약한 사회에서는 공공성이 존재할 수 없으며 따라서 건전한 시민사회도 찾아볼 수 없는 '시민사회 없는 사회'라는 한계적 성격이 나타난다.

2) 민주주의 시민사회로의 발전만이 정치에서 민주주의를 효율적이고도 합리적으로 전개할 수 있다는 전제에서 공공성에 입각한 시민사회를 이룩할 수 있을 때에만 시민 참여적 민주주의도 가능하고 정상적인 시민 민주주의도 자리 잡을 수 있게 된다.

3) 어느 정치사회에서나 집단주의에서 비롯되는 딜레마의 극복은 자기 패배적인 성격이나 기회주의적인 행위의 여부에도 영향을 받게 된다. 이를 극복하기 위해서는 사회 구성원 사이에 자발적인 협력이 요청되며, 특히 그 기반으로 호혜성의 규범과 시민적 참여(civic engagement)의 네트워크 등 사회적 자본이 충분히 축적된 공동체에서만 쉽게 달성될 수 있다(Putnam 〈안청시 외 역〉 2006, 283).[2)]

4) 현실적으로 한국의 정치사회에서는 사회 신뢰가 정상적으로 발전하지 않았기 때문에 결과적으로 시민사회의 형성에도 적지 않은 한계를 맞게 되었다. 정상적인 시민사회 대신에 일종의 유사 시민사회로 전개될 가능성이 높아졌으며, 그것은 역으로 사회 신뢰를 훼손하는 양자 사이의 악순환 고리를 맺을 수 있다. 이러한 상황을 전제로 할 때 지금 한국 사회는 사실상 사회 신뢰의 결여에서 오는 시민사회의 부재와 그것에서 비롯되는

---

2) "여기서 사회자본이라는 표현은 협력적 행위를 촉진시켜 사회적 효율성을 향상시킬 수 있는 사회조직(신뢰, 규범, 그리고 네트워크 등)의 속성을 지칭한다"라고 표현되었는데 이는 사회자본의 의미를 가장 간명하게 설명하는 것으로 받아들일 수 있다.

포퓰리즘의 정치사회로 전락, 그것의 지속 강화의 위기에 직면하고 있다.

이상의 사실을 고려할 때 사회 신뢰의 문제는 정치사회에서 정상적인 시민 민주주의를 확립하기 위해서 요구되는 정치 · 사회 · 경제 등의 전제 조건 못지않은 기반임을 알 수 있다. 즉 다른 조건들이 충족된다 해도 사회 신뢰가 없으면 시민 민주주의가 이루어질 수 없기 때문이다. 그러므로 사회 신뢰야말로 사회자본이라는 차원에서도 한국의 정치사회의 발전적 미래를 위한 기반적인 의미로 이해될 수 있다.

III. 한국에서 사회 신뢰의 존재양식

특정 국가에서 사회 신뢰는 그 사회의 역사적인 전개에 따라 다양한 존재양식으로 표출될 수 있다. 그러한 성격 중에서 근대 국민국가로의 발전 과정이 중요한 요소로 작용했음을 찾아볼 수 있다. 가령 제국주의적 영향력을 받았는지, 국민적인 결합도와 근대성에 의한 국가발전 등이 작용했는지의 여부가 중요한 영향력을 미쳤기 때문이다. 특히 어떠한 형태의 근대적인 사회혁명을 경험했으며 그것에 따라 사회변혁을 이룩했는지도 중요한 요소로 작용해 왔다. 산업화의 시기와 내용은 물론이고 그것에 따르는 사회적 대립과 갈등을 완화시키기 위해서 사회보장정책이 어느 정도 이루어지고 또 그 구체적인 지향 수준이 어떠한가의 문제도 중요한 의미를 갖게 된다. 결국 한 사회는 이러한 내용의 얽힘과 연계 속에서 일정한 상황을 빚게 되고 그 과정을 통해서 사회 구성원 사이에 사회적 관계망을 이룩하며 이를 바탕으로 사회 신뢰도 일정 부분 이룩할 수 있게 된다. 결국 사회 신뢰는 그 사회가 지녀온 역사적 경험의 총체라고 할 수 있다.

이러한 사실을 전제로 할 때, 한국의 정치사회에서 사회 신뢰의 수준과 성격을 이해하기 위해서는 그것의 역사적인 전개과정에 대한 인식이 요구된다. 이러한 인식의 편의를 위해서 한국 정치사회의 발전과정을 다음 몇 단계로 구분해서 생각하는 것이 문제의 본질을 밝히는 데 도움이 될 것으로 여겨진다. 단계별로 사회 신뢰의 존재양식과 전개과정을 살펴봄으로써 그것의 구체적인 성격과 현실적인 의미에 대해서도 깊이 있게 성찰할 수 있는 계기가 될 수 있을 것이다.

1. 전통사회의 사회 신뢰

한국의 전통사회에서는 사회 신뢰나 사회자본은 지배계급과 피지배계급으로 양분된 상황에서 각기 별개의 형태로 존재했다. 서로 다른 계급적 이질성을 갖고 있었기 때문에 각기 그 내부에서만 개별적인 형태로 사회적 신뢰의 존재양식을 보여 주었다. 구체적으로 그것은 지배계급인 양반만을 위주로 한 사회 신뢰가 있었고 이것과 구분되는 피지배계급인 평민들 사이의 사회 신뢰로 양분되어 있었다. 물론 때로는 계급적인 차이나 구분을 넘어서서 서로 관통할 수 있는 일치된 사회 신뢰도 없지는 않았지만 일상적인 삶의 관계에서는 예외적이었다. 양자 사이에 빚어지는 접합이나 관계에서는 서로 사회 신뢰를 필요로 하지 않았는데 그 이유는 한편은 다른 한편에 대해 약탈과 강제의 대상이었으며 다른 한편은 또한 저항과 모면을 위한 대응으로 나타났기 때문이다. 기본적으로 사회 신뢰는 이질적인 그들만의 집단에서만 존속하고 있었다(진덕규 2002).

이러한 상황에서는 한편에 의한 강제와 다른 한편에 의한 구속적 상태로의 전락이 유일한 사회관계로 존재했으며 또 지속되기도 했다. 한편의 억압은 다른 한편에는 저항이나 일탈로, 그리고 한편의 약탈은 강제의 수단에 의해 표출되는 대립적이고 양분된 갈등만이 지배하는 상황을 조성시켰기 때문이다.

이처럼 대립적이고 갈등적인 사회구조 때문에 전반적인 사회 신뢰보다는 자기 계급 내의 사회 신뢰만이 지속될 수밖에 없었던 시대적 성격을 논리적인 명분으로 뒷받침해 준 것은 성리학이었다. 그것에 따라 현실적인 삶에서 名과 實이 구분되었고, 禮와 行의 일치가 강조되었지만 그것은 단지 지배계급만의 통치 이념으로 한정되는 특징을 보여 주었다. 그러므로 사회 신뢰는 오직 같은 당파나 지배집단만 존속되는 '그들만의 한정된 논리나 행동규범'으로 지속되는 한계를 보여 줄 수밖에 없었다.

물론 예외적인 상황도 없지는 않았다. 가령 전쟁과 같은 극단적인 상황에 처하면 지배계급인 양반과 피지배계급인 상민들 사이에 일체적인 연대가 이루어지며 그러한 결속을 통해 대외항전을 벌이는 경우도 있었고 그것에 의해 그들 사이에도 공감된 동질의식을 형성할 수 있었다. 이러한 성격도 어느 면에서는 사회 신뢰의 한 모습이었다. 그러나 그러한 성격은 단지 전쟁기간 동안에만 한정되었다. 곧 이어 종전이 되고 나면 전반적으로 사회구조는 이전의 지배-피지배의 양대 계급구조로 복귀됨으로써 사회 신뢰 역시 어느 한 계급이나 영역에서만 존속되는 한정성을 보여 주게 되었다.

2. 과도기 사회의 혼돈된 신뢰체계

한국은 전통사회에 서구의 근대성이 유입되고 이어서 그것의 변환적 영향에 따라 식민지로 전락되는 상황을 맞았다. 식민지 기간의 한국의 정치 사회에서는 사실상 사회 신뢰 자체가 존립될 정치사회적 기반을 상실하게 되었다. 이 시기는 지배층 자체가 반민족적 친일 세력으로 전락된 존재들이며 이들의 지배와 착취는 사실상 일본 제국주의 세력을 등에 업었기 때문에 일반 사회 구성원에게는 그들의 통제 자체가 정당성을 상실한 것으로 여겨졌다. 그 결과 이전에 그나마 부분적으로 존속되었던 사회 신뢰는 극단적인 혼돈 속으로 떨어져서 정상적인 의미에서의 사회 신뢰는 존립될 수 없는 상황에 놓이게 되었다.

바로 그 직전의 전통적인 지배체제가 와해되면서 식민지로 전락되는 과정에서 민족의 구성원들은 혼돈의 상황으로 내몰리게 되었다. 그전까지만 해도 성리학적 윤리관에 입각한 강요된 사회 신뢰가 생활화되고 있었지만 새롭게 유입된 근대성과 함께 서구의 상업주의, 제국주의는 이전의 전통적 사회 신뢰를 완전히 붕괴시킬 충격을 던져주었다. 그 결과 대다수의 사람들은 이중적 기준이 부과된 혼돈 속으로 내던져졌다. 아무리 새로운 근대적 과학주의가 중요하다 해도 그것이 전통적인 가치 관념과 마찰을 빚고 심지어 그 전통성 자체가 부인되는 상황에 놓이자 사람들의 정신적인 혼돈은 더 심해질 수밖에 없었다. 그러한 충격으로 심한 경우 전통사회에서 피지배 세력이 그들 사이에 갖고 있었던 자발성이나 협동성조차도 해소될 정도로 존립 기반의 와해 현상이 나타났다.

사회적인 가치 관념이 전통과 근대 사이에서 혼돈을 특징으로 하는 과도기적 성격이 나타났으며 이것은 삶의 가치관에서도 혼재를 가져왔고 심지어 가치관 부재를 경험해야 하는, 일종의 가치체계의 붕괴 현상까지 조성되었다. 이러한 상황에서 타자와의 관계에 대한, 평가나 행위에 대한 예측은 사회 신뢰를 기반으로 이루어지기보다는 강자와의 연계에 의한 영향력에 기반을 두게 되었다. 결국 국가 권력의 차원에서는 제국주의 세력과 연계된 세력이나 인사들이 최고의 영향력 행사자로 자리 잡는 한계성을 보여 주게 되었다.

그러므로 이 시기의 사회 신뢰는 특정 집단에서만 한정되었다. 구체적으로 그것은 주로 가문이라든지 특정적인 일차 집단 내에서만 기능하였다. 가문 내의 가족 구성원에 의해 활용될 수 있는 관계 개념으로서의 사회 신뢰만이 겨우 명맥을 유지하였다. 물론 이 경우 가문의 개념도 전통적인 사회에서 찾아볼 수 있는 가문과는 다른, 즉 과도기적 상황에서 직계가족만을 위주로 하는 특정성이 집요하게 지속되었으며 그 결과 근대성으로 이행되는 과정에서는 오히려 그것에 대한 대립적인 성격을 보여 주기도 했다.

3. 식민 통치기의 변조된 사회 신뢰

이 시기는 일본의 식민통치로 억압과 강제가 자행되었던 기간이었다. 일본의 식민지 통치는 제국주의적 약탈로 전제되었기 때문에 한국을 일본으로 동화시키는 기간이기도 했다. 그 결과 한국의 민족적 가치나 전통의 심각한 파괴가 자행되었으며 전통성은 결국 반시대적인 것이거나 반근대적인 것으로 규정해서 이를 극복하는 것만이 문명사회로 진입하는 유일한 통로라고 강요되었다.

이러한 상황은 결과적으로 이 시기의 사회 신뢰에 대해서도, 전통적인 성격의 지속, 또는 정상적인 기능에 심각하게 악 영향을 미쳤다. 즉 전통적인 사회 신뢰는 완전히 붕괴되었으며, 그것에 대한 일본 통치 세력의 강제적 탄압이 가혹할 정도로 자행되었다. 한국의 전통성에 근거한 삶의 일체성이 파괴됨으로써 그것에 대치되는 새로운 가능성으로 일본적인 문화와 삶의 양식이 강제되었다. 이는 곧 식민지 통치 하에서 부과된 가장 심각한 민족 말살의 정책이었으며, 동화주의라는 이름으로 전개된 일본화의 핵심이기도 했다.

식민지 통치 세력이 자행했던 이러한 억압에 대해 한국인으로서는 그것에 대한 저항만이 민족을 위한 유일한 선택이었다. 따라서 일본에 의해 이루어졌거나 부과된 사회 신뢰는 어떠한 것도 배격되어야 할 것으로 여겨졌다. 그 결과 일본 식민지 통치자에 의하여 마련된 사회 신뢰는 한국인에게는 전혀 무가치한 것으로 여겨졌으며 설사 그 속에 바람직한 사회 신뢰의 측면이 들어 있을지라도 그것은 배척의 범주에 해당될 수밖에 없었다. 그 결과 오히려 일본식의 사회 신뢰를 강요하는 식민지 통치체제에 대한 저항은 무력적인 투쟁이나 문화적인 반대만이 아니라 개개인의 일상적인 삶에서도 일본과 전혀 다른 전통적인 '우리의 삶의 양식'을 전제하게 되었고 그것에 대한 강한 집착으로 나타났다.

그렇다고 이전의 전통적인 삶의 가치로서의 사회 신뢰가 시대에 맞게 활용될 수도 없었다. 바로 이 점에서 한국 사회에서의 사회 신뢰는 혼돈과 함께 때로는 부재 현상까지 보여 주는 단계로 접어들게 되었다.

4. 해방 이후 사회 신뢰의 변모

한국 사회에서 현대는 그 기점을 1945년 8월 이후로 잡을 수 있다. 이 시기는 제2차 세계대전의 종전과 일본 총독부의 붕괴 이후로 이른바 해방의 시기에 해당된다. 해방, 정부 수립, 한국 전쟁, 산업화 통치체제, 민주화로 변모되는 급변의 변혁과정을 경험하는 사회적 급변기에 해당되었다. 그러므로 사회 신뢰도 이러한 시대적 성격에 의해서 구속되었다. 이전부터 전승되어 온 혼존된 사회 신뢰의 부분적인 잔영이 지속되었는가 하면 외래적인 새로운 양식이나 관념에 의해 부가된 요소들이 중첩적으로 존재하는 양상을 보여 주었다. 그 결과 사회 신뢰의 기본적인 기준도 다원적이었으며 때로는 그들 사이에 갈등적인 대립관계를 보여 주는 경우도 허다했다.

이 시기부터 비로소 한국 사회에서 사회 신뢰는 물론이고 전반적인 문명의 제 양상이 서구적인 것과 직접 접촉하는 계기를 맞았다. 물론 그러한 수용은 한국 사회에 의한 주체적인 선별적 수용과는 무관했다. 마치 밀물처럼 밀어 닥치는 형국 같았다. 새로운 점령군으로 그리고 해방군으로 진입했던 미군과 소련군을 통해 유입된 서구의 근대성은 물론이고 그것이 갖고 있는 반 전통적인 성격까지도 받아들여야 했다. 그러한 수용과정에는 때로는 이질적인 요소도 들어 있었으며 때로는 상호 배타적인 대결적인 성격도 들어 있었다. 이러한 상황은 결국 '강자의 논리'가 그대로 적용되었음을 의미했다. 즉 서구의 문화양식과 삶의 실체가 우월적인 존재로 부과되었으며 여기에 대립적인 전통적인 문화나 가치관은 배격되는 한계에 놓이게 되었다.

이렇게 수용된 사회 신뢰는 기준의 다양성 때문에 사회 신뢰의 설정과 발전에서 요구되는 일정한 요건과는 무관하게 일방적으로 부과되는 특징을 보여 주기도 했다. 결과적으로 사회 신뢰는 극심한 혼돈으로 떨어졌다. 존재했던 전통적인 사회 신뢰가 배격되었고 이것을 대치할 새로운 근대적 사회 신뢰는 이루어지지 않았고 심지어 일본 식민지 통치기의 사회 신뢰적 성격이 그대로 잔존되고 있었기 때문이다. 여기에다 새롭게 미국 중심의 서구적인 사회 신뢰의 성격이 부과되는 등 결과적으로 혼돈의 극단적인 성격으로 치닫게 되었다.

이 점에서 이 시기의 사회 신뢰는 어떤 의미에서 사회 신뢰라는 말이나 그 존재성 자체도 인정될 수 없을 정도로 극단적인 혼돈으로 이어졌다. 특히 사회 신뢰에 의한 인간관계의 설정이나 사회적인 삶의 유지보다는 당장의 이익, 그것도 단기적인 이익 추구가 중심이 되는 이익 주도적 사회로 변모되기도 했다. 이러한 성격은 배금주의에 근거한 극단적인 이기주의가 만연하는 양상을 보여 주었으며, 개인의 이기적인 관점에서 이루어지는 사회관계가 급속하게 팽배함으로써 전반적으로 사회적 신뢰도는 일대 위기를 맞게 되었다.

특히 한국전쟁을 거치며 사회 신뢰는 또 다시 전쟁 이데올로기적 문화에 의해 침윤됨으로써 수단과 방법에 대한 정당성이나 합리성보다는 단지 성과만을 중시하는 결과주의로 나아가게 되었다. 남북한 사이에 빚어졌던 전쟁으로 민족의 문제, 이념의 문제, 국가의 문제 등 전반적으로 새로운 인식을 필요로 할 정도로 심각한 자기 정체성의 문제에 놓이게 되었다. 오직 승자만이 정당하고 그 승자는 수단과 방법을 고려하지 않은 채 결과만을 중시하는 사회에서는 이미 사회 신뢰는 무의미한 것으로 위축될 수밖에 없었다.

한국전쟁 이후 전후 복구기를 거쳐 5.16 군사 쿠데타에 의한 군부의 집권과 그들에 의한 산업화 통치체제로 어느 면에서는 결과 중시의 군사문화가 사회의 전 영역으로 파급되는 계기가 되었다. 그뿐 아니라 이는 곧 사회의 재편이라는 의미에서 '위로부터의 발전'을 강요하는 모습을 띠게 되었다(진덕규 2000). 그 결과 사회 신뢰 역시 사회 구성원의 자발적이고 창의적인 것에 의해 이루어지기보다는 강요되는 성격을 띠었다. 특히 급속한 산업화의 전개 역시 군사문화적인 성과주의로 달려감으로써 사회 신뢰보다는 '명령-복종'의 상호 통제관계가 중시되었다.

산업화 통치체제의 군사문화적인 삶의 양식과 정치화에 대한 도전과 극복이 민주화 세력에 의하여 주도됨으로써 양자 사이에는 필연적인 대결이 불가피해졌다. 민주화 세력에 의하여 추구된 일련의 정치사회의 변혁은 기본적으로는 군사문화에 대한 투쟁이었기 때문에 시민문화적인 정립과는 어느 정도 거리가 있었다. 민주화의 투쟁도 정치 투쟁이었기 때문에 이것 역시 투쟁이 갖는 범주에 머무를 수밖에 없었다. 즉 성과를 중시하는 또 다른 결과주의로 흐르게 되었다. 이 점에서 민주화 투쟁도 역시 사회 신뢰의 차원에서는 한계를 보여 주었다.

이처럼 한국에서는 사회 신뢰의 단계적 전개에서 사회 신뢰를 조성할 수 있는 이념, 종교, 제도, 문화의 특정적인 영향력이나 기반이 미약함과 동시에 그것에 기반을 둔 사회 신뢰의 역사적인 전개과정에도 상당할 정도로 한정성이 드러났다. 어떤 면에서 한국에서는 사회 신뢰가 사실상 극히 약한 부분으로 존속되었거나 또는 변용 왜곡되는 한정성을 보여 줄 수밖에 없었다 .

이는 곧 사회 신뢰를 기반으로 발전해야 하는 공공성의 형성이나 그것에 바탕을 둔 시민사회뿐 아니라 여기에서 연유되는 시민 민주주의의 전개에도 혼돈과 갈등을 불러오는 필연적인 혼돈의 내재화가 불가피해졌음을 의미한다. 사회 신뢰가 이루어지지 않은 상황에서는 민주주의에 필요한 제반 사회적 토양도 이루어질 수 없었으며, 그 결과 민주주의는 파행적인 모습으로 이어질 수밖에 없었다. 정치사회의 전반적인 상황에서의 중요성을 고려할 때 사회 신뢰에 입각한 사회관계의 필요성이 절실해졌다. 따라서 사회 신뢰에 대한 새로운 인식과 재구축은 시급한 과제라고 할 수 있다.

Ⅳ. 한국 정치사회에서 사회 신뢰의 한계

한국의 정치사회, 특히 정치집단과 정치인들의 관계에서 사회 신뢰의 존재양식은 앞에서도 설명했지만 변용된 특정 집단만을 위한 신뢰관계로 이어지는 한계를 보여 주었다. 이렇게 조성된 성격을 보다 구체적으로 파악하기 위해 인식론적 관점에서 다음 몇 가지를 그 중요한 특징으로 지적하여 살펴보기로 하자.[3)]

(1) 은고주의(Clientelism)
(2) 교환체계(Exchange System)
(3) 전통적 행태의 지속(Continuation of Traditionalism)
(4) 특정적 집합주의(Particularistic Collectivism) 등이 그것이다.

1. 은고주의의 기반

은고주의는 '보스-가신' 사이의 관계에서 찾아볼 수 있는 것처럼 "주군

3) 이들 이외의 성격도 지적될 수 있는데 가령 지역주의라든가 학벌, 관념 등도 있지만 이들 성격도 기본적으로는 여기서 말한 4가지의 성격에 포함된다고 할 수 있다. 그러므로 여기서는 이 4가지를 통해서 한국의 사회 신뢰의 관계성을 살펴보기로 한다.

에 의한 적극적인 시혜와 배려를 통해 가신의 정치적인 지위나 가치가 부여된다. 그리고 그 대가로 가신은 주군을 위해 충성을 바치는 가복 같은 위치에 서서 봉사와 복종을 수행하는 사회관계를 의미한다"(Roniger L. ed. 1994). 이러한 성격의 은고주의는 사실상 시대와 장소를 넘어 세계적인 보편 현상으로 지속되고 있다. 은고주의의 대표적인 관계로는 마피아 같은 폭력집단에서 찾아볼 수 있지만, 이러한 현상은 단지 특정 집단 내의 현상만이 아니라 전체 사회적인 성격으로 외연될 수도 있다. 비록 그러한 외연이 확고한 집단주의나 전체주의적인 사회로서의 성격과는 무관해도 최소한 그러한 성격의 한 부분을 갖고 있는 것만은 분명하다.

한국의 정치사회에도 정치가들 사이에 가장 큰 특징적인 성격의 하나로 은고주의를 지적할 수 있다. 이는 비단 정치가들 사이의 관계만이 아니라 이제는 정치가와 일반 유권자들 사이에도 광범하게 자리 잡고 있다. 이 점에서 선거야말로 은고주의의 영향이 가장 잘 표현되고 그것에 의하여 은고주의가 강화되는 일면을 보여 주는 것으로 이해될 수 있는데 이는 곧 정치가와 일반 유권자 사이의 관계가 은고주의적인 성격으로 전개되고 있다는 의미이다.

대통령 선거같이 정치사회에서 국민의 중요한 정치적 선택도 때로는 은고주의의 극심한 영향 하에 놓이게 된다. 그것은 일정 영역이나 정당을 중심으로 정치적 지도자와 그를 추종하는 국민들 사이에 하나의 동심원을 그린다면 그러한 동심원이 전국적인 차원에서는 최소한 2개 이상의 복수의 형태로 존재한다는 의미가 된다. 이들 서로 다른 동심원들 사이에 빚어지는 동심원의 크기에 따라 정권의 향배가 결정되는 것이 한국 정치의 현실이다(진덕규 2006, 152). 이렇게 해서 정권을 장악하면 그 집권자를 중심으로 구성된 동심원의 인사들 사이에는 정치권력의 배타적인 점유는 물론이고 그들만의 배분적인 현상을 보여 주는 마치 '그들만의 잔치'와 같은 상황을 연출하게 된다.

한국 정치에서 빚어지는 이러한 은고주의의 정치관계와 그것에 바탕을 둔 정치적 선택이야말로 사회 신뢰를 극단적으로 제약하는 요인이 되고 있으며, 신뢰 관계조차도 그들끼리에만 한정된 논리일 뿐 다른 사람이나 집단과의 관계에서는 아무런 제약의 의미가 부과되지 않는 것으로 여기게 되었다. 이 점에서 정치적인 승리, 즉 대권의 장악은 '승자 독식과 패자 완패'라는 그들만의 '정치적인 잔치'로 이어지는 상황으로 조성되며 그 결과 사회 신뢰는 더 한층 위기를 맞게 된다. 사회 신뢰는 그들 집단만의 의미일 뿐 다른 집단이나 사람들에 대해서는 아무런 의미를 갖지 않는 것으로 여기기 때문에 이러한 성격의 은고주의는 결국 한국 사회에서 사회 신뢰의 한계를 보여 주는 한 사례라고 할 수 있다.

언제부터 그리고 왜 이러한 성격의 은고주의가 자리 잡았는가는 관점에 따라 다를 수 있지만 한 가지 분명한 것은 한국 정치에서 은고주의는 정치가 갖는 한계에서 비롯되었다는 점이다. 한국의 정치는 역사적으로 지배 세력만의 정치였으며 피지배 세력에 대한 철저한 배척이 자행되었다. 그러한 배척을 합리화한 이데올로기로 성리학이 활용되었으며 이 점에서 은고주의는 지배 세력 내의 파당과도 깊은 연관을 맺고 있었다. 조선왕조의 중기 이후에 등장했던 당파는 이러한 사실의 구체적인 한 사례였다. 비록 당파의 당론이 전제되었지만 실제로는 정권 장악과 그것에 따르는 정치적 특권의 장기 점유를 위한 논리에 불과했기 때문이다. 그들 사이의 독점적 지배권의 장악이 당파의 공고한 결집을 가져왔으며, 그 당파에 속한 사람이라면 당파에 대한 충성을 다했고 그 대가로 집권기에는 관직을 점유할 수 있었다.

당파의 이러한 성격에 연이어 지방에서는 향반을 중심으로 서원이나 향교를 근거지로 삼아 그들 사이에 강한 집단적인 결속력을 갖게 되었고 이들은 서울의 중앙 정계의 특정 인맥이나 인사와 연관을 맺게 되었다. 중앙의 정치적 특권층에 대한 복종과 대가의 지불, 그것은 대부분의 경우 뇌물이었는데 이를 통해 때로는 관직을 점유할 수 있었고 지방의 유력자로 행세할 수도 있었다. 이러한 성격이야말로 그 뒤 은고주의로 나아가게 되는 한 요인으로 작용하였다.

은고주의는 정치사회의 혼란 때문에 점점 더 강고한 기반을 이룩할 수 있게 되었다. 이념적 갈등과 전쟁 그리고 권위주의 통치로 정치의 비정상성이 상당 기간 지속됨에 따라 일반 국민들도 이것에서 보호받아야 할 필요성에 놓이게 되었다. 법과 질서에 의하여 보호받는 것이 아니라 권력이나 세력을 가진 유력자의 보호가 절실해졌다. "법은 멀고 주먹은 가깝다!"라는 표현은 이러한 시대 상황을 반영하는 표현이었다. 이러한 상황은 결국 유력자를 중심으로 하는 은고관계를 형성시켰으며 그것의 극단적인 표현이 바로 3김 정치시대의 가신이었다. 가신이야말로 전근대적인 사회관계이며 유력자의 종복으로 그의 개인적인 능력과는 무관하게 단지 그가 복종하는 특정 인사에 대한 개인적인 충성을 표현하는 인사들이다. 그 유력자가 정치사회에서 권력을 장악하면 일거에 그 자신도 고위 관직자로 올라서게 되는 상황을 보여 주었는데 그 대표적인 것이 김영삼 정권에서 찾아볼 수 있는 이른바 상도동계로 알려진 몇몇 가신들의 출세며, 이러한 현상은 김대중 정권에서도 마찬가지였는데 동교동계로 알려진 가신들의 출세가 그러했다.

가신과 같은 성격이 지속되는 한 은고주의는 소멸되지 않는다. 그러한 은고주의 사회에서는 시민사회도 민주주의도 이룩될 수 없다. 바로 이 점에서 한국 사회에서 은고주의의 성격이 사회 신뢰의 바탕으로 작용하는 한 민주시민사회로의 정상성은 점점 더 멀어지게 될 것이다.

2. 교환체계의 정치적 영향

은고주의가 사회 구성원들 사이의 현실적인 불평등한 관계에서 빚어지는 시혜와 복종의 정치적 관계로 자리 잡아 왔다면, 교환체계는 대등한 정치인 사이에서나 정치집단과 유권자들 사이에, 또는 관료와 국민들 사이에서 행해지는 거래행위와 같은 정치적인 행태를 의미한다. 이러한 성격의 가장 현저한 모습으로 이익집단간의 교환체계는 물론이고 권력자와 개인들 사이의 관계도 꼽힐 수 있다. 이 과정에서 행해지는 상호 이해의 추구라는 공동 목표의 달성을 위해 일정한 협상이나 거래관계를 맺게 된다.

특히 정책 결정의 주요 수단과 집행권을 갖고 있는 공무원과 국민 사이에 빚어지는 행정관계에서도 이러한 교환체계가 이루어질 수 있는데 그것이 가장 심각한 형태로 표출되는 것이 뇌물 공여이며, 담당 공무원에 의해서 행해지는 부정한 행정적 인허가가 여기에 해당된다. 이처럼 교환체계는 대부분의 경우 은밀하게 당사자들 사이에서만 전개되기 때문에 교환관계에서는 그 어떤 일정한 정률도 있을 수 없으며 단지 상황과 문제의 대상에 따라 각기 다르게 평가, 거래되고 처리될 뿐이다.

그만큼 교환관계는 복합적이면서 시간과 내용에 따라 각기 다른 형태로 대단히 은밀하게 이루어진다. 물론 이러한 교환관계에 의해 해당되는 당사자들 사이에는 불법적인 이익이 확보될 수 있지만 그것에서 비롯되는 부정적인 영향이나 손실은 성실한 국민의 부담으로 돌아온다. 그뿐 아니라 그 결과가 미치는 영향은 정치사회적으로 격심한 혼돈과 부정과 불합리의 사회구조로서 역작용의 누적으로 이어진다. 이러한 교환체계야말로 정치사회에 기반을 둔 사회 신뢰의 설 자리를 위협하며 때로는 그것을 기반에서부터 위협하는 부정적인 성격으로 나타난다.

교환체계의 범람은 그 사회에서 준법질서의 이완과 행정체제가 비합법적이고 비능률적인 상황에 놓여 있음을 의미한다. 특히 관료를 중심으로 하는 행정체제의 비효율성에 기인된 측면이 많은데 일반 국민의 차원에서는 정상적인 행정체제로서는 정책결정에서 자신의 요구가 정당하게 수용 · 처리될 수 없다는 생각이 들 때 교환체계로 달려가게 된다. 관직자들이 국민들의 요구를 적절하게 수용하고 처리해야 함에도 이러한 성격과는 정반대의 모습들, 가령 관료들 스스로 특권적인 의식에 사로잡혀 있거나 때로는 일종의 거래관계로 국민들의 요구를 처리하려 할 때 공직자의 부패 현상으로 이어지게 된다.

한국의 정치사회는 다른 사회에 비하여 지난 날 더 한층 심각한 관료의 부패가 팽배했으며 뇌물이 행정적인 민원 문제의 처리에는 으레 따르는 것으로 여겨질 정도였다. 이렇게 된 이유는 한국 정치사회가 갖고 있는 권력집단의 역사적 전통에서 비롯된 면도 없지 않다. 한국의 전통사회에서 관직자와 일반 국민 사이에는 정상적인 행정관계가 이루어지지 않았다. 관직자는 지배자로 군림했으며 국민은 복종의 의무만을 지고 있었으며 그 속에는 관리들에 의해 부과되는 각종 가렴주구의 약탈이 자행되었다. 그 결과 관리들은 으레 백성을 약탈하는 것으로 여겼으며 여기에서 벗어나기 위해서는 백성들 가운데 유력자가 나와 관리들과 협상하고 거래하는, 즉 뇌물을 제공했던 것이다.

왕조시대의 지배-약탈의 성격을 보여 주었던 관리들의 이러한 행태와 그것에 대한 국민들의 대응성이 교환체계로 이어짐으로써 결국 그 뒤의 한국 정치에서 교환체계적 현상은 사회 신뢰의 확립에 적지 않은 위해적인 요소로 작용하였다.

3. 전통적 행태의 지속

이미 앞에서도 지적했지만, 한국의 전통사회에서 행해졌던 사회 구성원들 사이의 정치적인 관계, 즉 지배-복종, 억압-굴종, 약탈-손실의 불합리한 관계가 현대사회에도 상당 부분 그대로 잔존되어 있는 모습을 보여 주고 있다. 글로벌 시대로 변모되었고 사회가 현대사회구조의 특징을 보인다 해도 그 속에 살고 있는 정치사회의 구성원들의 의식구조와 행위양식은 전통적 행태에서 크게 벗어나지 못한 모습을 보여 주기 때문이다. 현대의 시대 상황에서나 사회구조에서도 이전의 전통적인 요소를 찾아볼 수 있는데, 이러한 것이야말로 전통적 행태의 지속으로 이해될 수 있다.

문제는 이들 양자 사이의 관계가 일치적이거나 합리적인 접합을 이룩하지 못하고 있다는 점이다. 그 이유는 전통사회로부터 근대사회로의 진입이 시간적인 여유를 갖고 서서히 전개되었다기보다는 급속하게 소용돌이의 혼돈 과정을 보여 주었기 때문이었다. 그 결과 지켜져야 할 전통은 버려졌고 버려야 할 것은 유지되는 묘한 역현상이 일어날 수밖에 없었다. 이러한 혼돈적 사회변화의 과정속에서 생활하게 된 사람들의 모습은 이중적 복합성을 갖게 되었으며, 그리하여 때로는 전통적인 행태의 삶을 보여주어야 했고, 때로는 근대적인 성격을 지향해야 하는 양식으로 달려가야 했다.

이처럼 복합적인 삶의 행태는 사람들 사이는 물론이고 사람과 제도 사이에도 갈등과 혼돈을 불러오게 되었다. 정치사회에서 정치가는 지배자의 위치에 서게 되고 국민은 피지배층에 해당된다는 전제를 성립시키기도 했다. 그러므로 정치가는 명령하고 규제할 수 있는 특권적 향유자로, 국민은 이들의 명령에 무조건 추종해야 하는 종속자의 위치에 서게 되었다. 이론적으로 선거에 의해 선출된 대표자는 그가 정치적인 권력을 잡았다 해도 국민의 심부름꾼이라는, 즉 국민들의 다양한 이익의 대변자로서 한정된 정치적 기능의 수행자이어야 한다. 그러나 현실적으로 이러한 인식을 갖기보다는 스스로 특권적인 존재로 여기면서 국민들에게 군림하는 모습을 보여 주었다.

전통적 행태의 지속 현상은 곧 직위와 역할, 심지어 사람들 사이의 사회관계에서도 격심한 이중성을 보여 주었으며, 사람들로 하여금 이질적인 두 영역, 즉 전통적 영역과 근대적 영역을 수없이 넘나드는 하는 혼란 속으로 떨어지게 했다. 이러한 혼돈에 놓이게 되면 결국 가치 관념에서도 상당한 문제를 일으키게 된다. 전통사회에서 중하게 여겼던 가치 관념이라도 근대사회에서는 이제 그렇게 평가되지 않을 수도 있지만, 이를 여전히 중요하게 여기는 경우도 있을 수 있다. 이처럼 가치 관념의 갈등과 대립은 사회관계에서도 신뢰를 전면적으로 혼란 속에 빠뜨리게 된다.

정치사회적으로 기본 가치와 관념의 상이한 인식과 수용은 지도자와 국민, 정치기구와 국민들 사이의 관계에서도 신뢰의 전면적인 붕괴를 가져오게 된다. 현대정치사회에서 국민들은 정치가나 지도자에 대해서 대등하게 대하지만 실제로 정치가들은 전통적 관념에 젖어서 스스로 특권층으로 여기면서 지배자로 나서려는 태도를 보여 주는데, 이것이야말로 가장 심각한 이중적 갈등이라 할 수 있다. 이 점에서 정치사회의 구성원들 사이에 사회 신뢰는 상당 부분 와해되었기 때문에 정치가들이 내걸고 있는 공약도 득표의 한 수단인 공허한 주장으로 치부되었다. 정치가와 국민들 사이에 심지어 정치가들 사이에도 신뢰가 없는 불신의 상황이 지속되는 정치사회의 비극적인 모습을 보여 주게 되었다.

이러한 사실이야말로 한국 정치사회가 겪었던 지난 반 세기간의 역사라 할 수 있다. '비동시적인 것의 동시적 공존'이 가져다 주는 결과가 결국 신뢰의 확보와 형성에 막대한 지장을 초래한 셈이다.

4. 특정적 집합주의의 충격

특정적 집합주의는 정치사회가 극단적인 혼돈 속으로 달려갈 때 나타나는 현상으로, 이는 주로 종교적 특정 집단이나 또는 배타적인 성격을 추구하는 이익집단, 그 밖에 특정화된 사회단체에서 빚어지는 그들만의 배타적인 관계망 형성을 의미한다. 특정적 집합주의는 그들 사이에만 강력한 위계적 질서의 확보와 강력한 응집력을 구사하기 때문에 그 밖의 존재들에 대해서는 적대적인 태도를 보인다. 이들은 자신들의 이익과 존재성을 지속하기 위해서는 그들 이외의 존재를 극단적으로 배척하면서, 그러한 배척과 적대감의 조성에 의해 그들 자체의 내적 결속력을 높이게 된다.

그 때문에 전체 사회 구성원 사이에서 이루어져야 하는 사회적 신뢰와 같은 것은 그들 집단에는 전혀 침투될 여지가 없다. 오직 '그들만의 세계'에서 그들 나름의 정의와 진실, 신뢰가 유의미하며 그것에 의한 관계설정에만 치중하게 된다. 그들 이외의 세계에 대해서는 심한 경우 접촉의 단절까지도 시도하여 완전 고립적인 배타성을 보여 주게 된다.

이들 조직체나 집단, 또는 특정 영역은 주로 종교적인 성격을 중심으로 이루어진다. 그러므로 이들 조직체는 그들이 믿고 있는 종교적인 가치만이 지고지선하기 때문에 그 밖에 사람이나 제도는 다 무의미할 뿐 아니라 심지어 배격되어야 하는 적대적인 대상일 뿐이다. 그들이 믿는 종파에 의하여 세상을 구원해야 한다는 일종의 선민의식에 사로잡혀 있기 때문에 그들과 다른 사람을 죄악시하는 모습도 보여 주기도 한다. 이러한 성격의 종파나 집단은 더 이상 사회의 세속적인 가치나 규율조차도 침투할 수 없을 정도로 그들 사이에 견고한 방벽을 세우고 그 속에 칩거함으로써 스스로의 존재를 지키려는 모습도 보여 주게 된다.

최근에 들어와서 이러한 성격의 움직임은 단순히 특정 종파나 또는 배타적인 이익집단이나 사회단체에서만이 아니라 특정 정치인을 지원하는 사조직에서도 나타난다. 일종의 후원 조직체이기 때문에 그 정치가의 당선이나 권력 장악을 위해서는 온갖 일을 마다하지 않는 헌신하는 것이다. 이들이 지원하는 정치와 경쟁관계에 있는 사람에 대해서는 극도의 적대감을 보이면서 극심한 투쟁으로 나아가게 된다. 이러한 관계가 설정되면 더 좋은, 옳은 것을 찾는다거나 타당성과 합리성에 의거한 정치적 선택 같은 것은 전혀 무의미하게 된다. 그보다는 맹목적인 추종과 지지만이 전부로 되어 있다.

편파적이고 파당적인 이러한 집단주의로는 정치사회에서 이루어져야 할 사회 신뢰는 사실상 불가능하다. 이 집단과 저 단체가 각기 그들만의 집단 규범과 행동양식을 주장하면서 그것에 따라 행동하기 때문에 전체사회의 규범이나 질서는 뒤로 밀리고 만다. 이렇게 되면 사회 신뢰의 정립에도 큰 위협이 된다.

한국의 정치사회가 현실적으로 당면하고 있는 사회 신뢰에 대한 저해

요소들, 즉 은고주의, 교환체계, 전통적 행태의 지속, 특정적 집합주의 등을 어떻게 극복하는가가 향후의 중요한 과제로 제기되고 있다. 이들 문제에 대한 해결과 극복이 전제되지 않는 한 한국 정치사회에서의 사회 신뢰의 정립은 사실상 상당한 어려움에 놓일 수밖에 없을 것이다.

V. 한국에서 사회 신뢰 형성을 위한 시론

앞에서 지적한 사실들을 다음과 같이 정리할 수 있다.

1) 은고주의를 대신할 공평하고도 합리적인 인간관계를 정립하기 위한 도덕률이 요청된다.
2) 교환적 거래체계에서 벗어나기 위해서는 법과 제도의 적용에서 공평무사하게 집행될 행정체제의 재정립이 필요하다.
3) 전통적 행태의 지속이 갖는 문제와 그 한계를 극복하는 것이야말로 사회 구성원들 사이의 현대적인 사회관계로 나아가게 하는 기본적인 기반이기 때문에 이를 위한 합리적인 제도의 등장과 역할이 이루어져야 한다.
4) 특정적 집합주의가 갖는 문제를 극복하고 "하나의 세상에서 다 함께 살아야 한다!"라는 사실을 전제로 하는 공동성과 협력성을 추구할 수 있는 동일체적 사회구조를 일구어 낼 수 있어야 한다.

위의 전제를 중심으로 한국의 정치사회에서 요구되는 가장 중요한 사실은 결국 개인이 합리적인 인간관계에 서게 하는 새로운 도덕률, 공정한 법제도, 현대적인 사회관계를 이룩하기 위한 사회구조의 재편 등이 전면적으로 이루어져야 한다는 것이다. 이는 곧 열린 사회로의 지향이며 그 속에서 인간관계가 확립됨을 의미한다. 이렇게 되어야만 한국의 정치사회에서도 사회 신뢰가 이룩될 수 있을 것이다. 이를 위해서는 전반적으로 한국 사회의 재구조화가 절실히 요구된다.

그렇다면 여기에서 의미하는 한국 사회의 재구조화란 무엇을 의미하는가? 그것은 기본적으로 지금의 사회구조가 갖는 문제와 한계성을 대신할 새로운 사회체제라고 할 수 있다. 구체적으로 지금의 사회구조인 "군중적 개인→집단적 귀속→국가체제"라는 3단계적 사회관계에서 벗어남이라고 할 수 있다. 그것은 다른 말로 표현하면 "개인→가정→공동체→사회집단→국가"로의 일대 전환이 이루어져야 함을 의미한다. 이를 보다 구체적으로 설명하기 위해서 다음 두 가지 사실로 구분해서 설명할 수 있는데 하나는 기존의 사회구조이며 다른 하나는 재구조화의 사회체제가 그것이다.

1. 기존 사회구조의 한계

여기서 말하는 기존 사회구조는 이미 앞에서도 설명한 "군중적 개인→집단적 귀속→ 국가체제"를 의미한다. 한국의 현실 사회구조의 얼개는 이러한 3단계적인 구조화를 보여 주고 있다. 그중 개인은 군중적 개인의 존재성을 의미한다. 여기서 의미하는 군중적 존재성은 자아에 대한 정확한 인식이나 성찰이 전제되지 않은 채 단순히 주변 사람들, 구체적으로는 그가 일상적으로 마주하고 대면하면서 생활하는 주변 사람들의 생각과 행동에 그 자신도 무의식적으로 동화되어 행동하는 경우를 의미한다.

현대사회에서 군중은 공중에 대한 대립 개념이다. 공중이 사회의 공공성에 입각한 삶의 모습을 보여 줄 때 군중은 군집성에 의거해서 스스로를 내던지는 존재로 행동한다. 그러한 개인에게는 이미 자신의 개별성과 같은 독자성은 존재하지 않는다. 군중 속에 묻혀서 그 속에서 함께 고함치고 집단적인 광기에 사로잡혀 행동함으로써 자신이 개인적으로 느껴왔던 소외감을 극복한다는 착각에 사로잡힌다. 이렇게 되면 이미 자기 성찰적인 개인은 존재할 수 없다. 선동과 군중적인 광기가 난무하는 포퓰리즘이 등장하게 되는, 결과적으로는 민중 파시즘의 위기로 내몰리기 때문이다.

군중 속에 쉽게 합류되는 존재로서 개인적인 활동 공간에는 집단적인 귀속 현상만이 강하게 지배한다. 여기서 말하는 집단적인 귀속 현상은 주로 학연, 지연, 혈연 등을 중심으로 이루어진 집단화의 현상이다. 각급 학교의 동창회를 중심으로 하는 집단, 자신의 출신 지역을 중심으로 조직된 지역 조직체, 여기에다 각종 종교나 정파, 심지어는 특정 정치인을 지원하는 단체에 이르기까지 수많은 군중적 집단들이 활동하게 된다. 이들 군중적 집단에 포함되어야만 그 자신의 고독감이나 소외감도 극복될 수 있다고 믿고 있다. 따라서 혼자서 생각하고 모색하고 스스로 독자적으로 추구하는 삶의 양식에서는 점점 멀어지고 만다. 남과 다름에 대해서 지나칠 정도로 민감하게 관심을 나타내며 군중 속에 합류하는 것이 유리하고 도움이 되는 삶이라고 믿고 있다.

이러한 개인과 집단, 그리고 이에 바탕을 둔 국가체제로는 사회 신뢰가 이루어질 정치체제는 기대될 수 없다. 국가 역시 그 최종적 권력체계의 점유자는 각 집단의 합종 연횡을 통하여 군중들의 지지를 많이 모은 지도자가 정권을 장악하는 결과가 되고 만다. 이렇게 되면 이미 국가는 사실상 '대중 독재 국가'라는 심각한 위기 현상에 직면하게 된다. 어느 면에서는 군중적 파시즘의 한 모습을 드러내며 집단적 열기가 사회적 광기로 작동할 수 있기 때문이다. 바로 이 점에서 개인적인 창의성이나 자율은 물론이고 이성은 극단적으로 위축될 여지를 안게 된다.

결국 오늘날의 한국의 사회구조는 그 기반이 되는 개인에서부터 문제점을 안고 있다. 여기에다 개인의 결집체로서의 집단이 이성적이기보다 군중적이기 때문에 포퓰리즘적 민중파시즘의 요인을 제공하게 된다. 그뿐 아니라 이러한 사회구조에서는 국가 그 자체가 통합적이고 발전적인 존재로 기능하기보다는 특정 사회 세력이나 정치집단의 권력행사를 위한 전유물로 기능하게 된다. 이러한 상황에서는 기본적으로 다음과 같은 문제점이 제기될 수밖에 없다.

1) 이성적인 개인의 존재가 불가능하다.
2) 군중적 집단주의의 지배 하에 놓인 사회이기 때문에 합리적인 인간관계가 이루어질 수 없다.
3) 국가는 다원적인 사회구조의 총합체로서의 자리매김과는 거리가 있는, 군중적인 특정 집단만의 지배기구로 존속될 수 있기 때문에 감성적인 성격에 기초를 둔 통치구조로 이어질 가능성을 안게 된다.

결국 이러한 성격을 갖는 기존의 사회구조로는 더 이상 사회 신뢰의 확립과 같은 기대치를 실현할 수 없다. 여기에서 벗어나 새로운 형태의 사회구조를 이룩하는 것이 사회 신뢰의 확립을 위한 우선적인 과제라 할 것이다.

2. 한국 사회의 재구조화의 전개

그렇다면 여기서 의도하는 새로운 형태의 사회구조란 무엇인가? 이 문제에 대한 응답으로 먼저 앞에서 논의한 한국 사회의 재구조화를 생각해 볼 수 있다. 이미 앞에서도 다루었지만 그것은 "개인→ 가정→ 공동체→ 사회집단→ 국가"로의 재정립이라 할 수 있다. 현실적인 사회구조에서는 사실상 가정이 집단 속에 매몰된 현상을 보여 주는데 여기에서는 가정을 부활시킴과 동시에 개인의 정상성의 확보를 전제로 한다. 이를 차례로 생각해 보기로 하자.

특별히 여기서는 개인의 존재성에 대한 문제가 제기되는데 이는 지금까지 한국의 사회구조에서 찾아볼 수 있는 개인과는 완전히 다른 새로운 존재로서의 개인을 의미한다. 지금의 개인은 군중의 부속적 존재로 또는 극단적인 이기주의에 매몰된 존재로서의 개인만이 있을 뿐이다. 그뿐 아니라 개인이라면 단지 이기적인 존재로서의 개인만을 생각하면서 집단주의와의 연관성에서만 개인을 논의하는, 결국 개인의 소멸을 보여 줄 뿐이다.

그러나 여기서 개인의 회복은 올바른 개인주의의 정립을 의미한다. 한국 사회는 개인주의와 이기주의를 구분하지 않는 한계성을 보여 주고 있다. 엄밀하게 규정하면 개인주의와 이기주의는 분명히 다르다. 개인주의는 개인의 이익을 위해서가 아니라 개인의 자기다움의 존립을 위한 그 존재성의 확인이라고 할 수 있다. 그러한 확인을 통해서 비로소 가정과 집단 속에서의 자아실현을 가능하게 하는 것, 즉 가정은 개인의 자기실현을 위한 일차적인 결집체이자 운명적인 귀속체이기 때문에 그것에서 스스로의 존재성을 확인하고 발전시킬 수 있게 된다.

불행히도 한국 사회에서는 개인적인 자아의 확립이 전체와의 어울림의 전초이며 기반이라는 사실에 대한 인식을 상당 부분 결여하고 있다. 오직 집단을 위해 언제든지 희생될 수 있는 존재가 바로 개인으로 여겨질 정도다. 개인의 희생은 개인의 무시와 개인의 의미부정으로 이어질 정도에 이르렀다. 그러나 개인주의적 이념에 기반을 둔 사회구조, 즉 공리주의적 인식이 사회의 기본으로 자리 잡을 때 비로소 사회 신뢰도 형성될 수 있다.

한국 사회의 재구조화에서 가정도 단순히 가부장적 권위주의의 상징인 전통적 가정의 부활을 의미하는 것은 아니다. 그러한 가정은 이미 앞에서도 언급했듯이 단순히 집단 속으로 편입될 뿐이다. 그와는 달리 가정 본연의 모습을 구현해 낼 수 있는 것으로서의 부활을 의미하게 된다. 가정은 혈연 공동체이자 구성원 사이에 인격적인 자아실현의 기본 토대를 이룩하는 발진기지이다. 이것에 의해서 개인은 비로소 사회와 관계를 맺게 되고 그 관계망 속에서 전체 사회구조를 이룩하게 된다. 그러므로 가정이야말로 기본적으로 구성원 사이에 애정을 바탕으로 하는 인격관계이며 그것은 오직 사랑의 이름으로 이룩되는 발전의 전형이라고 할 수 있다.

이러한 가정을 바탕으로 비로소 공동체적 집단이 이루어질 수 있다. 단순히 이익결사체로서의 집단이 아니라 공동체적 집단이라는 것은 집단 구성원 사이의 관계가 갈등과 대립을 전제로 하는 이익 지향성에서 벗어나서 협력과 연대를 중시하는 집단적 윤리의 강화를 추구한다는 의미이기도 하다(Delanty 2003). 이러한 성격의 집단에서만이 비로소 국가도 달라질 수 있게 된다. 국가는 단순히 권력구조의 정점에 존재하는 권력체의 의미로만 인식될 수는 없다. 국가는 곧 지배와 피지배의 관계가 아니라 다 함께 사회정의와 가치를 실현하는 공동체적 의지의 발현이어야 한다. 이러한 성격의 국가는 권력구조에서 지배와 피지배의 관계가 일방적인 것이 아니라 쌍방적이어야 하며 협력적이어야 함을 의미한다.

이제 이 연구를 통해서 얻어진 중요한 결실은 한국 정치사회에서 사회신뢰가 확립되지 않는 한 결코 바람직한 민주시민 사회를 일굴 수 없다는 사실이며 그것을 위한 새로운 시도는 결국 한국 사회의 재구조화에 달려 있다는 의미이다.

이를 구체적으로 정리하면 다음과 같다.

1) 개인의 존재성에 대한 합리적인 성격의 부여가 필요하다. 합리적이고 자기 성찰적인 개인의 존재 여부가 한국의 사회 신뢰 확보의 기본적 속성이라 할 수 있다.
2) 이러한 개인의 확립과 가정 그리고 집단을 통한 국가의 형성은 바로 사회의 재구조화에 달려 있으며 이를 위해서는 최소한 다음의 조치들이 이루어져야 한다.
   ① 정치체제에서 구성원 사이에 합리적인 교호관계의 설정.
   ② 사회복지제도에 의한 소외 일탈의 철저한 방지로 인격주의의 실현.

③ 생산적이고 합리적이며 효율적인 시장체제의 발전(이는 곧 투명한 시장의 정립을 의미한다).

④ 국민의 정치인식과 책임의식의 배양을 위한 제도적 교육과 사회교육의 효율적 체제화.

⑤ 인격적 사회관계를 가능하게 하는 법 제도의 전면적인 정비(범법자의 인권도 중요하지만 선한 시민들의 안전이 보다 중요하며 이를 위한 법제도의 활용이 이루어져야 한다).

⑥ 사회제도의 새로운 관계 정립, 즉 가정, 집단, 사회, 국가, 세계 사이에 합리적 연계망의 구축

이렇게 함으로써 한국 정치에서 사회 신뢰의 정상성을 정립하며 그 결과 정상적이고 가치적인 시민 참여적 민주주의를 활착시킬 수 있게 될 것이다. 이러한 의미에서 이 연구에서는 "공공성 없는 시민사회는 이루어질 수 없고, 시민사회 없는 민주주의는 존재할 수 없다!"라는 명제에 입각한 공리주의와 개인주의 접합의 필요성과 그것에 의한 사회 재구조화의 필요성을 강조한다(진덕규 2003).

제3장
한국인의 정치제도 신뢰에 영향을 미치는 요인에 대한 탐색과 정치제도 신뢰증진전략 연구[1)]

김지희*

I. 서론

최근 한국에서 가장 큰 사회적 반향을 일으킨 사건은 현 정부의 경제정책, 특히 부동산정책의 실패로 야기된 시장 혼란이라고 말할 수 있다. 즉, 정부의 부동산대책이 나오면 이를 비웃기라도 하듯 부동산 가격이 급등하여 '부동산 광풍' 또는 '부동산 불패'라는 신조어가 나타나기까지 하였다. 국민들의 부동산정책에 대한 반발과 냉소는 바로 정부의 공공정책에 대한 불신, 즉 정부의 정책수행 능력에 대한 불신으로부터 기인한 것이다. 이러

* 한림대학교 연구교수

1) 이 글은 『신뢰연구』(한림대학교 한림과학원) 제16권 통합본(2006년 12월)에 게재된 필자의 논문 "한국인의 정치제도에 대한 신뢰와 불신: 신뢰 형성에 영향을 미치는 정치경제적 · 사회문화적 요인에 대한 탐색적 연구"를 대폭 수정 · 보완한 것임을 밝혀둔다.

한 공공정책에 대한 불신은 더 나아가 현 정부 자체에 대한 불신으로까지 심화되고 있으며, 따라서 정책이 전혀 효력을 발휘하지 못하는 악순환이 되풀이되고 있는 실정이다. 공공정책에 대한 불신으로 인해 초래되는 거래비용의 증대는 국민들의 개인적인 경제적 부담이 될 뿐만 아니라, 더 나아가 심각한 경제위기를 초래하게 될 가능성이 높다. 이와 같은 상황은 한국 사회 전반에 걸쳐 '신뢰의 붕괴'를 넘어서서 '신뢰의 상실'을 야기하였다고 할 수 있다.

박찬웅은 한국 사회가 처해 있는 상황을 "신뢰의 위기"로 규정하면서 신뢰의 위기란 "한국 사회 내의 대다수의 행위자가 서로를 신뢰하지 않고, 그에 따라 신뢰가 제공하는 여러 가지 혜택, 즉 감시비용의 절감, 사회적 협동, 사회 성원들 사이의 결속감, 정보의 원활한 유통, 사회 성원들의 헌신 및 만족, 불확실성의 감소 등이 발생하지 않는 사회적 상황"이라 규정하고 있다(박찬웅 1999, 11-12). 이처럼 신뢰의 위기로 인한 사회적 혼란이 점차 확산되자 개인간의 관계 형성, 조직의 효율성 제고, 정치사회적 안정 및 경제적 발전을 위한 사회적 자본으로서의 신뢰에 대한 본격적 연구의 필요성이 더욱 강조되고 있다. 물론 신뢰의 정치사회적 · 경제적 의미뿐만 아니라 신뢰 회복을 위한 효율적 방안을 탐색하려는 연구가 이미 진행되어 온 것이 사실이나, 그 범위와 수준에 있어서 한국 사회 내의 전반적 신뢰 수준에 관한 현황파악에 머물고 있을 뿐이며 신뢰 형성에 영향을 미치는 요인과 신뢰의 파급효과에 대한 본격적이자 경험적인 조사분석은 거의 이루어지지 않았다고 볼 수 있다. 예컨대 각종 설문조사를 통해 한국인의 경우 개인에 대한 신뢰의 측면에서는 강한 가족주의의 영향으로 인해 혈연집단 내의 신뢰는 강한 반면 가족의 테두리를 벗어나는 개인이나 집단에 대한 신뢰는 매우 낮다는 점, 그리고 사회적 신뢰에 있어서도 법규범과 절차의 정당성뿐만 아니라 제도적 장치에 대한 신뢰 역시 낮게 나타남에 따라 총체적인 신뢰 수준이 매우 낮다는 지극히 일반적인 사실이 밝혀졌을 뿐이다.

이러한 분석결과를 면밀히 살펴보면, 우리 사회에서 불신이 가장 깊은 분야 또 부정부패가 가장 극심하다고 인식되는 영역이 바로 '정치 · 정부' 영역이며, 또 대다수의 국민들이 사회부패의 가장 큰 요인으로서 정치를 지적하고 있음을 알 수 있다. 즉, 대부분의 국민들이 정치를 신뢰하지 않은 가장 큰 이유가 바로 정치인에 대한 불신 때문인 것으로 나타났다. 이러한 정치인에 대한 신뢰/불신이라는 맥락에서 볼 때, 특히 대통령의 국정운영에 대한 신뢰는 공공정책의 효율적인 수립뿐만 아니라 정책의 수행성과에 따라 영향을 받게 된다. 즉, 정책에 대한 평가가 긍정적일 경우에는 대통령의 국정운영 능력에 대한 평가 역시 높게 나타나고 있으나, 그 반대의 경우에는 대통령의 국정운영에 관한 평가 역시 부정적으로 나타나고 있다. 요컨대 정책 및 대통령의 국정운영 능력에 대한 부정적 평가로 인해 대통령에 대한 신뢰가 하락한 것으로 볼 수 있다. 따라서 신뢰에 대한 체계적이고 포괄적인 이해의 증진과 더불어 전반적인 신뢰 회복과 증진을 위한 효율적인 방안을 모색하기 위해서는 한국 사회가 지니고 있는 전반적인 신뢰 수준에 대한 단순한 현황파악을 넘어서서 한국인들의 정치 신뢰/불신의 형성에 영향을 미치는 요인들에 관한 보다 치밀하고도 경험적인 탐색이 이루어질 필요가 있다.

이러한 맥락에서, 이 연구는 한국인들의 정치 신뢰, 특히 정치제도(political institutions)에 대한 신뢰에 영향을 미치는 개인의 사회문화적 배경요인과 정부의 정치경제적 성과에 대한 평가요인을 경험적으로 추적하려는 목적을 지니고 있다. 이를 위해 적절한 이론적 토대에 입각하여 분석모형을 구축하고, 이를 2001년 6월 '한림과학원'에서 실시한 전국규모 설문조사인 "신뢰에 대한 국민의식 조사"[2]를 통해 확보된 자료에 입각하여 계

2) 이 조사는 2001년 6월 21일부터 2001년 7월 4일까지 13일간 전국의 만 18세 이상 성인 남녀(고등학생 제외) 1,002명을 대상으로 하였다(95% 신뢰구간에서 표본 오차 ±3.2%).

량통계적으로 검증함으로써 신뢰 회복방안을 모색해 보기로 한다.[3)]

II. 신뢰 형성의 영향요인

대부분의 학자들은 신뢰가 민주주의 정치제도의 안정적 유지와 효율적 운영을 위한 필수조건이라는 점에는 동의하고 있으나, 이러한 신뢰 형성의 영향요인에 대해서는 각기 상이한 시각을 보이고 있다. 예컨대 미쉬러와 로즈는 신뢰의 형성요인에 대한 연구를 사회문화적 배경요인을 강조하는 입장(Almond and Verba 1963; Putnam 1993; Inglehart 1997)과 정치제도의 정치경제적 성과의 영향력을 주장하는 입장(Coleman 1990; Hetherington 1998)으로 대별하고 있다(Mishler and Rose 2001, 31).

1. 사회문화적 배경요인

우선 신뢰를 사회문화적 배경요인의 영향력이라는 맥락에서 접근하는 입장에 따르면, 특정 개인의 타인이나 정치사회제도에 대한 태도는 그가 처한 사회문화적 환경에 따라 달라질 수 있다. 또한 신뢰를 포함한 이러한 태도들은 결코 단기간에 형성되는 아니라, 문화적 규범에 입각하여 장기간에 걸쳐 뿌리 깊게 각인되는 것으로서, 주로 초기 사회화 과정을 통하여

3) 원래는 이와 같은 조사를 매년 수행하여 신뢰 수준 및 양상의 변동을 추적 · 분석하고자 하였으나, 연구비 항목 중 조사연구비가 완전 삭감됨에 따라 2001년에 수행된 이 자료만을 이용하여 분석할 수밖에 없었음을 미리 밝혀둔다.

전이된다고 본다. 사실상 타인을 신뢰할 것인가 혹은 신뢰하지 말아야 할 것인가에 대한 입장과 태도는 출생 이래 사회적으로 획득한 타인에 대한 경험, 즉 타인이 자신을 어떻게 취급하는가 혹은 타인이 자신의 행동에 대해 어떤 반응을 나타내는가에 관한 경험에 입각하여 점진적으로 형성된다고 볼 수 있다.

이처럼 사회문화적 요인의 영향력을 강조하는 학자들은 대인 신뢰는 특정 사회의 문화를 학습하는 과정, 특히 그 가운데에서도 초기 사회화 과정에서 형성되며, 정치사회제도에 대한 긍정적 · 부정적 성향 역시 사회화 과정을 통해 전이되기 때문에 궁극적으로 대인 신뢰가 확장되어 정치제도에 대한 신뢰로 발전한다고 본다. 요컨대 사회 구성원들은 대인 신뢰를 기반으로 하여 정치제도에 대한 평가를 수행하며, 그 결과가 전반적인 정치제도에 대한 신뢰로 투사된다는 것이다(Mishler and Rose 2001).

연관된 맥락에서, 잉글하트는 특정 사회의 문화적 전통과 대인 신뢰 사이에 유의미한 관계가 존재한다는 사실을 밝혀낸 바 있다. 즉, 기독교 사회와 유교적 전통이 지배적인 사회의 대인 신뢰가 가톨릭이나 이슬람 사회의 대인 신뢰보다 더 높이 나타난다는 것이다(Inglehart 1999, 92). 한편 푸트남(1993)은 대규모의 계서적이고 책임감이 결여된 중앙집권적인 관료제를 대인 신뢰를 저해하는 요소로 지적하였으며(Inglehart 1999), 알몬드와 버바(Almond and Verba 1965) 역시 대인 신뢰가 정치제도에 대한 신뢰로 투사되어 '시민문화'(Civic Culture)를 창출한다고 주장하였다.

2. 정치경제적 성과에 대한 평가의 영향력

두 번째로, 정치경제적 성과에 대한 개인적 평가의 영향력을 강조하는 학자들은 정치제도에 대한 신뢰를 정치체계에 내재하고 있는(endogenous) 요인이라는 맥락에서 접근한다. 즉, 정치제도에 대한 신뢰를 정치체계(혹은 정부)의 산출물로서의 공공정책수행(policy performance)에 관한 평가정향(evaluative orientation)으로 규정하고,[4] 그 수준은 공공정책의 내역과 수행양상이 국민들의 규범적 기대감에 어느 정도 조응되느냐에 따라 결정된다고 보고 있다. 따라서 이러한 유형의 신뢰는 정치제도의 정책수행결과로서 표출되는 것이지, 신뢰가 제도의 정책수행 능력에 영향을 미치는 것은 아니라는 것이다(Mishler and Rose).

요컨대 민주주의 체제 내에서 정치제도에 대한 신뢰는 제도의 효율적 운영 여부에 달려 있다. 즉, 정치제도가 효율적으로 운영되고 그 운영성과를 국민들이 긍정적으로 평가할 때 신뢰의 수준이 높아지게 되며, 반대로 운영과정에 있어서 부패와 무능이 표출될 경우에는 신뢰를 상실하게 마련이다. 예로서 히스링턴은 현직 대통령에 대한 만족/불만족의 태도와 신뢰의 상관관계를 추적하는 가운데, 현대사회에서 정치 신뢰의 저하 현상이 지닌 중요성에 대한 기존의 해석을 반박하고 있다. 즉, 통상적으로 생각하는 것처럼 신뢰가 저하되었기 때문에 정치 엘리트에 대한 불만이 표출되는 것이 아니라, 역으로 정치 엘리트에 대한 불만이 신뢰의 저하를 야기하며, 따라서 낮은 신뢰는 정치 엘리트의 지속적이며 안정적인 역할수행을 저해한다는 것이다(Hetherington 1998, 791-808).

4) 이스턴(D. Easton)은 신뢰와 불신을 포괄하는 개념으로서 정치적 지지(political support)를 사용하면서, 이를 정치체계 자체를 대상으로 하는 구조적 · 보편적 지지(diffuse support)와 정치체계의 (정책)산출성과를 대상으로 하는 기능적 · 구체적 지지(specific support)로 구분하고 있다.

Ⅲ. 분석모형

1. 모형의 기본구조

정치제도에 대한 신뢰양상을 결정하는 개인적 수준에서의 요인들을 탐색하고 각 요인의 상대적 영향력을 비교검토하기 위해, 이 연구는 개별 사회 구성원들의 ①사회경제적 배경(socioeconomic background)과 가치정향(value orientation)을 포함한 사회문화적 배경요인과 정치경제적 성과에 대한 평가를 포함하는 정치경제적 평가요인을 독립변인들로, ②대인 신뢰도를 통제변인으로 채택한 모형을 설정하기로 한다(〔그림 1참조〕).

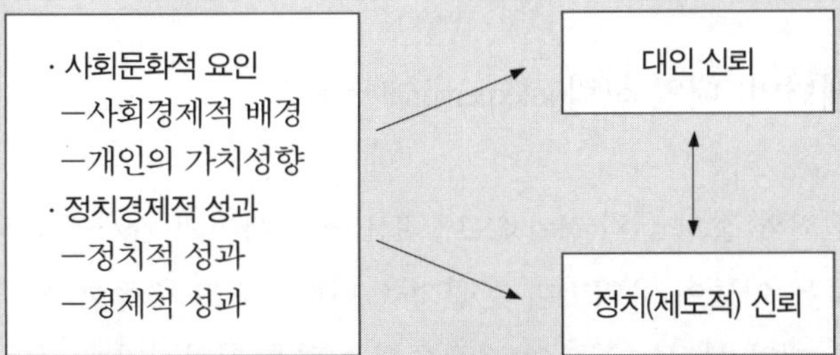

〔그림 1〕 분석모형의 구조

2. 구성 개념(constructs) 및 측정지표

위의 분석모형에 포함된 각 변인들을 측정하기 위한 맥락을 보다 상세히 소개하면 아래와 같다. 모형의 경험적 검증에 요구되는 각 변인들의 측정지표로서는 2001년 『한림과학원』에서 수행한 "신뢰에 대한 국민의식 조사"에 사용된 문항들을 선별 · 채택하기로 한다.[5)]

1) 종속변인: 정치제도에 대한 신뢰

민주주의 정치체계 내의 각종 제도적 장치는 국민들의 개별적 · 집단적 이익을 표출, 대변하고 보장하는 기능을 행사한다. 따라서 이러한 제도적 장치를 신뢰한다는 것은 곧 제도적 권위와 정당성을 수용 · 신뢰한다는 것을 의미한다고 볼 수 있다. 이러한 맥락에서, 이 연구에서 상정된 종속변인인 정치제도에 대한 신뢰는 "신뢰에 대한 국민의식 조사"에 포함된 관련 문항에 대한 응답 자료를 요인분석을 통해 분석하여 정치제도와 사회제도에 대한 신뢰로 구분한 뒤, 이들 각각에 대한 응답의 평균으로 각 개인의 정치제도와 사회제도에 대한 신뢰값을 측정하기로 한다.

2) 통제변인: 대인 신뢰(interpersonal trust)

대인 신뢰와 정치 신뢰(정치제도에 대한 신뢰) 사이의 관계에 대해 대부분의 학자들은 이들이 유의미한 상관성을 나타낸다고 주장한다. 즉, 전반적으로 낮은 대인 신뢰는 정부의 정책수행 능력을 저하시키게 되며, 이는 다시 정부에 대한 시민들의 부정적인 평가를 야기하여 결과적으로는 정치

---

5) "신뢰에 대한 국민의식 조사"는 한국 사회의 신뢰현황과 수준을 개괄적으로 파악하기 위한 기존 설문조사와 달리, 신뢰개념의 다차원성, 신뢰의 구성요인, 신뢰의 유형과 신뢰의 영향요인을 파악하기 위해 '우리 사회에 대한 일반적 인식' · '개인에 대한 인식' · '제도 · 조직 및 사람에 대한 신뢰' · '공무원에 대한 인식' · '정보제공에 대한 인식' · '전반적 가치관' · '우리 사회의 경제적 상황에 대한 인식' 등을 탐문하기 위한 문항들로 구성되어 있다. 이 연구에서는 이론적 배경과 분석모형에 따라 이러한 문항 가운데에서 개인 및 제도에 대한 신뢰, 사회문화적 배경요인, 정치경제적 성과에 대한 인식과 관련된 문항의 응답을 선별하여 사용한다.

신뢰의 수준을 저하시키게 된다는 것이다. 예로서 브렘과 란(Brehm and Rahn 1997)은 정치(제도)에 대한 신뢰를 대인 신뢰의 확장으로 간주하면서, 타인에 대한 신뢰도가 높은 사람은 타인 역시 제도적 권위에 복종하리라고 기대하기 때문에 이러한 권위에 복종함으로 자신이 불이익을 당할 가능성을 고려하지 않게 됨에 따라 이를 기꺼이 수용하게 된다고 보고 있다. 이러한 맥락에서 본 모형에서는 대인 신뢰의 수준을 통제변인으로 채택하였으며, 그 측정은 "신뢰에 대한 국민의식 조사"에 포함된 관련 문항의 응답 자료를 사용한다.[6]

3) 독립변인

(1) 사회문화적 배경요인

앞서 지적한 바와 같이, 한 개인의 대인 신뢰는 그가 지닌 가치정향에 따라 변이양상을 표출한다. 즉, 대인 신뢰의 수준은 개인이 사회화 과정을 통해 획득하는 가치정향의 영향을 받게 마련이며, 더 나아가 정치 신뢰에 투사된다고 본다. 이러한 가치정향과 더불어 각 개인이 지닌 사회경제적 배경 역시 정치 신뢰의 양상에 영향을 줄 것으로 예측된다. 왜냐하면 직업이나 종교, 교육 수준과 같은 객관적 조건들은 이미 수많은 경험적 연구를 통해 가치정향의 형성과 변동을 초래하는 핵심적 인자임이 밝혀졌기 때문이며, 따라서 모형에 포함될 충분한 이론적 · 경험적 근거가 있다고 본다. 이 연구모형에서는 이와 같은 개인의 가치정향과 사회경제적 배경을 통합하여 '사회문화적 배경요인'으로 칭하기로 한다.

---

6) "○○ 님께서는 전반적으로 다른 사람을 잘 믿습니까? 아니면 잘 믿지 못합니까?"라는 문항에 대한 응답 자료

①가치정향

아래 4개 맥락과 관련된 문항에 대한 응답으로 측정하되, 상반되는 두 개의 주장을 각각 좌단(1점)과 우단(4점)에 배치하고 네 가지 개인의 가치성향을 측정하기 위하여 다음과 같은 설문항을 이용한다. "다음의 상반되는 두 주장에 대해 ○○ 님은 어떤 쪽에 가깝습니까?" 1점은 왼쪽의 생각에 완전히 동의하는 경우이고 4점은 오른쪽의 생각에 완전히 동의하는 것입니다.

- 개인주의 성향과 집단주의 성향: 개인의 이해관계와 집단의 이해관계 중에서 어느 쪽에 더 큰 의미를 부여하느냐에 따라 구분.
  - 좌단에 "개인 이익과 집단 이익이 상충할 때에는 개인의 이익보다 집단의 이익을 우선해야 한다"라는 주장을, 우단에 "개인 이익과 집단 이익이 상충할 때에는 집단 이익보다 개인 이익을 우선해야 한다"는 주장을 배치한다.
- 권력거리: 수직적인 위계질서, 즉 권위주의에 대한 태도.
  - 좌단에 "윗사람과 아랫사람 사이에 의견의 차이가 있을 때, 아랫사람은 윗사람의 지시에 따르는 것이 옳다", 우단에 "윗사람과 아랫사람 사이에 의견의 차이가 있을 때 아랫사람의 의견도 존중하여 수용할 것은 수용하여야 한다"는 주장을 배치한다.
- 남성성과 여성성: 자기주장과 겸손 가운데 어느 것을 더 중시하느냐에 관한 태도.
  - 좌단에 "의견대립이 있을 때는 끝까지 자기주장을 굽히지 말고 관철시켜야 한다"는 의견을, 우단에 "의견대립이 있을 때에는 자기생각과 다르더라도 다른 사람의 의견을 경청하고 수용하여야 한다"는 의견을 배치한다.
- 불확실성 수용과 회피 성향: 낯선 것을 위험하게 생각하고 기피하느냐, 반대로 신기하게 여기며 쉽게 수용 하느냐에 따라 구분.

– "나는 변화로 인하여 어떤 어려움이 발생할까 두려워서 생활의 변화를 싫어한다"와 우단에 "나는 변화를 인생의 새로운 활력소로 생각하기 때문에 생활의 변화를 좋아한다"를 배치한다.

② 사회경제적 배경

사회경제적 배경은 개인이 소속된 사회적, 경제적 집단, 즉 교육 수준 · 직업 · 수입 · 성별 · 연령 · 종교 등에 대한 문항의 응답으로 측정하기로 한다.

(2) 정치경제적 평가요인

① 정치적 성과에 대한 평가

아래 4개 맥락과 관련된 문항에 대한 응답으로 측정한다.

- 부패에 대한 인지
  – 부패는 비합법적 방법을 동원하여 자신의 이익을 추구함으로써 발생하는 것으로서, 정치사회적 규범으로부터의 일탈을 의미한다. 부패는 과정의 투명성이 보장될 경우 일소될 수 있으며, 따라서 그 확산 정도는 정치과정이 어느 정도 공정하고도 투명하게 전개되느냐에 달려 있다고 볼 수 있다. 요컨대 부패가 사회에 만연되어 있다는 인식은 현 정치체계가 이러한 일탈행위를 방지하기 위한 방안 마련에 실패하였다는 평가뿐만 아니라, 정치과정 자체의 투명성에 대한 부정적 평가를 동시에 함축함으로써 정치 신뢰에 강력한 영향력을 행사한다고 볼 수 있다.
- 자유보장에 대한 인지
  – 사회 내에서 개인의 자유가 어느 정도 효율적으로 보장되고 있느냐에 대한 인식으로서 정치적 환경 및 조건에 대한 평가로 간주될

수 있다.

- 공정성에 대한 인식
  - 정치사회제도의 운영방식이 공정성과 객관성을 담보하고 있다는 평가는 정치적 신뢰의 수준과 직결된다. 즉, 특정 성, 계층, 지역 등에 대한 차별은 사회적 절차에 대한 공정성에 대한 평가에 부정적 영향을 미치고, 더 나아가 제도 자체에 대한 신뢰에 영향을 준다고 볼 수 있다.
- 정치적 효능감
  - 개인의 정치적 행위가 정치과정에 어느 정도 영향력을 미칠 수 있는가에 대한 자기평가(self-assessment)를 의미하며, 정치제도에 대한 관심 및 이해와 참여에 영향을 미친다. 따라서 효능감이 커질수록 정치참여가 증대되고, 정치제도에 대한 신뢰가 증대한다고 볼 수 있다.

② 경제적 성과에 대한 평가

- 현재의 거시경제적 성과에 대한 평가와 전망
  - 경제적 측면에서 나타나는 정부의 정책수행도, 즉 경제적인 성취도에 대한 평가는 정치체계의 국민요구충족 능력과 국민적 지지기반의 수준을 반영한다는 측면에서 정치제도에 대한 신뢰와 직결된다고 볼 수 있다.
- 현재의 가정경제사정에 대한 평가와 전망
  - 경제적 성취도는 국민경제생활수준의 맥락에서도 측정될 필요가 있다. 즉, 가정경제 상황에 대한 개인의 평가와 전망 역시 정치제도에 대한 신뢰 평가에 영향을 미친다.
- 실업경험 여부와 물가문제(인플레이션)에 대한 인식
  - 인플레이션이나 실업문제를 해결할 수 있는 능력은 정치체계의 경제적 성취도에 대한 평가의 가장 중요한 척도라고 말할 수 있다.

> 즉, 실업경험이나 급격한 물가상승은 경제생활에 대한 국민의 좌절감을 유발하여 정치제도에 대한 압력, 더 나아가 불신으로 표출된다.

이제 이상과 같은 맥락에 따라 상정된 측정지표들을 요약하면 아래 〈표 1〉과 같다.

〈표 1〉 개념정의와 측정지표와 설정

구성개념	맥락정의(변인)	조작정의(지표)
신뢰	정치제도 신뢰	정치제도에 대한 신뢰도
	대인 신뢰	타인에 대한 신뢰도
사회 · 문화적 배경요인	사회경제적 배경	교육수준
		직업
		소득수준
		성별
		연령
		종교
	가치정향	개인주의와 집단주의
		권력주의
		남성성과 여성성
		불확실성 수용성향과 회피성향
정치 · 경제적 평가요인	정치적 성과	부패에 대한 인지
		자유보장에 대한 인지
		공정성에 대한 인지
		정치적 효능감
		현 정부의 거시경제적 성과에 대한 평가
	경제적 성과	현 정부의 거시경제적 성과에 대한 전망
		현재의 가정경제사황에 대한 평가
		향후 가정경제상황에 대한 전망
		실업경험
		물가문제(인플레이션)에 대한 인식

IV. 분석모형의 검증

1. 변인의 선정 및 분포양상

1) 요인분석을 통한 작동변인군 선정

앞서 정립된 이론적 분석모형에 입각하여 모형검증에 동원될 작동변인(operating variables)들을 추출하기 위해 인자분석(factor analysis)을 수행하여 설문항들을 함축하는 상호 독립적 차원(인자)을 밝혀내고, 또 이 문항들 가운데에서 의미 있는 변인을 선별하였다. 인자분석의 수행방식으로서는 인자들 사이의 상호 독립성을 가정함으로써 변인들 사이의 중다공선성(multicollinearity)이 제거되는 직각회전방법을 채택하였다.

우선 종속변인인 정치제도 신뢰를 측정하기 위하여 "각종 기관이나 제도에 대한 신뢰" 문항에 대한 응답을 인자분석을 통해 분석하여 정치제도와 사회제도에 대한 신뢰로 구분하였다. 인자분석은 수많은 변인들을 상호 응집양상에 따라 소수의 차원(인자)들로 축소[7]시켜 주기 때문에 상정한 19개의 변인들이 다음 〈표 2〉와 같이 4개의 상이한 차원으로 구분되어 나타나고 있음을 알 수 있다.

분석을 수행한 결과 우선 정치제도 신뢰와 사회제도(기관) 신뢰 등 두 가지 맥락으로 나뉘고 있음을 확인할 수 있었다. 보다 구체적으로 정치제도 신뢰에서는 청와대 국회, 지방자치단체, 지방의회, 정당, 정부행정기관과 같은 정치행정제도 신뢰(인자 1)와 군대, 경찰, 검찰, 법원과 같은 공공통

---

7) 인자분석방법에서 각 인자의 유의성을 결정하는 일반적인 방법은 각 인자가 갖고 있는 Eigenvalue가 1.0보다 크거나 같을 때 그 인자가 의미 있다고 결정한다. 따라서 이 연구에 있어서도 Eigenvalue가 1.0 이상인 인자들만을 대상으로 분석을 수행한다.

〈표 2〉 정치 · 사회제도 신뢰의 요인분석 결과

기관 및 제도	요인 1	요인 2	요인 3	요인 4
청와대	.523	.112	.294	.059
국회	.691	.263	.106	-.058
지방차치단체	.731	.103	.170	.161
지방의회	.773	.111	.134	.174
정당	.701	.149	.078	.052
정부행정기관*	.575	.181	.383	.018
군대*	.135	.238	.680	.140
경찰*	.260	.218	.664	.124
검찰*	.233	.154	.788	.107
법원*	.158	.161	.759	.149
재벌대기업	.277	.450*	.183	.120
중소기업	.171	.080	.179	.763
노동조합	.144	.121	.120	.775
금융기관	.208	.501	.335	.203
교육기관	.187	.648	.200	.134
언론기관	.126	.675	.078	.187
의료기관	.175	.728	.152	.085
종교단체	.054	.649	.124	.028
사회단체/시민단체	-0.59	.293	.110	.647
Eigenvalue(아이겐 값)	3.129	2.702	2.688	1.852
Percent of Variance	16.467	14.220	14.147	9.748

제기제에 대한 신뢰(인자 3)로 대별되며, 또한 사회제도신뢰는 재벌,[8)] 금융기관, 교육기관, 언론기관, 종교기관과 같은 기득권 단체(인자 2)와 중소기업, 노동조합, 사회/시민단체(인자 4)와 같이 변혁단체로 나뉜다. 이로부터 일반시민들은 중소기업을 재벌에 대해 상대적 약자로 간주하고 있으며,

8) 요인 적재값이 0.5 미만인 변인이라 하더라도 이론적으로 유의미한 변인은 포함시켰다. 즉, 재벌은 요인적재치가 0.450으로 기준값인 0.5보다는 다소 떨어지지만, 이론적인 유의미성을 가짐에 따라 요인 2에 포함시켰음을 미리 밝혀둔다.

시민단체는 노동자의 권익을 보호하는 노동조합과 같은 위상으로 간주하고 있다는 사실을 발견할 수 있다.[9] 종속변인인 정치제도 신뢰는 인자 1로 분류된 변인을 이용하여 최종 정치제도 신뢰값을 산정하였다.

2) 변인의 분포양상

(1) 종속변인: 정치제도에 대한 신뢰

종속변인인 정치제도에 대한 신뢰를 파악하기 위해 "기관이나 제도를 얼마나 신뢰하십니까?"라는 질문에 대한 응답을 살펴본 결과,[10] 국회, 정당 등 정치제도에 대한 불신과 재벌 대기업에 대해서는 강한 불신을 나타내고 있는 반면 사회단체/시민단체는 상당히 신뢰하고 있음을 알 수 있었다. 또한 이들을 정치행정제도, 공공통제기제, 기타 사회제도 등 3가지 범주로 분류하여 살펴본 결과, 정치행정제도에 대한 불신이 가장 심한 것으로 나타났다. 즉, 가장 불신을 받는 기관이나 제도는 역시 '국회'로서 91.3%의 응답자가 신뢰하지 않는다고 응답하였으며, 89.4%가 '정당'을 불신한다고 응답하여 정치/정부에 대한 불신이 가장 높다는 사실이 단적으로 나타나고 있다. 그 다음으로 불신을 받고 있는 집단은 공공통제기제로서 '검찰'(67.4%), '경찰'(61.3%), '법원'(53.1%)이 이에 해당된다. 사회제도에 대한 신뢰의 경우에는 기득권 단체인 대기업과 변혁단체인 중소기업 사이에 큰 차이를 나타내고 있다.

---

9) 요인 적재값(factor loading)이 0.5 이상인 변인들만을 의미 있는 변인으로 간주하여 선별하였다. 요인 적재값은 +1.0에서부터 -1.0 사이의 값을 가지며, 이러한 요인 적재값이 크면 클수록 요인(factor 혹은 dimension)과 변인 간에 밀접한 관련이 있음을 의미한다.

10) "○○ 님께서는 다음 기관이나 제도를 얼마나 신뢰하십니까? 각 기관별로 매우 신뢰한다 4점, 전혀 신뢰하지 않는다 1점 등 1~4점 점수로 ( )안에 적어 주십시오"

〈표 3〉 기관 및 제도에 대한 신뢰

신뢰 정도 / 기관 및 제도	전혀 신뢰 하지 않는다	별로 신뢰 하지 않는다	불신	어느 정도 신뢰한다	매우 신뢰한다	신뢰
청와대	17.1%	47.1%	64.2%	32.5%	3.3%	35.8%
국회	45.0%	46.3%	91.3%	8.5%	0.2%	8.7%
지방자치단체	18.9%	52.9%	71.8%	27.2%	1.0%	28.2%
지방의회	22.9%	55.5%	78.4%	20.9%	0.8%	21.7%
정당	40.1%	49.3%	89.4%	10.1%	0.5%	10.6%
정부 행정기관	16.8%	54.6%	71.4%	27.2%	1.4%	28.6%
군대	8.9%	35.3%	44.2%	46.5%	9.2%	55.7%
경찰	13.1%	48.2%	61.3%	35.4%	3.2%	38.6%
검찰	16.3%	51.1%	67.4%	29.8%	2.8%	32.6%
법원	12.4%	40.7%	53.1%	41.9%	5.0%	46.9%
재벌 대기업	29.4%	54.9%	84.3%	15.0%	0.7%	15.7%
중소기업	6.0%	35.9%	41.9%	53.8%	4.3%	58.1%
노동조합	7.9%	42.8%	50.7%	42.6%	6.6%	49.2%
금융기관	10.0%	39.7%	49.7%	46.0%	4.3%	58.1%
교육기관	9.5%	32.7%	42.2%	49.4%	8.4%	57.8%
언론기관	9.6%	42.6%	52.2%	42.4%	5.4%	47.8%
의료기관	10.8%	45.2%	56.0%	39.7%	4.3%	44.0%
종교기관	13.9%	35.8%	49.7%	40.8%	9.5%	50.3%
사회단체/시민단체	4.6%	22.2%	26.8%	57.3%	16.0%	73.3%

즉, '재벌 대기업'에 대해서는 84.3%가 "신뢰하지 않는다"라고 답한 반면, '중소기업'의 경우에는 41.9%가 "신뢰하지 않는다", 58.1%가 "신뢰한다"라고 응답하여 대기업보다는 중소기업을 신뢰하는 것으로 보인다. 마지막으로 '사회단체/시민단체'에 대한 신뢰가 73.3%로서 조사대상 중에서 가장 높은 것으로 나타났다. 그러나 '의료기관'에 대한 불신은 56%로서 사회제도들 중에서는 불신이 높은 편에 속하며. 그 뒤를 언론기관(52.2%)이 따르고 있다.

이러한 조사결과로 미루어 볼 때 한국 사회는 전반적으로 제도적 장치에 대한 불신이 자리 잡고 있으며, 그중 정치권에 대한 불신이 가장 높은 것으로 나타나 정치권에 대한 불신이 사회 전반에 걸쳐 불신을 조장하고 있는 것으로 여겨진다.

(2) 통제변인: 대인 신뢰(interpersonal trust)

대인 신뢰를 측정하기 위하여 "전반적으로 다른 사람을 잘 믿습니까? 아니면 잘 믿지 못합니까?"라고 질문한 결과, "전혀 믿지 않는다"라는 응답이 1.5%, "별로 잘 믿지 않는다"가 26.3%로 27.8%만이 타인을 불신한다고 답한 반면, 72.2%가 타인을 신뢰하는 것으로 나타남에 따라,[11] 한국 사람들의 대인 신뢰도는 높은 수준임을 알 수 있었다.

프란시스 후쿠야마(Fukuyama 1996)는 한국 사회를 '저신뢰사회'로 분류하면서 한국 사회는 가족주의의 영향으로 인해 1차 집단에 대한 신뢰는 강하게 나타나는 반면, 가족의 범위를 벗어나는 개인이나 집단에 대한 신뢰와 공적 제도에 대한 신뢰는 낮아 사회 전체의 전반적인 신뢰 수준이 저급하다고 주장한 바 있다. 가족 및 연고집단과 그 범위를 벗어나는 타인을 얼마나 신뢰하느냐라는 질문에 대하여 응답자들이 '부모'(96.7%), '형제'(95.5%), '친척'(81.1%), '자녀'(79.5%)를 신뢰한다고 답함에 따라 혈연집단에 대한 신뢰가 매우 높음이 확인되었으며, 그 뒤를 이어서 '직장동료'(71.5%)와 '동문'(70.5%), 그리고 '고향사람'(69.2%) 등 동종집단에 대한 귀속적 신뢰 수준이 높게 표출되고 있다. 반면, 귀속집단의 범위를 벗어나는 타인에 대한 신뢰는 현저하게 낮게 나타났다. 즉, '사업상 만난 사람'에 대한 신뢰는 39.4%에 불과했으며, '일상생활에서 만나는 잘 모르는 사람'에 대해서는 78.2%의 응답자가 "신뢰하지 않는다"라고 응답하였다.

11) "어느 정도 믿는다" 65.4%, "매우 잘 믿는다" 6.8%.

〈표 4〉 대인 신뢰와 가족, 연고집단에 대한 신뢰

	전혀 신뢰 하지 않는다	별로 신뢰 하지 않는다	어느 정도 신뢰한다	매우 신뢰한다
대인 신뢰	1.5%	26.3%	65.4%	6.8%
부모	1.2%	1.5%	15.4%	81.9%
형제	0.5%	3.9%	30.5%	65.1%
자녀	1.1%	1.7%	26.4%	70.9%
친척	1.8%	17.1%	58.3%	22.9%
이웃	3.2%	24.0%	60.5%	12.4%
직장동료	1.7%	22.3%	66.0%	9.1%
동문	1.9%	26.8%	63.3%	7.9%
고향 사람	2.9%	27.5%	59.1%	10.5%
사업상 만난 사람	9.1%	50.5%	36.1%	4.2%
일상생활에서 만나는 잘 모르는 사람	26.2%	52.3%	19.3%	2.3%

한국 사회의 전반적인 신뢰 수준이 낮은 이유 중의 하나는 바로 이처럼 가족집단 내의 사적 신뢰는 강하나 집단 내의 사적 신뢰가 공적 신뢰, 즉 제도적 장치에 대한 신뢰로 확산 · 전이되지 못한 데 놓여 있다고 말할 수 있다. 이러한 공적 신뢰의 토대는 바로 법규범과 규칙을 제정하고 집행하고 적용하는 입법부, 행정부, 사법부에 대한 신뢰로부터 구축된다. 즉, 제도적 장치에 대한 신뢰는 정책결정과 집행의 일관성을 확보되어 있을 뿐만 아니라 정책수행의 결과를 예측할 수 있는 상황 하에서 생성된다.

(3) 독립변인

정치제도 신뢰와 대인 신뢰의 영향요인으로 상정된 독립변인들은 크게 사회문화적 배경요인과 정치경제적 평가요인으로 양분되며, 각 변인들의 사례별 분포양상은 다음과 같다.

① 사회문화적 배경요인

가. 가치정향

개인의 가치정향은 ① 개인주의 성향과 집단주의 성향, ② 권력거리, ③ 남성성과 여성성, ④ 불확실성 수용과 불확실성 회피성향 등으로 구분하여 살펴보았다.

개인주의 성향과 집단주의 성향의 분포양상을 살펴보면 개인주의 성향(21.4%)보다는 집단주의 성향(78.5%)이 강세를 나타내고 있음을 알 수 있다. 집단주의적 성향은 대인관계가 일의 성취보다 우선됨에 따라 자신의 의사를 직접적으로 표현하기보다는 함축적으로 혹은 간접적인 방식을 통하여 표현하기 때문에 표출된다. 이러한 고맥락의 의사소통(high context communication)은 실제 생각하고 있는 내용과 표현된 용어(내용)가 다르게 나타나는 이중성 때문에, 표면적으로 나타난 것을 믿지 못하고 속내는 무엇일까라고 의심하는 불신을 유발할 가능성이 높다. 따라서 고맥락 의사

〈표 5〉 한국인들의 가치정향

가치정향	왼쪽 주장에 적극 동의	왼쪽 주장에 동의	오른쪽 주장에 동의	오른쪽 주장에 적극동의
개인주의성향 대 집단주의성향	개인익과 집단이익이 상충할 때에는 개인의 이익을 우선해야 한다		개인이익과 집단이익이 상충이익보다 집단의 충할 때에는 집단의 이익보다 개인의 이익을 우선해야 한다	
	28.8%	49.8%	17.9%	3.5%
권력거리	윗사람과 아랫사람 사이에 의견의 차이가 있을때, 아랫사람은 윗사람의 지시에 따르는 것이 좋다		윗사람과 아랫사람 사이에 의견의 차이가 있을때, 아랫사람의 의견도 존중하여 수용할 것은 수용하여야 한다	
	28.8%	49.8%	17.9%	3.5%
남성성 대 여성성	의견대립이 있을 때는 끝까지 자기주장을 굽히지말고 관찰시켜야 한다		의견대립이 있을 때에는 자기생각과 다르더라도 다른 사람의 의견을 경청하고 수용하여야 한다	
	28.8%	49.8%	17.9%	3.5%
불확실성 수용성향 대 불확실성 회피성향	나는 변화로 인하여 어떤 어려움이 발생할까 하두려워서 생활의 변화를 싫어한다		나는 변화를 인생의 새로운 활력소로 생각 때문에 생활의 변화를 좋아한다	
	28.8%	49.8%	17.9%	3.5%

소통이 이루어지는 집단주의는 신뢰의 형성에 방해가 된다(나은영 1999, 84-86). 다음으로 권력거리는 수직적인 위계관계를 어느 정도로 용인하느냐를 나타내는 것으로서, 33.5% 정도의 응답자들이 수직적 위계질서를 어느 정도 받아들이고 있으나 66.5%는 불평등한 관계를 용인하고 있지 않은 것으로 밝혀졌다. 셋째로, 자기주장과 겸손 중 어느 것을 중요하게 생각하느냐라는 맥락에서 표출되는 남성성과 여성성의 경우, 74.6%의 응답자가 겸손과 타협을 미덕으로 생각하는 성향, 즉 여성성을 가지고 있는 것을 알 수 있다. 나은영은 이러한 여성성이 대인간 신뢰에 영향력을 행사한다는 사실을 지적하고 있다(나은영 1999, 90). 마지막으로 낯선 상황을 회피하느냐, 적극적으로 받아들이느냐를 가늠할 수 있는 불확실성 수용성향 대 불확실성 회피성향에 대한 응답은 각각 63.5%와 36.4%로 한국인들은 불확실한 상황을 적극적으로 수용하여 변혁을 추구하는 성향이 높은 것으로 나타났다.

② 정치경제적 평가요인

가. 정치적 성과에 대한 평가

정치적 성과에 대한 평가는 ① 부패에 대한 인지, ② 자유보장에 대한 인지, ③ 공정성에 대한 인지, ④ 정치적 효능감 등을 통하여 파악하였다.

우리 사회의 부패 수준이 심각하다는 의견에 전체 응답자의 87.3%("어느 정도 동의한다" 37.4%, "매우 동의한다" 49.9%)가 동의하고 있으나, 그럼에도 불구하고 60.9%는 우리 사회에 기본적인 자유가 충분히 보장되고 있다고 인식하고 있는 것으로 나타났다. 또한 사회적 성공이 공정한 경쟁을 통해 이루어졌다는 주장에 대해서는 71.7%가 부정적으로 응답하였으며, 정치적 효능감의 경우 역시 66.2%가 부정적으로 나타났다.

이러한 결과로 미루어 볼 때 한국 사회는 부패와 공정성, 정치적 효능감에 대해서는 부정적으로 인식함에 반해, 자유보장에 대해서는 대체적으로 긍정적으로 인지하고 있다고 말할 수 있다.

〈표 6〉 정치적 성과에 대한 평가

	전혀 동의하지 않는다	별로 동의하지 않는다	어느 정도 동의한다	매우 동의한다
우리 사회의 부패는 심각한 수준이다	2.8%	9.8%	37.4%	49.9%
우리 사회에는 살아가는데 필요한 기본적인 자유가 충분히 보장되고 있다	7.5%	31.6%	51.4%	9.5%
사회적으로 성공한 사람은 대체로 공정한 경쟁을 통해 성공하였다	17.6%	54.1%	26.6%	1.7%
정부관리들은 우리 같은 사람들이 원하는 것이 무엇인지 전혀 관심이 없기 때문에 내가 사는 지역의 문제를 가지고 관청에 들어가서 호소를 해 보았자 아무런 효과가 없다	6.1%	27.6%	42.9%	23.3%

나. 경제적 성과에 대한 평가

경제적 성과에 대한 평가는 우선 ① 현재의 거시경제적 성과에 대한 평가와 전망, ② 현재의 가정경제 사정에 대한 평가와 전망과 아울러 ③ 실업을 경험하였는지의 여부와 ④ 물가문제(인플레이션)에 대한 인식을 통하여 살펴보았다.

조사대상자의 66.9%는 지난 2년 전과 비교하여 우리나라의 경제 상황이 나빠졌다고 평가하고 있으며, 가정의 경제 상황에 대해서도 지난 2년 전과 비교하여 악화되었다고 응답한 비율이 증가되었다. 즉, 매우 나빠졌다 13.4%, 다소 나빠졌다 47.5%로서 60.9% 등 부정적인 평가가 두드러진다. 반면 "향후 우리나라의 경제 상황이 나아질 것으로 생각하느냐, 아니면 더 나빠질 것으로 생각하느냐"라는 질문에 대해서는 65.7%가 나아질 것으로 전망하고 있었으며, 가정경제의 경우에는 72.8%가 더 나아질 것으로 응답함으로써 향후의 경제 상황에 대해서는 낙관적인 전망을 가지고 있음을 알 수 있다. 그러나 물가문제의 심각성에 대해서는 88.8%가 심각한 사

〈표 7〉 정치 · 사회제도 신뢰의 요인분석결과

	매우 나빠졌다	다소 나아졌다	다소 나아졌다	매우 나아졌다
거시경제상황에 대한 평가	24.5%	42.4%	31.8%	1.3%
가정경제사정에 대한 평가	13.4%	47.5%	38.0%	1.1%
	매우 나빠질 것이다	다소 나빠질 것이다	다소 나아질 것이다	매우 나아질 것이다
향후 거시경제상황에 대한 전망	5.0%	29.3%	64.1%	1.6%
향후 가정경제상황에 대한 전망	2.7%	24.6%	67.8%	5.0%
	전혀 심각하지 않다	그다지 심각하지 않다	어느정도 심각하다	매우 심각하다
물가문제의 심각성	0.9%	10.3%	61.7%	27.1%
	없다		있다	
실험경험여부	72.5%		27.5%	

회문제로 인식하고 있다. 또한 실업은 조사대상자의 27.5%가 경험한 것으로 나타나 물가문제와 함께 실업문제도 시급히 해결해야 할 사회문제임을 알 수 있다.

2. 모형의 통계적 검증결과

1) 로지스틱 회귀모형 검증결과

전술한 분석모형의 구성 개념에 입각하여, 인자분석을 통해 작동변인군을 추출한 다음 종속변인(정치제도 신뢰)의 값을 신뢰-불신의 이항변인(binary variable)으로 재구성하여 로지스틱 회귀분석(logistic regression)을 수행하였다. 검증절차로는 우선 독립변인군과 종속변인(정치제도신뢰), 그리고 대인 신뢰와 종속변인 사이의 배타적 관계를 측정하기 위한 기본모형의 통계적 타당성을 점검한 후, 이들 독립변인군의 정치제도 신뢰에 대한 상대적 영향력을 파악하고, 또한 대인 신뢰와 정치제도 신뢰에 대한 독립변인군의 영향력을 비교 · 평가하였다. 마지막으로 대인 신뢰를 통제한 통제모형을 설정하여, 독립변인군의 종속변인에 대한 설명 능력의 변화양상을 추적해 보았다.

(1) 기본모형의 검증

① 기본모형 1

모형검증의 첫 단계로서, 각 개인의 정치제도 신뢰/불신 여부를 종속변인으로, 10개의 사회문화적 배경요인과 10개의 정치경제적 평가요인 등 총 20개의 독립변인을 상정하여 분석을 수행하였다. 15차에 걸친 후방소거과정을 거쳐 모형의 적합도를 추적한 결과, 카이제곱값이 64.434(Sig x^2= 0.000, $p<0.05$)로 통계적 유의성을 지니는 것으로 나타났다.

다음으로 계수값의 추정결과에 따르면, 정치경제적 평가요인 중 정치적 성과 중에서는 부패인지도와 자유보장인지도가, 경제적 성과 중에서는 경제전망과 물가인식이 정치제도 신뢰/불신에 영향을 행사하고 있음을 확인 할 수 있다. 그리고 사회문화적 배경요인 중에서는 사회경제적 배경변인인 성별과 교육 수준이 유의미한 것으로 밝혀졌다.[12] 이를 보다 구체적으로 살펴보면, 부패인지도의 경우에는 계수는 음의 값을 가지고 있으며, 승산비(Odds ratio)[13]는 .712로 밝혀졌다. 이는 부패에 대한 인지도가 1단계 올라갈 경우, 정치제도를 불신할 확률 대비 정치제도를 신뢰할 가능성이 28.8% 감소한다는 것을 의미한다. 다시 말해서 우리 사회에 부패가 만연해 있다고 인식하면 할수록 정치제도를 불신할 가능성이 높아진다. 이에 반해 자유보장인지도의 경우에는 양의 계수값과 1.978의 승산비를 가

12) B(계수)의 유의미성뿐만 아니라, Exp(B), 즉 승산비가 95% 신뢰구간에서 유의함 역시 확인할 수 있다.

13) 승산비는 설명(독립)변인 x가 1단위 증가할 때, p에 속하지 않을 확률대비 p에 속할 확률(Odds)이 어떻게 변하는가를 나타낸다. 또한 승산비가 1보다 크다는 것은 설명변인이 1단위 증가하면, 정치제도를 신뢰할 가능성이 높아진다고 볼 수 있다.

〈표 8〉 기본모형 1, 기본모형 2의 검증결과

	모형 1					모형 2				
	B	Sig.	Exp(B)	95%신뢰구간		B	Sig.	Exp(B)	95%신뢰구간	
				하한	상한				하한	상한
상수	-1.659	–	.190	–	–	-3.385	.034	–	–	–
대인 신뢰	–	–	–	–	–	.574	.003	1.775	1.212	2.599
공정성	–	–	–	–	–	–	–	–	–	–
효능감	–	–	–	–	–	–	–	–	–	–
부패인지도	-.340	.010	.712	.550	.922	-.318	.018	.728	.560	.947
자유보장인지도	.682	.000	1.978	1.457	2.687	.682	.000	1.978	1.453	2.694
개인주의 대 집단주의	–	–	–	–	–	–	–	–	–	–
불확실성 수용성향 대 불확실성 회피성향	–	–	–	–	–	–	–	–	–	–
남성성 대 여성성	–	–	–	–	–	–	–	–	–	–
권력거리	–	–	–	–	–	–	–	–	–	–
경제상황평가	–	–	–	–	–	–	–	–	–	–
경제전망	.334	.015	1.396	1.068	1.826	.347	.013	1.415	1.076	1.862
물가인식	-.653	.000	.521	.369	.784	-.689	.000	.502	.352	.715
가정경제상황평가	–	–	–	–	–	–	–	–	–	–
가정경제전망	–	–	–	–	–	–	–	–	–	–
실직경험	–	–	–	–	–	–	–	–	–	–
성별	.466	.044	1.593	1.013	2.505	.516	.027	1.675	1.060	2.649
연령	–	–	–	–	–	–	–	–	–	–
종교	–	–	–	–	–	–	–	–	–	–
월평균소득	–	–	–	–	–	–	–	–	–	–
직업	–	–	–	–	–	–	–	–	–	–
교육수준	-.379	.010	.685	.513	.914	-.372	.012	.690	.515	.923
-2Log Likelihood	592.483					583.373				
Model Chi-square	64.434 (Sig x^2 = 0.000, p=0.05)					73.544 (Sig x^2 = 0.000, p=0.05)				

지고 있으며, 자유보장에 대한 인지도가 한 단계 변할 때 정치제도를 불신할 가능성 대비 정치제도를 신뢰할 가능성이 약 1.98배(97.8%) 높아지게 된다. 즉, 우리 사회가 개인의 자유를 잘 보장해 주고 있다고 인식하는 사

람일수록 정치제도를 신뢰할 가능성이 높다는 것을 의미한다. 따라서 영향요인들 중 정치적 성과에 있어서는 우리 사회가 부패하지 않다고 인지할수록, 그리고 우리 사회에 기본적인 자유가 보장되고 있다고 인식할수록 정치제도를 신뢰할 가능성이 높아진다는 것을 확인할 수 있다.

다음으로 경제적 성과의 측면에서는 경제전망은 양의 계수값을, 물가전망의 경우에는 음의 계수값을 나타내고 있으며, Exp(B)는 경제전망이 1.396, 물가인식이 .521의 값을 가진다. 이는 향후 우리나라 경제사정에 대한 전망을 한 단계 높이 평가할 경우 정치제도에 대해 신뢰할 확률이 불신할 확률에 비해 39.6% 정도 증가함을 의미하며, 인플레이션 문제가 심각하다는 인식이 한 단계 증가하면 정치제도에 대해 불신할 확률이 신뢰할 확률보다 47.9% 증가한다는 사실을 보여 준다. 이러한 결과는 향후 우리나라 경제 상황에 대한 전망이 낙관적일수록, 그리고 인플레이션 문제(물가문제)가 심각하지 않다고 평가할수록 정치제도를 신뢰할 가능성이 높아짐을 의미한다. 마지막으로 사회경제적 배경변인의 경우에는 성별(정방향의 1.593의 승산비)과 교육수준(역방향, 승산비 .685)이 정치제도신뢰와 유의미한 관계를 나타내고 있다. 여자가 남자보다 정치제도에 대한 신뢰 가능성이 1.6배 정도 높으며, 교육수준이 한 단계 낮아질수록 정치제도를 불신할 가능성은 31.5% 높아지는 것을 알 수 있다.

② 기본모형 2

다음으로는 독립변인을 사회문화적 배경요인과 정치경제적 평가요인에 더하여 대인 신뢰를 추가로 상정한 기본모형-2의 분석을 수행한 결과, 최종모형의 카이제곱값이 73.544(Sig χ^2= 0.000, p=0.05)로 '기본모형-1'과 유사한 결과를 산출하였다. 즉, 부패인지도, 자유보장인지도, 경제전망, 물가인식, 성별, 교육 수준의 영향력이 '기본모형-1'에서와 동일한 양상을 나타내고 있으며, 다만 기본모형-1과 달리 추가로 포함된 대인 신뢰도의 영향력이 발견되었을 뿐이다. '기본모형-2'에서 대인 신뢰는 정방향의 1.775의 승산비를 나타내고 있으며, 다른 사람을 신뢰하는 정도가 한 단계 높아질 수록 정치제도를 신뢰할 가능성이 정치제도를 불신할 가능성보다 1.7배 높아짐을 알 수 있다. 즉, 타인을 신뢰하는 사람들일수록 정치제도를 신뢰할 가능성이 높아질 것이라는 선험적인 전망이 경험적으로 확증되었다. 따라서 대인 신뢰도가 다른 독립변인들과 마찬가지로 정치제도 신뢰의 영향요인임이 밝혀짐에 따라, 대인 신뢰도의 정치제도 신뢰에 대한 배타적 영향력을 살펴볼 필요가 있다.

③ 기본모형 3

앞서 살펴본 '기본모형 1'과 '기본모형 2'는 대인 신뢰도의 포함 여부를 제외하고는 동일한 결과를 나타내고 있다. 따라서 '기본모형 3'에서는 독립변인군으로 선정된 정치경제적 평가요인, 사회문화적 배경요인, 그리고 대인 신뢰도와 정치제도 신뢰 사이의 배타적 관계를 상정하여 이들 독립변인군의 영향력을 비교 · 검토하였다. 검증결과 10개의 정치경제적 평가요인을 독립변인으로 상정한 '기본모형 3-가'는 카이제곱값 61.893 (Sig χ^2= 0.000)으로 95%의 신뢰구간(p=0.05)에서 통계적으로 유의미한 것으로 밝혀졌다. 또한 대인 신뢰도만을 독립변인으로 상정한 '기본모형 3-다' 역시 모형이 통계적으로 적합(χ^2 = 10.465, Sig χ^2 = 0.001)함을 알 수 있었다. 그러나 앞의 모형들과 동일한 방식으로 사회문화적 배경요인 10개를 독립변인으로 상정하여 분석을 수행한 '기본모형 3-나'는 통계적 유의미성을 갖지 못하는 것으로 판명되었다. 이러한 결과로 미루어 볼 때, 사회문화적 배경요인보다는 정치경제적 평가요인과 대인 신뢰가 정치제도 신뢰에 대해 영향력을 행사하고 있음을 알 수 있었다(〈표 9〉 참조).

통계적으로 확증된 로지스틱 회귀식을 살펴보면, 부패인지도와 물가인식은 역방향으로, 그리고 자유보장인지도, 경제 상황평가는 정방향으로 정치제도의 신뢰 가능성에 영향을 미친다는 사실을 확인할 수 있다. 즉, 우리 사회에 부패가 그다지 심각하지 않다고 인지할수록, 또 물가문제가 심각

〈표 9〉 기본모형 3의 검증결과

		모형 3-가					모형 3-나					모형 3-다				
		B	Sig.	Exp (B)	95%신뢰구간 하한	95%신뢰구간 상한	B	Sig.	Exp (B)	95%신뢰구간 하한	95%신뢰구간 상한	B	Sig.	Exp (B)	95%신뢰구간 하한	95%신뢰구간 상한
	상수	-1.340	.185	.262	–	–	-3.071	.003	.046	–	–	-3.587	.000	.028	–	–
	대인 신뢰	–	–	–	–	–	–	–	–	–	–	.560	.002	1.750	1.238	2.475
정치경제적 평가 요인	공정성	–	–	–	–	–	–	–	–	–	–	–	–	–	–	–
	정치적 효능감	–	–	–	–	–	–	–	–	–	–	–	–	–	–	–
	부패인지도	-.352	.013	.723	.559	.935	–	–	–	–	–	–	–	–	–	–
	자유보장 인지도	.562	.000	1.754	1.323	2.324	–	–	–	–	–	–	–	–	–	–
	경제상황 평가	.235	.045	1.264	1.005	1.591	–	–	–	–	–	–	–	–	–	–
	경제전망	–	–	–	–	–	–	–	–	–	–	–	–	–	–	–
	물가인식	-.531	.001	.588	.425	.814	–	–	–	–	–	–	–	–	–	–
	가정경제 상황평가	–	–	–	–	–	–	–	–	–	–	–	–	–	–	–
	가정경제 전망	–	–	–	–	–	–	–	–	–	–	–	–	–	–	–
	실직경험	.196	.053*	1.217	.997	.1484	–	–	–	–	–	–	–	–	–	–
	개인주의 vs집단주의	–	–	–	–	–	–	–	–	–	–	–	–	–	–	–
사회문화적 배경 요인	불확실성 수용성향 vs 불확실성 회피성향	–	–	–	–	–	–	–	–	–	–	–	–	–	–	–
	남성성 vs 여성성	–	–	–	–	–	–	–	–	–	–	–	–	–	–	–
	권력거리	–	–	–	–	–	–	–	–	–	–	–	–	–	–	–
	성별	–	–	–	–	–	–	–	–	–	–	–	–	–	–	–
	연령	–	–	–	–	–	–	–	–	–	–	–	–	–	–	–
	종교	–	–	–	–	–	–	–	–	–	–	–	–	–	–	–
	월평균소득	–	–	–	–	–	–	–	–	–	–	–	–	–	–	–
	직업	–	–	–	–	–	–	–	–	–	–	–	–	–	–	–
	교육수준	–	–	–	–	–	–	–	–	–	–	–	–	–	–	–
	-2Log Likelihood	672.468					640.925					723.896				
	Model Chi-square	61.893 (Sig x^2 = 0.000, p=0.05)					15.988 (Sig x^2 = 0.000, p=0.05)					10.465(Sig x^2 = 0.000, p=0.05)				

하지 않다고 생각할수록, 그리고 우리 사회에서는 기본적인 자유가 잘 보장되고 있다고 인식할수록, 또 현재 우리나라의 경제 상황이 그다지 나쁘지 않다고 평가할수록 우리나라 국민들이 정치제도를 신뢰할 가능성이 높아진다는 것을 다시 한 번 확인할 수 있다.

④ **기본모형 4**

네 번째로 대인 신뢰와 독립변인들 간의 관계양상을 탐색하기 위하여, 10개의 사회문화적 배경요인과 10개의 정치경제적 평가요인들을 독립변인으로 상정하여 마찬가지 방식으로 로지스틱 회귀분석을 수행하였다. 검증결과, 후방소거방식을 통해 4개의 독립변인(정치적 효능감, 개인주의 성향 대 집단주의 성향, 불확실성 수용성향, 가정경제전망)을 상정한 모형이 카이제곱 21.362(Sig x^2= 0.000)로 95% 신뢰구간(유의수준 p = 0.05)에서 통계적으로 유의미한 것으로 판명되었다. 최종모형에 남겨진 각 독립변인의 계수추정값을 살펴보면, 대인 신뢰도와 독립변인들 간의 관계에 있어서 정치적 성과변인인 정치적 효능감(승산비 .842)과 개인의 가치성향을 나타내는 개인주의 대 집단주의 성향(승산비 .819)은 역방향의 관계를, 경제적 성과변인인 가정경제전망(1.286)과 가치성향변인인 불확실성 수용성향(1.277)은 정방향의 관계를 나타내고 있다. 즉, 정치적 효능감이 낮을수록, 개인주의 성향이 강할수록, 그리고 가정경제에 대한 전망이 낙관적일수록, 또 불확실성을 수용하는 성향일수록 타인에 대한 신뢰가 높아짐을 알 수 있다. 다시 말하자면 자신의 정치적 행위에 대한 자기평가가 한 단계 높아질수록, 다른 사람을 신뢰할 가능성이 불신할 가능성에 비해 16% 정도 감소할 것으로 추정되며, 개인의 이해보다는 집단의 이해가 우선한다고 평가할수록 타인을 신뢰할 확률이 18%정도 감소하는 것을 의미한다.

반면에 향후 가정경제사정이 더 나아질 것으로 판단할수록 타인에 대한 신뢰 가능성이 28% 정도 증가함을 알 수 있었으며, 또 불확실한 상황에 부딪치더라도 회피하기보다는 적극적으로 수용하여 받아들이는 자세가 강할수록 타인에 대한 신뢰 가능성이 타인을 불신할 가능성보다 27.7% 정도 높아지는 것을 나타내고 있다.

〈표 10〉 기본모형 4의 검증결과

<table>
<tr><th rowspan="2"></th><th rowspan="2"></th><th rowspan="2">B</th><th rowspan="2">Sig</th><th rowspan="2">Exp(B)</th><th colspan="2">Exp(B)에 대한 95% 신뢰구간</th></tr>
<tr><th>하한</th><th>상한</th></tr>
<tr><td></td><td>상수</td><td>5.84</td><td>2.44</td><td>1.794</td><td>–</td><td>–</td></tr>
<tr><td rowspan="4">정치적성과</td><td>공정성</td><td>–</td><td>–</td><td>–</td><td>–</td><td>–</td></tr>
<tr><td>정치적 효능감</td><td>-1.72</td><td>0.45</td><td>.842</td><td>.712</td><td>.997</td></tr>
<tr><td>부패인지도</td><td>–</td><td>–</td><td>–</td><td>–</td><td>–</td></tr>
<tr><td>자유보장인지도</td><td>–</td><td>–</td><td>–</td><td>–</td><td>–</td></tr>
<tr><td rowspan="4">가치성향</td><td>개인주의 대 집단주의</td><td>-.200</td><td>.033</td><td>.819</td><td>.682</td><td>.984</td></tr>
<tr><td>불확실성 수용성향 대 불확실성 회피성향</td><td>.205</td><td>.012</td><td>1.277</td><td>1.046</td><td>1.439</td></tr>
<tr><td>남성성 대 여성성</td><td>–</td><td>–</td><td>–</td><td>–</td><td>–</td></tr>
<tr><td>권력거리</td><td>–</td><td>–</td><td>–</td><td>–</td><td>–</td></tr>
<tr><td rowspan="6">경제적성과</td><td>경제상황평가</td><td>–</td><td>–</td><td>–</td><td>–</td><td>–</td></tr>
<tr><td>경제전망</td><td>–</td><td>–</td><td>–</td><td>–</td><td>–</td></tr>
<tr><td>물가인식</td><td>–</td><td>–</td><td>–</td><td>–</td><td>–</td></tr>
<tr><td>가정경제상황평가</td><td>.251</td><td>.031</td><td>1.286</td><td>1.024</td><td>1.616</td></tr>
<tr><td>가정경제전망</td><td>–</td><td>–</td><td>–</td><td>–</td><td>–</td></tr>
<tr><td>실직경험</td><td>–</td><td>–</td><td>–</td><td>–</td><td>–</td></tr>
<tr><td rowspan="6">사회경제적 배경</td><td>성별</td><td>–</td><td>–</td><td>–</td><td>–</td><td>–</td></tr>
<tr><td>연령</td><td>–</td><td>–</td><td>–</td><td>–</td><td>–</td></tr>
<tr><td>종교</td><td>–</td><td>–</td><td>–</td><td>–</td><td>–</td></tr>
<tr><td>월평균소득</td><td>–</td><td>–</td><td>–</td><td>–</td><td>–</td></tr>
<tr><td>직업</td><td>–</td><td>–</td><td>–</td><td>–</td><td>–</td></tr>
<tr><td>교육수준</td><td>–</td><td>–</td><td>–</td><td>–</td><td>–</td></tr>
<tr><td></td><td>-2Log Likelihood</td><td colspan="5">1067.224</td></tr>
<tr><td></td><td>Model Chi-square</td><td colspan="5">21.362 (Sig χ^2 = 0.000, p=0.05)</td></tr>
</table>

(2) 통제모형의 검증: 대인 신뢰 통제

독립변인과 종속변인 사이의 관계를 대인 신뢰를 통제하여 추적함으로써, 대인 신뢰도의 개입 여부와 그 양상, 그리고 독립-종속변인 사이의 상관관계가 지닐 수 있는 허위성(spuriousness)을 점검하기 위하여, 다음과 같은 통제모형을 설계하여 정치제도 신뢰에 대한 대인 신뢰의 조건적 영향력을 검증해 보았다.

대인 신뢰의 수준을 통제한 가운데 독립변인들과 종속변인 간의 관계 양상을 추적하기 위하여, 대인 신뢰/대인 불신의 두 그룹으로 구분하여 로지스틱회귀분석을 수행하였다.

우선 대인 신뢰 그룹을 대상으로 모형을 검증한 결과, 부패인지도와 자유보장인지도, 그리고 경제 상황평가, 경제전망, 물가인식, 그리고 가정경제 상황평가가 정치제도 신뢰에 영향력을 행사한다는 사실을 발견하였다. 즉, 설명변인으로 선별된 이들 6개의 정치경제적 평가요인들을 포함한 최종모형의 카이제곱값이 76.511 (Sig χ^2= 0.000, p=0.05)로서 모형의 통계적 적합도 역시 확보되고 있다. 한편 최종모형에 포함된 독립변인들의 계수 추정값을 살펴보면, 정치적 성과변인들 가운데 부패인지도는 승산비 .741로서 역방향의 관계를 가지고 있으며, 자유보장인지도는 정방향으로 2.210의 승산비를 나타내고 있다. 다음으로 경제적 성과변인들 중에서는 우리나라의 경제 상황에 대한 평가(1.395)와 향후 경제전망(1.874)은 정방향의 관계, 물가에 대한 인식(.453)과 가정경제 상황에 대한 평가(.696)는 역방향의 관계를 나타내고 있음이 밝혀졌다. 따라서 타인을 신뢰하는 사람들의 경우에는, 우리 사회의 부패 수준을 심각하다고 평가하기보다는 그다지 심각하지 않다고 평가할수록, 우리 사회에는 기본적인 자유가 충분히 보장되고 있다고 생각할수록 정치제도를 신뢰할 가능성이 높아지며, 또 경제적인 측면에서 우리나라의 경제 상황에 대해 긍정적으로 평가할수록, 우리나라의 경제에 대한 전망이 낙관적일수록, 물가문제(인플레이션)를 심

〈표 11〉 통제모형의 검증결과

		B	Sig	Exp(B)	Exp(B)에 대한 95% 신뢰구간	
					하한	상한
	상수	-2.081	.269	.125	–	–
정치적성과	공정성	–	–	–	–	–
	정치적 효능감	–	–	–	–	–
	부패인지도	-.337	.040	.714	.517	.985
	자유보장인지도	–	–	–	–	–
가치성향	개인주의 대 집단주의	–	–	–	–	–
	불확실성 수용성향 남성성 vs 여성성	–	–	–	–	–
	권력거리	–	–	–	–	–
경제적성과	경제상황평가	.333	.028	1.395	1.037	1.877
	경제전망	.628	.044	1.874	1.017	3.453
	물가인식	-.793	.000	.453	.293	.700
	가정경제상황평가	-.363	.061 *	.696	.476	1.016
	가정경제전망	–	–	–	–	–
	실직경험	–	–	–	–	–
사회경제적 배경	성별	–	–	–	–	–
	연령	–	–	–	–	–
	종교	–	–	–	–	–
	월평균소득	–	–	–	–	–
	직업	–	–	–	–	–
	교육수준	–	–	–	–	–
	-2Log Likelihood	441.105				
	Model Chi-square76.511	(Sig x^2 = 0.000, p=0.05)				

각하지 않다고 평가할수록, 반면 가정경제 상황에 대해서는 부정적으로 인식할 경우 정치제도를 신뢰할 가능성이 높아진다는 결론을 내릴 수 있다. 그러나 여기에서 가정경제 상황변인은 유의수준이 10%로서, 95% 신뢰구간에서 설명변수로서의 효과가 유의하지 않은 것으로 나타났기 때문에 큰 의미를 부여하지 않았다.

한편 위의 통제모형을 뒷받침하기 위하여 대인 불신 그룹을 대상으로 분석을 수행하였으나, 통계적으로 유의미한 모형을 도출할 수 없었다. 즉, 상정된 모든 독립변인들이 설명변인으로서의 역할을 수행할 수 없음이 밝혀졌다. 그러나 이러한 발견, 즉 대인 불신 그룹은 대인 신뢰 그룹과는 달리 독립변인들이 정치제도 신뢰에 영향력을 행사하지 못한다는 사실은 대인 신뢰/불신 독립-종속변인 간의 인과관계에 개입하는 명백한 통계적 증거가 되며, 따라서 통제모형은 상당한 설득력을 지니는 것으로 판단된다.

V. 결론

현재 우리 사회에는 정치권의 여야갈등을 필두로 노사갈등, 계급갈등, 세대갈등 등에 의해 사회 전반에 걸쳐 반목과 질시가 널리 퍼져 있음에 따라 상호 불신의 정도가 더욱 심화되고 있는 실정이다. 이러한 사회 전반에 걸쳐 퍼져 있는 갈등과 반목의 지속적 표출은 불신을 해소하기 위해 마련된 제도적 장치의 기능에 대한 불신으로 이어져 결국 정치제도에 대한 불신으로 귀결될 수밖에 없다. 또한 한국 사회에서 가장 불신받는 그룹이 바로 정치제도 · 기관임에 따라 이러한 정치제도의 불신/신뢰의 영향요인을 밝힘으로써 향후 한국 사회의 전반적인 신뢰 특히 정치제도에 대한 신뢰 회복을 위한 방안 마련에 도움이 될 것이다. 이러한 맥락에서 신뢰 형성의 영향요인으로 간주되어 온 개인의 사회문화적 배경요인과 정치경제적 성과에 대한 평가의 정치제도 신뢰와 대인 신뢰에 대한 영향력을 경험적으로 탐색하고, 아울러 대인 신뢰의 정치제도 신뢰에의 개입 여부를 추적하기 위한 대인 신뢰통제모형을 포함한 5가지의 가설모형을 설정 · 분석하여 다음과 같은 결과를 산출할 수 있었다.

첫째, 요인분석을 통해 선별된 정치제도 신뢰변인을 이항변인으로 재구성하여, 교육 수준, 직업, 소득 수준, 성별, 연령, 종교 등과 같은 6개 사회경제적 배경변인과, 4가지 맥락의 가치정향변인, 그리고 4가지 정치적 성과변인과 경제적 성과변인 6개 등 총 20가지의 변인을 독립변인으로 상정한 기본모형-1과, 기본모형에 대인 신뢰변인을 추가한 기본모형-2가 유사한 모형으로 밝혀졌다. 즉, 정치경제적 평가요인 중 정치적 성과변인인 부패인지도, 자유보장인지도와 경제적 성과변인인 경제전망, 물가인식, 그리고 사회문화적 배경요인 중 사회경제적 배경변인인 성별, 교육 수준의 영향력과 함께 대인 신뢰변인 역시 정치제도 신뢰의 영향요인임을 알 수 있었다.

둘째, 이처럼 모든 독립변인군이 정치제도 신뢰에 유의미한 영향력을 행사하고 있음에 따라, 기본모형-3에서는 정치제도 신뢰에 대한 정치경제적 평가요인, 사회문화적 배경변인, 대인 신뢰변인과 같은 개별 독립변인군의 배타적 영향력을 비교한 결과, 정치경제적 평가변인과 대인 신뢰를 독립변인으로 상정한 모형은 통계적으로 유의미한 결과를 산출한 반면, 사회문화적 배경변인을 상정한 모형은 통계적 유의미성을 갖지 못함이 밝혀졌다. 즉, 정치제도에 대한 신뢰에는 개인의 사회문화적 배경요인보다는 정치경제적 평가요인과 대인 신뢰의 영향력이 더욱 결정적임을 알 수 있었다.

셋째, 대인 신뢰에 대한 독립변인들의 영향력을 탐색한 결과, 정치적 효능감과 가정경제에 대한 전망이, 그리고 개인의 가치성향변인인 개인주의 성향 대 집단주의 성향, 불확실성 수용성향이 유의미한 영향력을 행사하고 있음이 밝혀졌다.

넷째, 정치제도 신뢰에 대한 대인 신뢰의 조건적 영향력을 검증하기 위하여, 대인 신뢰/대인 불신의 두 그룹으로 나눈 통제모형을 검증한 결과, 대인 신뢰 그룹의 경우에는 부패인지도, 자유보장인지도, 그리고 경제 상황평가, 경제전망, 물가인식, 가정경제 상황평가가 통계적으로 유의한 영향력을 행사하는 것으로 판명되었다. 그러나 대인 불신 그룹의 경우에는 상정된 독립변인들이 모두 영향력을 행사하지 못하다는 사실은 독립변인-종속변인 간의 인과관계에 대인 신뢰/불신 여부가 개입하고 있다는 명백한 증거가 된다.

이러한 결과로 미루어 볼 때, 상정된 독립변인들 가운데에서 정치제도 신뢰에는 정치경제적 평가요인이, 대인 신뢰에는 사회문화적 배경요인 중 개인의 가치성향변인이 상대적으로 강한 영향력을 행사하고 있음을 알 수 있었다. 다시 말하자면, 정치제도에 대한 신뢰의 경우에는 시민들이 정치제도의 공공정책수행 능력에 대해 내리는 평가가 중요한 요인인 반면, 타인에 대한 신뢰, 즉 대인 신뢰의 경우에는 각 개인이 초기 사회화 과정에서 학습된 문화적 규범과 또 성장과정에서 획득한 경험이 상대적으로 더 큰 영향력을 행사한 것을 알 수 있었다. 다시 말하자면 정치제도 신뢰에는 부패인지도와 자유보장인지도, 경제전망, 물가인식이 영향력을 행사하고 있음을 발견할 수 있었다. 즉, 우리 사회의 부패문제가 심각하다고 평가하고, 또 물가문제를 시급히 해결해야 할 큰 사회적 문제로 인식하며, 우리 사회에는 기본적인 자유도 제대로 보장되고 있지 않은 것으로 인식하고, 또 현재 우리나라의 경제 상황이 나쁘다고 평가할수록 정치제도를 불신할 가능성이 높아진다는 점을 시사해 준다.

또한 대인 신뢰는 앞서 살펴본 정치제도 신뢰와는 달리 사회 전반에 대한 평가나 인식보다는 개인적인 문제에 대한 인식이 상대적으로 강한 영향력을 행사하는 것으로 보인다. 즉, 자신의 정치적 행위에 대한 자기평가인 정치적 효능감이 높으며, 향후 자신의 가정경제 상황이 개선될 것으로 낙관적으로 평가할수록, 또 집단의 이해보다는 개인의 이해가 우선한다고 인식할수록, 그리고 불확실한 상황을 회피하기보다는 적극적으로 타개하기 위해 노력하는 성향의 소유자들이 타인에 대한 신뢰 정도가 높은 것으로 추론할 수 있다.

제4장
언론 보도에 대한 불신 · 신뢰구조와 그 영향에 관한 연구

유재천*

I. 서론

이 연구는 정보의 유통 형태가 한 사회의 신뢰구축에 핵심적인 영향을 줄 것이라는 전제에서 출발한다. 샤피로(Shapiro 외, 1992)는 신뢰를 형성근거에 따라 제재의존적 신뢰, 지식의존적 신뢰 및 일치감 의존적 신뢰 등 세 가지로 분류하고 있다(박찬웅 1999, 19). 이 가운데서 지식의존적 신뢰의 경우 신뢰의 형성에 있어 규칙적인 의사소통과 상대방에 대한 정보수집이 중요하다고 보았다. 사회적 신뢰가 구축되고 유지될 수 있는 중요한 원인 가운데 하나가 신뢰대상에 대한 예측 가능성(또는 기대 가능성)이라고 볼 때 신뢰대상과 관련된 정보의 수집이 일차적 조건이라고 아니 할 수 없다.

* 한림대학교 한림대학원 특임교수

그리고 정보사회에서 그 같은 일차적 조건을 만족시켜 주는 기능을 수행하는 것은 미디어 산업이다.

이렇게 볼 때 사회적 신뢰의 구축은 미디어 산업이 생산하고 유통시키는 정보의 양과 질의 문제에 귀결된다고 볼 수 있다. 따라서 미디어 산업에 의해 정보가 생산되고 유통되는 과정에 대한 분석과 검증이 필요하게 된다. 전통적으로 그 과정은 S-M-C-R-E 모델로 설명해 왔다. S(source)는 정보원, M(message)은 정보, C(channel)는 전달통로, 즉 미디어, R(receiver)은 수용자, 그리고 E(effect)는 효과(영향)를 가리킨다. 이 모델은 휴먼 커뮤니케이션과 매스 커뮤니케이션 과정을 모두 설명할 수 있는 것이지만, 주로 후자의 경우를 설명하는 데 적용되어 왔다. 매스 커뮤니케이션 과정을 구성하는 이 모델의 각 단계에서 생산되고 유통되는 정보의 양과 질이 규정되며 그 결과가 효과로 나타난다.

매스 커뮤니케이션의 효과에 대한 논의는 다양하다. 그 가운데서 사회적 신뢰의 구축과 정보와의 관계를 보는 데 유용한 것으로 맥퀘일(McQuail 2001, 175)의 원심적－구심적 효과 모델을 들 수 있다. 이 모델은 긍정적(낙

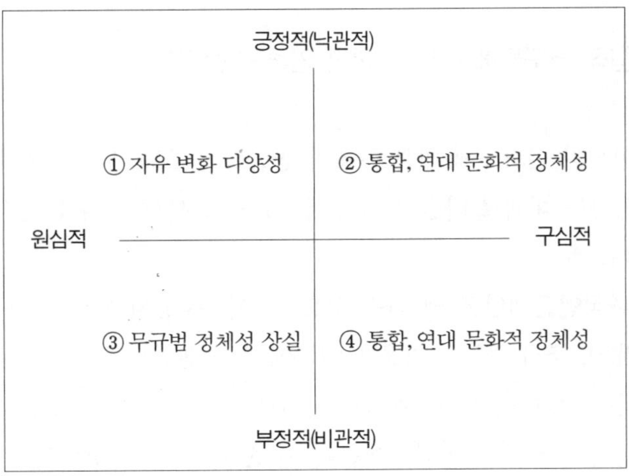

〔그림 1〕 맥퀘일의 효과 모델

관적) – 부정적(비관적) 차원을 한 축으로 삼고, 다른 한 축으로는 사회통합의 측면에서 원심적(centrifugal), 구심적(centripetal) 차원을 설정해 매스 커뮤니케이션의 효과를 설명하려 한다. 아래 그림으로 제시된 이 모델에 따르면 가장 바람직한 사회적 신뢰구축은 낙관적 차원과 구심적 차원이 수렴되는 효과영역이 될 것이다.

연구의 범위 및 연구방법

언론 보도에 대한 불신 · 신뢰구조와 그 영향에 관한 연구는 매스 미디어에 의해 정보가 생산되고 유통되는 모든 과정, S-M-C-R-E 모델의 각 단계에서 맥퀘일의 효과 모델과 관련해 어떤 정보가 얼마나 생산되는 데 작용하는 요인들은 무엇이며, 왜 그렇게 되는지를 규명하고, 마지막으로 효과측정까지 해야만 완성될 수 있다. 그러나 이번의 연구에서는 연구예산의 제한 등의 현실적 조건을 감안해 연구의 범위를 한정할 수밖에 없게 되었다. 이에 따라 이 연구의 범위는 다음과 같이 정하기로 한다.

1. 경험적 연구들에 나타난 한국 언론의 신뢰도

한국 언론의 신뢰도에 대한 학계의 경험적 연구는 매우 드물다. 그동안의 연구성과는 대체로 다음과 같은 네 가지 조사보고서나 논문으로 집약할 수 있다.

첫째, 한국언론재단은 매 짝수 연도에 "언론수용자 의식 조사"를 실시하고 있다. 이 조사 항목들 가운데 언론에 대한 신뢰도를 측정하는 질문항이 포함되어 있다. 언론 전반에 대한 신뢰도와 매체별 신뢰도를 묻는 질문항이 그러하다. 또한 한국언론재단은 매 홀수 연도에 "한국의 언론인 조사"를 실시하는 가운데 국민의 언론에 대한 신뢰도 평가에 언론인들이 어떤 반응을 보이는지, 언론에 대한 신뢰도 하락의 원인에 대한 언론인들의 동의 정도, 언론의 신뢰도 감소 원인에 대한 언론인들의 의견 등을 묻는 질문항을 포함시키고 있다. 한국언론재단이 격년제로 조사한 이 두 가지 조사보고서가 한국 언론에 대한 신뢰도의 추이를 보여 주는 유일한 자료라 할 수 있다.

둘째, 강명구 교수가 책임연구자로 서울대학교 대학원 언론정보학과 팀이 연구한 『한국언론의 신뢰도, 위기현황 분석과 극복방안』 연구보고서가 있다. 연구보고서는 언론학자들을 대상으로 한 서베이 자료와 신문기자들을 대상으로 심층면접 조사결과를 토대로 한국 언론의 신뢰도를 다루었다. 이 연구보고서는 언론인들에 대한 신뢰도 서베이 자료를 앞에서 언급한 한국언론재단의 『한국의 언론인』에서 원용해 언론학자와 언론인의 의견을 비교분석 했다.

셋째, 조선일보사 부설 미디어 연구소의 김세은 교수가 신문의 신뢰도에 대한 신문독자의 의견을 조사한 『독자와 신문 신뢰도』라는 연구보고서를 들 수 있다. 이 연구보고서는 신문독자들의 사회인구학적 변인들을 독립변인으로 삼아 한국 신문에 대한 신뢰도를 다각적으로 분석한 것이다.

넷째, 『미디어 오늘』의 창간 10주년을 기념해 열린 세미나에서 이준웅 교수가 발표한 "한국신문 위기의 원인: 독자의 공정성 평가와 신뢰의 하락"이라는 논문에서 언론의 신뢰도 문제를 다룬 연구가 있다. 이 논문은 신뢰도 문제를 신문위기의 한 요인으로 보고 있는 한계가 있으나 참고할 만한 경험적 연구이다.

이 연구는 본래 연구계획서에서 언론 수용자(독자, 시청자)를 대상으로 서베이를 실시할 것을 구상했으나 연구과제 심의과정에서 서베이 예산이 전액 삭감되었다. 따라서 언론의 신뢰도에 대한 서베이 자료는 이상과 같은 기존의 조사보고서를 종합해 분석하는 방식을 선택했다.

2. 언론 보도의 정확성에 대한 내용분석

이 연구에서는 신문이나 방송 보도의 정확성에 대한 내용분석을 중점적으로 실시하고자 한다. 그 까닭은 다음과 같다.

첫째, 사회적 신뢰가 형성되고 유지될 수 있는 중요한 원인 가운데 하나가 신뢰대상에 대한 예측 가능성이라고 본다면, 이 예측 가능성을 높이게 되는 요인으로 생산되고 유통되는 정보의 양과 질을 들 수 있다. 특히 이 가운데서 지식의존적 신뢰의 형성과 관련해 신뢰가 어떻게 형성되며 또 어떤 사회적 의미를 가지게 되는가는 신뢰관계를 맺게 되는 당사자 사이에 교환되는 정보의 질이 가장 중요하다고 할 수 있다. 질적으로 불량한 정보가 양적으로 충분히 제공되는 것은 사회적 신뢰구축에 오히려 부정적 효과를 초래할 것이기 때문이다. 따라서 이 연구는 매스 미디어가 생산하는 정보의 질에 초점을 둘 것이다.

둘째, 정보의 질은 매스 미디어가 정보를 생산하고 유통시키는 5단계의 과정 가운데서 마지막 단계인 효과의 단계를 제외한 4단계마다에서 각각 미디어 산업 내 · 외의 요인들의 작용에 따라 결정된다. 그러므로 가장 바람직한 연구성과를 위해서는 적어도 이 4단계마다에서 정보의 질이 어떤 영향을 받아 어떻게 규정되는지를 검증해야 한다. 그러나 그것은 이 연구에서는 실행하기가 불가능하다. 따라서 이 연구는 미디어 산업이 유통시키기 위해 생산한 메시지(정보)만을 분석의 대상으로 삼고자 한다.

셋째, 생산된 메시지(정보)의 질을 결정하는 요인은 다양하다. 그 가운데서도 정보의 질을 결정하는 핵심적인 요인은 정확성과 균형성이다. 그러므로 이 연구에서는 이 두 가지 요인을 중심으로 정보의 질을 분석할 것이다. 정확성과 균형성의 분석유목은 연구방법에서 개발할 것이다.

넷째, 이와 함께 생산된 정보의 질을 결정하는 데 미치는 영향력이 무엇인가도 살펴볼 것이다. 메시지를 만드는 데 미치는 미디어 산업 내 · 외의 조건들을 규명하고자 한다.

II. 경험적 연구들에 나타난 한국 언론의 신뢰도

1. 언론 수용자들의 언론에 대한 신뢰도 평가

언론 수용자, 즉 신문독자나 방송 시청취자들은 언론의 신뢰도에 대해 어떻게 평가하고 있을까? 한국언론재단이 1990년부터 격년으로 실시해 온 "언론수용자 의식 조사" 결과에 나타난 연도별 언론에 대한 신뢰도 평가를 보여 주는 것이 〈표 1〉이다. 5점 척도로 평가한 언론의 신뢰도 추이를 보면 신문이나 방송 모두 1996년을 기점으로 신뢰도가 점차 하락하는 경향임을 알 수 있다. 2000년 이후 신문이나 방송의 신뢰도는 "그저 그렇다"의 범주에 들어 있지만 5점 척도로 볼 때 "대체로 신뢰하지 않는다"의 범주에 가깝다고 해석할 수 있을 것이다. 이러한 경향은 2000년 이후 언론 전반에 대한 신뢰도에서도 나타난다. 〈표 2〉에서 보는 바와 같이 언론 전반에 대한 신뢰도 평균은 2002, 2004년의 경우 "별로 신뢰하지 못한다"에 속한다.

한편 2004년도 "언론수용자 의식 조사"에서 언론에 대한 신뢰도를 매체별로 본 것이 〈표 3〉이다. 〈표 3〉을 보면 매체 가운데서 지상파 TV에 대한 신뢰도가 제일 높고, 그 다음이 라디오이며 중앙종합일간지의 신뢰도가 세 번째로 높다. 그리고 케이블과 위성 TV에 대한 신뢰도가 네 번째로 높다. 이를 종합해 볼 때 신문보다 방송이 더 높은 신뢰를 받고 있다고 할 수 있다.

〈표 1〉 언론 수용자들의 언론에 대한 신뢰도 평가

매체 \ 연도	1990	1992	1994	1996	1998	2000	2002	2004
신문	3.40	3.56	3.97	3.46	3.21	3.22	3.13	3.18
방송	3.38	3.53	4.08	3.42	3.29	3.41	3.27	3.29

출처: 한국언론재단 1990~2004. 「언론수용자 의식조사」 보고서 종합.

〈표 2〉 언론 전반에 대한 신뢰도

단위: %

연도	사례수	전혀 신뢰 하지 않는다	별로 신뢰 하지 않는다	보통이다	대체로 신뢰한다	매우 신뢰한다	평균(점)
2000	1,200	0.8	15.5	60.4	22.8	0.2	3.06
2002	(1,255)	3.1	42.9	28.8	21.4	0.9	2.77
2004	(1,200)	1.6	30.0	48.8	19.3	0.2	2.86

출처: 한국언론재단. 2000; 2002; 2004.「언론수용자 의식조사」.

〈표 3〉 매체별 신뢰도

단위: 평균(점)

	매체별 신뢰도
종합일간지	3.18
지방종합지	3.02
지상파TV	3.29
케이블/위성TV	3.14
잡지	2.74
라디오	3.27
인터넷뉴스/생활정보	3.13

출처: 한국언론재단. 2004.「언론수용자 의식조사」.

이상과 같은 한국언론재단의 수용자 의식 조사결과와 비교되는 연구보고서가 김세은의「독자와 신문 신뢰도」이다. 2003년 7월에 전국적으로 적어도 일주일에 한 번 이상 정기적으로 전국 종합일간지(국민일보, 경향신문, 대한매일신보, 동아일보, 문화일보, 세계일보, 조선일보, 중앙일보, 한겨레, 한국일보)를 읽는 사람 803명을 직접 면접하여 조사한 이 보고서에 따르면 우리나라 언론 전반에 대한 신뢰도는 2.89로 나타났으며, 신문 전반에 대한 신뢰도는 3.09, 방송 전반에 대한 신뢰도는 3.06으로 나타났다. 이에 비해 응답자 자신이 보고 있는 '내 신문 신뢰도'는 평균 3.24로 높게 나타났다(〈표4〉). 이를 다시 언론 전반에 대한 신뢰도와 내 신문에 대한 신뢰도 사이의 차이를 살펴보기 위해 대응표본 평균 검정(t-test)을 실시한 결과가 〈표 5〉이다.

〈표 5〉를 보면 이 둘 사이에는 통계적으로 유의미한 차이가 나타났다. 즉 응답자들은 '언론 일반'이라는 막연한 대상보다는 자신이 주로 보는 구체적인 특정 신문을 더 신뢰하는 경향이다.

〈표 4〉 언론 전반 신뢰도와 내 신문 신뢰도의 평균값 및 크론바하 알파값

종속변인	평균	α
언론 전반 신뢰도	3.01	.8619
우리나라 언론 전반에 대한 신뢰도	2.89	
우리나라 방송 전반에 대한 신뢰도	3.06	
우리나라 신문 전반에 대한 신뢰도	3.09	
제외 항목		
우리나라 인터넷 언론 전반에 대한 신뢰도	2.97	제외 전(.8136)
내 신문 신뢰도	3.24	.8436
내가 주로 보는 신문의 신문 전반에 대한 신뢰도	3.34	
내가 주로 보는 신문의 일반 보도 기사에 대한 신뢰도	3.43	
내가 주로 보는 신문의 사설/논평/칼럼에 대한 신뢰도	3.42	
내가 주로 보는 신문의 광고에 대한 신뢰도	2.85	
내가 주로 보는 신문의 기자에 대한 신뢰도	3.18	
내가 주로 보는 신문을 발행하는 신문사에 대한 신뢰도	3.25	

※척도 (1=전혀 신뢰하지 않는다, 2=별로 신뢰하지 않는다, 3=보통이다, 4=어느 정도 신뢰한다, 5=매우 신뢰한다).

출처: 김세은(2003), 74.

〈표 5〉 언론 전반 신뢰도와 내 신문 신뢰도 대응표본 평균검정

	빈도	평균	표준편차	t	자유도	유의확률
내 신문 신뢰도	803	3.24	.55	10.478	802	.000***
언론 전반 신뢰도	803	3.01	.71			

***p<0.001 〈출처〉 김세은(2003), 75.

2. 언론학자들의 언론에 대한 신뢰도 평가

강명구 등이 2001년 6월에 한국언론학회 회원 600명을 대상으로 실시한 인터넷 여론 조사에서 응답한 188개의 설문지를 분석한 결과 언론에 대한 언론학자들의 신뢰도는 〈표 6〉과 같이 나타났다. 〈표 6〉에서 보는 바와 같이 언론학자들의 언론 전체에 대한 신뢰도는 10점 척도상에서 평균 5점으로 평가되었다. 이 같은 평가는 우리 언론에 대한 언론학자들의 신뢰도가 "그저 그렇다"라는 정도로 별로 높지 않다는 것을 알 수 있다. 이러한 결과는 앞에서 본 언론 수용자들이나 신문독자들의 언론 전체에 대한 평가와 유사한 것이다.

이를 다시 신문과 방송매체별로 나누어 분석해 보았을 때 신문 보도에 대한 신뢰도는 5.04, 방송 보도에 대한 신뢰도는 4.87로 나타나 신문 보도에 대한 신뢰도가 방송 보도의 경우보다 약간 높았다. 이 같은 경향은 언론학자들이 즐겨보는 신문과 방송의 경우에서도 같은 결과를 보인다. 즐겨보는 신문에 대한 신뢰도는 5.98인 반면 즐겨듣는 방송의 경우 신뢰도는 5.34로 0.64의 비교적 큰 차이를 보였다. 이러한 결과는 〈표 1〉에서 보이는 일반 수용자들의 신뢰도 평가와 차이를 보인다. 즉, 〈표 1〉을 보면 1994년 이후 TV에 대한 평가가 신문의 신뢰도에 대한 평가보다 항상 높게 나타났다. 그러나 언론학자들의 평가는 그와 상반된다. 이것은 아마도 TV 뉴스에 대한 언론학자들의 평가가 상당히 비판적이라는 것을 뜻하는 것으로 볼 수 있겠다.

이상과 같은 언론학자들의 언론에 대한 신뢰도 평가를 신문과 방송 보도의 12개 항목들에 대한 평가를 통해 진단해 보기 위한 분석결과가 〈표 7〉과 〈표 8〉이다. 이 두 개의 표를 보면 적어도 다음과 같은 경향을 알 수 있다.

첫째, 5점 척도상에서 신문 보도나 뉴스 보도에서 3점 이상을 넘는 항목이 하나도 없다는 점이다. 거의 모든 항목이 "대체로 그렇지 못하다"는 범주에 속한다.

둘째, 신문 보도나 방송 보도에서 모두 "정치적이지 않다"와 "공공이익을 우선시 한다"라는 평가에서 2점 이하의 낮은 평가를 받고 있다는 것이다. 이것은 우리 신문과 방송이 정치적이며 공익보다 사사로운 이익을 더 추구하고 있다는 평가일 것이다.

셋째, TV 뉴스의 경우 "선정적이지 않다"와 "심층적이다"의 항목에서 모두 2점 이하의 평점을 받아 신문 뉴스보다 TV 뉴스가 "더 선정적"이며 "심층적이지 못하다"는 평가를 받았다는 점이다.

〈표 6〉 언론에 대한 언론학자들의 신뢰도

항목	사례 수	범위	평균	표준편차
언론 전체에 대한 신뢰도	187	0~9	5.00	1.80
신문 보도에 대한 신뢰도	187	1~9	5.04	1.96
방송 보도에 대한 신뢰도	188	0~10	4.87	1.75
즐겨보는 신문 보도에 대한 신뢰도	184	1~9	5.98	1.80
즐겨보는 TV 뉴스에 대한 신뢰도	185	0~9	5.34	1.65

※ 11점 척도(0~10점). 출처: 강명구(2001), 110.

〈표 7〉 신문 보도에 대한 언론학자들의 평가

항목	사례 수	범위	평균	표준편차
정확하다	188	1~4	2.75	.79
객관적이다	188	1~5	2.37	.84
공정하다	188	1~5	2.54	.92
중립적이다	187	1~5	2.25	.79
균형적이다	188	1~5	2.48	.95
믿을 수 있다	188	1~5	2.74	.78
선정적이지 않다	188	1~5	2.18	.96
편파적이지 않다	187	1~5	2.17	.77
도덕적이다	188	1~5	2.55	.93
심층적이다	187	1~5	2.24	.85
정치적이지 않다	185	1~5	1.70	.80
공공이익을 우선시 한다	187	1~4	1.57	.70

※ 5점 척도 출처: 강명구(2001), 116

〈표 8〉 TV 뉴스에 대한 언론학자들의 평가

항목	사례 수	범위	평균	표준편차
정확하다	188	1~4	2.79	.79
객관적이다	188	1~5	2.55	.82
공정하다	188	1~5	2.55	.87
중립적이다	188	1~5	2.43	.86
균형적이다	188	1~4	2.47	.84
믿을 수 있다	187	1~5	2.84	.78
선정적이지 않다	187	1~4	1.89	.77
편파적이지 않다	188	1~4	2.28	.77
도덕적이다	188	1~5	2.64	.80
심층적이다	188	1~4	1.86	.77
정치적이지 않다	188	1~5	1.95	.83
공공이익을 우선시 한다	188	1~4	1.92	.82

※ 5점 척도. 출처: 강명구(2001), 116.

3. 언론인들이 보는 국민의 언론 신뢰도 평가에 대한 의견

앞에서 밝힌 바와 같이 한국언론재단은 홀수 연도마다 전국의 언론인을 대상으로 여러 가지 한국 언론계의 현안을 중심으로 여론조사를 하고 있다. 그 가운데 언론 신뢰도와 관련해 국민들(수용자)이 평가하고 있는 수준을 언론인들이 어떻게 생각하고 있는지를 물어보는 설문 항목들이 포함되어 있다. 한국언론재단은 매 짝수 년마다 수용자 의견 조사를 실시하고 있다는 것은 이미 밝힌 바와 같다. 그래서 말하자면 짝수 연도의 수용자 조사에서 얻어진 언론 신뢰도에 대한 평가결과를 그 이듬해인 홀수 연도의 언론인 조사에서 물어보는 형식을 취하는 것이 된다.

〈표 9〉는 2001년, 2003년과 2005년에 조사된 국민들이 평가하고 있는 언론에 대한 신뢰도는 이 정도일 것이라고 언론인들이 생각하고 있는 결과이다. 다시 말해 국민들은 우리 언론의 신뢰도를 이 정도로 평가할 것이

〈표 9〉 언론인이 생각하는 매체별 국민의 신뢰도

	0	1	2	3	4	5	6	7	8	9	10	평균
언론 전반 2001	0.1	0.5	3.1	4.7	9.4	25.9	16.7	22.4	13.8	2.9	0.4	5.86
언론 전반 2003	0	0.4	2.5	8.1	8.7	22.6	21.7	24.3	10.0	1.4	0.3	5.73
언론 전반 2005	0.1	0.5	2.0	9.6	12.7	20.6	20.6	22.6	8.8	2.3	0.3	5.63
신문 2001	0.1	0.3	2.7	6.0	9.1	22.4	17.9	21.5	14.4	4.5	1.0	5.96
신문 2003	0.3	0.7	4.8	8.3	10.1	19.5	17.3	23.1	12.2	3.5	0.3	5.70
신문 2005	0.3	0.5	4.1	10.1	13.1	18.4	15.6	21.7	11.7	4.0	0.6	5.64
방송 2001	0.3	0.3	1.8	4.6	7.9	22.4	18.3	23.6	13.8	5.5	1.4	6.11
방송 2003	0	0.8	2.7	5.0	8.6	18.4	18.5	25.4	14.7	3.2	0.7	6.08
방송 2005	0.2	0.5	2.9	5.4	8.6	15.7	20.4	24.9	15.2	5.0	1.0	6.10

※ 2001년 n=780, 2003년 n=713, 2005년 n=930

출처: 한국언론재단. 7 · 8회 신문 · 방송 · 통신사 기자 의식 조사
「한국의 언론인」 2001, 2003, 2005

라는 언론인들의 의견이다.

〈표 9〉를 보면 언론인들은 국민들의 언론에 대한 신뢰도가 점차 하락하고 있다고 생각하는 경향임을 알 수 있다. 언론 전반에 대한 국민의 신뢰도 평가의 경우 2001년 평균 5.86에서 2003년에는 5.73, 그리고 2005년에는 5.63으로, 신문의 경우에는 같은 기간 동안 5.96에서 5.70, 5.64로 신뢰도가 조금씩 떨어졌으며, 방송은 6.11에서 6.08, 6.10으로 현상을 유지해 온 것으로 나타난 것이다.

한편 이 같은 언론인들의 평가와 언론학자들의 평가를 비교한 것이 〈표 10〉이다. 2001년도에 강명구 팀의 언론학자에 대한 조사결과와 같은 해에 발표된 한국언론재단의 언론인 조사 자료를 비교한 이 표를 보면 전체 언론에 대해서는 물론 신문과 방송에 대해서도 언론인들의 신뢰도 평가가 언론학자들의 평가보다 모두 높게 나타났다는 것을 알 수 있다. 말하자면 언론학자들이 한국 언론의 현실을 보다 비판적으로 보고 있는 결과라 할 수 있다.

〈표 10〉언론인과 언론학자가 생각하는 국민의 언론 신뢰도 비교

매체	언론학자		언론인		평균차
	평균	표준편차	평균	표준편차	
전체 언론	5.70	1.75	5.86	1.68	.16
신문 보도	5.65	1.92	5.96	1.74	.31*
방송 보도	5.85	1.96	6.11	1.70	.26

※ 11점 척도(0~10점) *p<.05
출처: 강명구(2001), 140.

4. 신뢰도 하락에 대한 인식

1) 신뢰도 하락에 대한 동의 여부

언론인과 언론학자들은 언론에 대한 신뢰도가 하락하고 있다는 국민의 의견에 대해 얼마나 동의하고 있는 것일까? 〈표 11〉은 두 집단의 동의 여부를 보여 준다. 〈표 11〉에 따르면 언론학자의 90.9%가, 언론인의 85.1%가 동의하는 것으로 나타났다. 두 집단의 절대 다수가 언론의 신뢰도가 하

〈표 11〉 언론 신뢰도가 감소하고 있다는 조사결과에 대한 동의 정도

동의 정도	언론학자*		언론인**	
	빈도	비율(%)	빈도	비율(%)
전혀 동의하지 않는다	0	0		0.3
동의하지 않는다	4	2.1		3.7
그저 그렇다	13	7.0		10.9
동의한다	122	65.2		68.7
매우 동의한다	48	25.7		16.4
계	187	100.0		100

출처: * 강명구(2001), 121. 평균 4.14 표준편차 .63
** 한국언론재단(2001),「한국의 언론인」. 평균 3.97 N=780

락하고 있다는 데 동의하고 있지만 언론인의 경우 언론학자 집단에서보다 동의하지 않는다는 비율이 조금 높게 나타나고 있다는 것을 알 수 있다.

2) 언론에 대한 신뢰도 감소 원인에 대한 인식

언론의 신뢰도가 감소하고 있다는 데 동의한 언론학자들과 언론인들이 생각하고 있는 신뢰도 감소의 원인은 무엇일까를 비교한 것이 〈표 12〉이다. 〈표 12〉에 따르면 언론학자들은 신뢰도 감소의 원인으로 ① 자사이기주의(22.1%), ② 사주 또는 경영진의 편집의 자율성 침해에 의한 보도의 왜곡(14.3%), ③ 언론인의 자질과 직업윤리부족(13.5%), ④ 독자 또는 시청자

〈표 12〉 언론 신뢰도 감소 원인에 대한 언론학자와 언론인의 인식 비교(단위: %)

신뢰도 감소 원인	언론학자*	언론인**
자기 회사의 이익만을 생각하는 자사이기주의	22.1	18.2
사주 또는 경영진의 편집의 자율성 침해에 의한 보도의 왜곡	14.3	10.2
언론인의 자질과 직업윤리 부족	13.5	6.3
독자 또는 시청자와 유리된 언론의 오만한 자세	12.4	11.9
독자 또는 시청자의 인기에 영합하는 선정주의적 보도	10.3	17.2
정부의 압력에 따른 보도의 왜곡	6.5	5.2
정치/경제권력에 대한 언론의 비판 부족	5.7	6.3
빈번한 오보와 인색한 정정 보도	4.8	6.7
광고주의 압력에 따른 보도의 왜곡	3.2	4.7
언론사의 논조 차이에서 오는 언론간의 갈등	2.3	3.4
시민단체, 종교단체 등 각종 이해집단의 압력에 따른 보도의 왜곡	2.3	1.5
인터넷 신문과 방송 등 새로운 뉴스 미디어의 등장	2.3	2.3
언론의 기능과 역할에 대한 수용자의 기대치 상승	0.0	6.2
기타	0.3	0.0
계	100	100

※ 언론학자 응답 비율에 따라 내림차순으로 정리.
출처: * 강명구(2001), 147.
** 한국언론재단(2001), 「한국의 언론인」.

와 유리된 언론의 오만한 자세(12.4%), ⑤ 독자 또는 시청자의 인기에 영합하는 선정주의적 보도(10.3%) 등을 주된 원인으로 지적하고 있다. 이에 반해 언론인들은 ① 자사이기주의(18.2%), ② 독자 또는 시청자의 인기에 영합하는 선정주의(17.2%), ③ 독자 또는 시청자와 유리된 언론의 오만한 자세(11.9%), ④ 사주 또는 경영진의 편집 자율성 침해에 의한 보도의 왜곡(10.2%)이라는 순위로 신뢰도 감소의 주된 원인을 지적했다.

이 같은 두 집단의 응답결과를 비교해 보면 신뢰도 감소의 주된 원인에 대한 인식이 우선순위의 차이나 또는 응답율의 차이는 있으나 거의 일치하고 있다는 것을 알 수 있다. 그러나 주된 원인의 하나로 언론학자들이 '언론인의 자질과 직업윤리 부족'(13.5%)을 들고 있는 반면 언론인들의 그 원인에 대한 응답률(6.3%)은 낮게 나타났다는 점에 유의하게 된다.

3) 언론의 신뢰도 하락에 관한 비판들의 타당도

언론의 신뢰도를 하락시키는 요인으로 지적되는 다양한 비판들에 대해 언론인들이 얼마나 타당성을 인정하는지를 조사한 결과가 〈표 13〉에 나타나 있다. 이에 따르면 언론인 전체가 타당성을 높게 인정하는 비판들은 ① 자사이기주의(3.73), ② 정정 보도 소홀(3.51), ③ 광고주의 압력(3.49), ④ 선정적 보도(3.47), ⑤ 사주 또는 경영진의 편집(편성) 자율성 침해(3.46), ⑥ 정치 · 경제권력을 제대로 비판하지 못함(3.43), ⑦ 사생활 침해, 명예훼손 기사가 많다(3.42), ⑧ 기자들의 전문성 부족(3.40) 등의 순이다.

한편 신문기자들의 경우 타당성을 높게 인정하는 비판들은 ① 자사이기주의(3.88), ② 광고주의 압력(3.61), ③ 정정 보도 소홀(3.57), ④ 사주 또는 경영진의 편집 자율성 침해(3.53), ⑤ 취재원과의 유착(3.46), ⑥ 사생활 침해, 명예훼손 기사가 많다(3.43), 선정적 보도(3.43), 기자들의 전문성 부족(3.43)의 순으로 나타났다. 이 같은 응답결과는 전체 언론인의 경우와 거의 유사하다.

〈표 13〉 언론 신뢰도 감소 원인에 대한 언론학자와 언론인의 인식 비교(단위: %)

(5점 만점)

	전체	신문	방송
독자 또는 시청자의 인기에 영합한 선정적 보도	3.47	3.43	3.60
자기 회사의 이익만을 중시하는 자사이기주의	3.73	3.88	3.27
정치/경제적 권력을 제대로 비판 못함	3.43	3.37	3.63
사주 또는 경영진의 편집 자율성 침해 심각	3.46	3.53	3.19
정부의 압력 심각	3.15	3.12	3.27
광고주의 압력 심각	3.49	3.61	3.07
각종 이익 집단의 압력 심각	3.34	3.38	3.23
기자들이 직업윤리에 충실하지 못함	2.71	2.77	2.52
기사에서 사실과 의견이 구분되지 못함	2.99	3.03	2.86
사실과 다른 오보가 너무 많음	2.79	2.87	2.55
기자들의 전문성 부족으로 사회적 쟁점을 피상적으로 다룸	3.40	3.43	3.31
보도가 너무 냉소적임	2.85	2.89	2.70
기자들의 특종의욕과 과도한 경쟁으로 인한 사실 확인 부족	3.07	3.13	2.87
정정 보도에 충분한 지면을 할애하지 않음	3.51	3.57	3.33
독자 또는 시청자와의 교감을 잃어가고 있음	3.22	3.29	2.99
과도한 추측성 기사	3.03	3.14	2.68
보통사람이 아닌 엘리트의 입장대변	2.94	3.02	2.69
사생활 침해, 명예훼손 기사가 많다	3.42	3.43	3.39
기자와 취재원(정치인, 기업인, 관료)의 지나친 유착	3.39	3.46	3.16
신문방송의 기능, 역할에 대한 독자나 시청자의 과도한 기대	3.15	3.11	3.28

출처: 한국언론재단(2001), 「한국의 언론인」.

이에 비해 방송인들이 타당성을 높게 인정하는 비판들의 순위는 ① 정치 · 경제권력을 제대로 비판 못함(3.63), ② 선정적 보도(3.60), ③ 사생활 침해, 명예훼손 기사가 많다(3.39), ④ 정정 보도 소홀(3.33), ⑤ 기자들의 전문성 부족(3.31), ⑥ 시청자의 과도한 기대(3.28), ⑦ 자사이기주의(3.27), 정부의 압력 심각(3.27) 등으로 나타났다. 이 같은 방송인들의 응답은 전체 언론이나 신문기자들의 응답결과와 다른 모습을 보인다. 무엇보다도 방송인들은 비판에 대해 전반적으로 타당성을 낮게 인정하고 있다는 점이 뚜렷하다. 또한 정치 · 경제권력을 제대로 비판하지 못한다는 비판에 대한 타당성을 가장 높게 인정하고 있다는 점, 정부의 압력이 심각하다고 인정한 점 등이 신문기자들의 응답결과와 뚜렷하게 다른 측면을 보여 준다. 신문기자들의 경우 이 두 가지 비판에 대한 타당성은 낮았다. 방송인들의 이 같은 응답은 현재 우리나라 방송이 정치권력으로부터 자유롭지 못하다는 점을 반영하는 것이라고 볼 수 있을 것이다.

이상과 같은 언론인들의 신뢰도 하락에 관한 비평들의 타당도를 언론학자들과 신문기자들의 응답결과를 비교해 본 것이 〈표 14〉이다. 〈표 14〉를 보면 언론학자들은 '신문에 대한 각종 이익집단의 압력' 등 4개의 비판을 제외한 나머지 모든 비판들에 대해 5점 척도에서 3.5점을 상회하는 높은 타당성을 부여했다. 그리고 언론학자들과 신문기자들 사이의 타당성 인정에서 높은 평균차(.6 이상)를 보이는 비판들은 ① 직업윤리에 충실하지 못함(.96), ② 취재원과의 지나친 유착(.77), ③ 오보가 많다(.70), ④ 기자의 전문성 부족(.67), ⑤ 추측기사 난무(.67), ⑥ 엘리트 입장 대변(.61)의 순으로 나타났다.

또한 방송의 신뢰도 하락에 관한 비판들의 타당도에 대한 언론학자들과 방송인들의 응답결과를 비교해 본 것이 〈표 15〉이다. 이에 따르면 방송의 신뢰도 하락과 관련된 비판들에 대한 언론학자들의 타당성 인정은 신문의 경우(〈표 13〉 참조)와 마찬가지로 타당도 하위 5개 비판항목들을 제외한 나머지 모든 비판항목들에서 3.5점 이상으로 높게 나타났다. 언론학자들과 방송인들의 비판에 대한 타당도 인정 수준을 비교한 결과는 언론학자들과 신문기자들의 응답결과를 비교한 것과 뚜렷한 차이를 보이고 있다. 즉, 언론학자들과 신문기자들의 비판에 대한 타당성 평가에서 두 집단 사이에 큰 차이(.6 이상)를 보인 경우는 6개 비판항목이었던 데 비해 언론학자들과 방송인들의 경우는 11개 항목으로 앞의 두 집단 비교에서보다 거의 2배 가까이 많았다. 이 같은 결과는 방송인들이 방송의 신뢰도 하락과 관련된 비판들의 타당성을 전반적으로 낮게 평가한 데서 초래된 것이

〈표 14〉 신문의 신뢰도 하락에 관한 비판들의 타당도: 언론학자와 신문기자의 비교

신문의 신뢰도 저하와 관련된 비판	언론학자*		신문기자**		평균차
	평균	표준편차	평균	표준편차	
자기 회사의 이익만을 중시하는 자사이기주의	4.24	.82	3.88	.86	.36***
취재원들과 기자들의 지나친 유착	4.23	.73	3.46	.93	.77***
정정 보도에 충분한 지면 할애하지 않음	4.14	.75	3.56	.87	.58***
기자의 전문성 부족으로 사회적 쟁점 피상적 처리	4.10	.78	3.43	.94	.67***
사주 또는 경영진의 편집 자율성 침해	4.01	.93	3.53	.94	.58***
사생활 침해, 명예훼손 기사 많음	3.86	.66	3.43	.74	.43***
사실과 의견의 구분 모호	3.81	.88	3.03	.87	.51***
사실이 확인되지 않은 추측성 기사 난무	3.81	.80	3.14	.90	.67***
촌지나 접대를 받는 등 직업윤리에 충실하지 못함	3.73	.87	2.77	.84	.96***
특종 의욕과 과도한 경쟁으로 인한 사실확인 부족	3.72	.78	3.13	.89	.59***
독자의 인기에 영합한 선정적 보도	3.69	.89	3.43	.89	.26***
신문이 독자와의 교감을 잃어감	3.67	.87	3.29	.88	.38***
보통 사람이 아닌 엘리트의 입장 대변	3.63	.88	3.02	.95	.61***
사실과 다른 오보가 너무 많음	3.57	.87	2.87	.85	.70***
신문에 대한 광고주의 압력	3.55	.93	3.61	.86	-.06
정치/경제적 권력을 제대로 비판하지 못함	3.52	1.07	3.37	1.02	.15*
신문에 대한 각종 이익집단의 압력	3.37	.87	3.38	.83	-.01
너무 냉소적인 보도	3.11	.95	2.89	.84	.22***
신문에 대한 정부의 압력	3.05	1.05	3.12	.94	-.07
신문 기능과 역할에 대한 독자들의 지나친 기대치	2.90	1.03	3.11	.88	-.21***

※ 5점 척도이며, 언론학자 응답의 평균값에 따라 내림차순으로 정리.
*p<.05, **p<.01, ***p<.001
출처: * 강명구(2001), 149.
** 한국언론재단(2001), 「한국의 언론인」.

라 할 수 있겠다. 차이가 가장 크게 나타난 비판항목은 ① 사실과 의견의 구분 모호(.84), ② 오보가 너무 많음(.83), ③ 취재원과의 지나친 유착(.82), ④ 자사이기주의(.77), ⑤ 기자의 전문성 부족(.74) 등이다.

한편 김재은(2003, 93-95)은 자신이 신문독자들을 대상으로 실시한 서베이에서 신문의 신뢰도 하락에 관한 비판들에 대한 동의 정도(타당성 인정 정

〈표 15〉 방송의 신뢰도 하락에 관한 비판들의 타당도: 언론학자와 방송기자의 비교

신문의 신뢰도 저하와 관련된 비판	언론학자*		신문기자**		평균차
	평균	표준편차	평균	표준편차	
시청자의 인기에 영합한 선정적 보도	4.15	.76	3.60	.81	.55***
정치/경제적 권력을 제대로 비판하지 못함	4.15	.83	3.63	.96	.52***
기자의 전문성 부족으로 사회적 쟁점 피상적 처리	4.05	.80	3.31	.99	.74***
자기 회사의 이익만을 중시하는 자사이기주의	4.01	.78	3.24	.91	.77***
정정 보도에 충분한 시간을 할애하지 않음	3.99	.70	3.33	.99	.66***
취재원들과 기자들의 지나친 유착	3.98	.77	3.16	.97	.82***
사생활 침해, 명예훼손 기사 많음	3.93	.67	3.39	.84	.54***
사주 또는 경영진의 편성자율권 침해	3.83	.79	3.19	.91	.64***
방송에 대한 정부의 압력	3.80	.98	3.27	.91	.61***
사실과 의견의 구분 모호	3.70	.79	2.86	.94	.84***
방송인들이 촌지나 접대를 받는 등 직업윤리에 충실하지 못함	3.63	.81	2.52	.86	1.11***
방송에 대한 각종 이익집단의 압력	3.55	.80	3.23	.78	.32**
특종 의욕과 과도한 경쟁으로 사실 확인 부족	3.54	.78	2.87	.9	.67***
방송이 시청자와의 교감을 잃어감	3.53	.91	2.99	.87	.54***
방송에 대한 광고주의 압력	3.50	.91	3.07	.89	.43***
사실과 다른 오보가 너무 많음	3.39	.80	2.56	.87	.83***
사실이 확인되지 않은 추측성 기사 난무	3.34	.83	2.68	.92	.66***
보통 사람이 아닌 엘리트 입장 대변	3.32	.95	2.69	.95	.63***
방송의 기능과 역할에 대한 시청자들의 지나친 기대치	3.04	1.02	3.28	.85	-.24*
너무 냉소적인 보도	2.93	.90	2.70	.85	.23*

※ 5점 척도이며, 언론학자 응답의 평균값에 따라 내림차순으로 정리.
$^{*}p<.05$, $^{**}p<.01$, $^{***}p<.001$
출처: * 강명구(2001), 153.
** 한국언론재단(2001)「한국의 언론인」

도)를 조사한 결과를 강명구(2001)의 언론학자들에 대한 조사결과와 한국언론재단(2001)이 언론인을 대상으로 조사한 결과를 비교 분석해 〈표 16〉을 만들었다.

〈표 16〉의 분석결과에서 보듯이, 김세은이 조사한 독자들은 "다른 신문

이나 매체와 지나치게 상업적 경쟁을 한다"(평균 3.34)에 대해 가장 높은 타당성을 인정했으며, 다음은 "광고주의 영향을 받고 있다"(3.29), "공익보다는 신문사의 이익을 우선 한다"(3.28), "사주 또는 경영진의 영향을 받고 있다"(3.27), "정치권과 지나친 알력관계에 놓여 있다"(3.24), "정정 보도에 충분한 지면을 할애하지 않는다"(3.23) 등으로 신뢰도 하락의 원인을 신문사 차원으로 인식하는 경향을 보였다. 그러나 "기자들의 전문성이 부족하다"와 "기자들이 촌지나 접대를 받는 등 직업윤리에 충실하지 못하다"는 각각 2.81, 2.98로 나타나 독자들이 기자 차원에 대해서는 신뢰도와 관련하여 그다지 문제가 있다고 생각하지 않는 것으로 나타났다.

강명구 등(2001)의 연구결과를 김재은의 연구와 통계적으로 비교분석할 수는 없지만, 이 연구에서 밝혀진 독자들의 응답은 18개 문항 중 15개 문항에서 언론학자들보다 그 동의 정도가 현저히 낮음을 알 수 있다. 독자들의 응답치가 언론학자보다 높은 것은 "시대에 뒤처져 (신문이) 독자의 수준과 요구를 따라가지 못한다", "문제 해결을 지향하기보다는 비판 일변도이다", "정부의 영향을 받고 있다" 등 3개였다.

한편 독자와 기자의 의견을 비교해 보면, "사생활 침해, 명예훼손 기사가 많다"와 "선정적 보도가 많다", "공익보다 신문사의 이익을 우선 한다"는 데에 있어서는 기자들이 독자들보다 더 강하게 동의하고 있었으나, "엘리트나 기득권의 입장을 대변한다"거나 "비판 일변도이다", "다른 매체와 지나친 상업적 경쟁을 한다" 등의 비판항목에 있어서는 독자보다 타당성을 낮게 평가했다.

그러나 이 같은 비교에서 반드시 고려할 점은 김재은의 독자조사에서 얻은 응답결과는 독자들이 자신이 보는 신문을 대상으로 평가한 것이라는 점이다.

또한 김재은은 신문의 신뢰도 하락과 연관된 비판 항목들을 ① 기사, ② 기자, ③ 신문사, ④ 영향 등 4가지 차원으로 범주화 하고 이 4가지 차원 각각에 포함된 문항들을 합산 · 평균하여 신뢰도와 상관분석을 한 결과가

〈표 16〉 신문의 신뢰도 하락에 대한 독자, 언론학자, 언론인의 인식 비교

범주	문항	독자a	언론학자b	언론인c	평균차d
기사 α=.8482	사생활 침해, 명예훼손 기사가 많다	3.17	3.86	3.43	.43***
	기사 사실과 의견의 구분이 모호하다	3.13	3.81	3.03	.51***
	사실 확인이 부족한 추측성 기사가 많다	3.12	3.81	3.14	.67***
	선정적 보도가 많다	3.03	3.69	3.43	.26***
기자 α=.6374	취재원들과 기자들이 지나치게 유착되어 있다	3.17	4.23	3.46	.77***
	기자들의 전문성이 부족하다	2.81	4.10	3.43	.67***
	기자들이 직업윤리에 충실하지 못하다	2.98	3.73	2.77	.96***
신문사 α=.7234	공익보다는 신문사의 이익을 우선 한다	3.28	4.24	3.88	.36***
	정정 보도에 충분한 지면을 할애하지 않는다	3.23	4.14	3.56	.58***
	시대에 뒤처져 독자의 수준과 요구를 따라가지 못한다 e	2.94	2.90	3.11	-.21***
	엘리트나 기득권의 입장을 대변한다	3.20	3.63	3.02	.61***
	정치/경제적 권력을 제대로 비판하지 못한다	3.13	3.52	3.37	.15*
	문제해결을 지향하기보다는 비판 일변도이다 f	3.20	3.11	2.89	.22***
	다른 신문이나 매체와 지나치게 상업적 경쟁을 한다 g	3.34	3.72	3.13	.18*
	정치권과 지나친 알력 관계에 놓여 있다	3.24			
	독자를 가르치려 한다	2.86			
영향 α=.7898	사주 또는 경영진의 영향을 받고 있다	3.27	4.01	3.53	.58***
	정부의 영향을 받고 있다	3.13	3.05	3.12	-.07
	광고주의 영향을 받고 있다	3.29	3.55	3.61	-.06
	각종 이익집단/시민단체의 영향을 받고 있다	3.12	3.37	3.38	-.01

*$p<0.05$, ***$p<0.001$

a: 김재은(2003), 93.

b: 강명구 등(2001)의 연구에서는 188명의 언론학자를 대상으로 설문 조사를 했다. 여기서 제시 된 수치는 이 연구에서 얻어진 측정값으로 질문은 "다음은 우리 언론의 신뢰도 저하와 관련하여 일반적으로 제기되는 비판입니다. 신문에 대한 다음 비판의 타당성 정도를 해당 번호에 표시해 주십시오"였다.

c: 「한국의 언론인: 제7회 기자 의식조사」(한국언론재단, 2001)에서는 780명의 신문, 방송, 통신사 기자들을 대상으로 설문 조사를 했다. 여기에서 제시된 수치는 이 연구에서 얻어진 측정값으로 질문은 위와 동일하다.

d: 강명구 등의 연구에서 얻어진 언론학자와 언론인 간의 평균차

e: 강명구 등의 연구에서는 "신문 기능과 역할에 대한 독자들의 기대치가 지나치게 높다"로 질문했다.

f: 강명구 등의 연구에서는 "신문 보도가 너무 냉소적이다"로 질문하였다.

g: 강명구 등의 연구에서는 "기자들이 특종 의욕과 과도한 경쟁으로 사실 확인을 제대로 못하고 있다"로 질문하였다

〈표 17〉이다. 〈표 17〉에서 보는 바와 같이 내 신문 신뢰도, 언론 전반 신뢰도에 있어서 4가지 차원 모두 유의미한 부적 상관관계를 나타냈다. 이들 2가지 신뢰도 모두에서 기사 차원이 가장 높은 상관관계를 보였고 그 다음이 기자 차원, 신문사, 영향 차원 순이었는데, 당연히 내 신문 신뢰도와의 상관관계가 언론 전반 신뢰도보다 더 높았다.

〈표 17〉 신문 신뢰도 하락 원인과 신뢰도 상관관계

	기사 차원	기자 차원	신문사 차원	영향 차원
내 신문 신뢰도	-.308***	-.282***	-.270***	-.215***
언론 전반 신뢰도	-.165***	-.118**	-.082*	-0.42

*p<0.05, **p<0.01, ***p<0.001
출처: 김재은(2003), 95

끝으로 언론의 신뢰도 저해요인에 대한 언론인들의 타당성 평가가 2년 동안에 어떻게 달라졌는지를 비교해 볼 수 있는 자료가 〈표 18〉과 〈표 19〉이다. 모두 2003년에 한국언론재단이 언론인을 대상으로 실시한 조사결과이다.

〈표 18〉은 신문기자들이 평가하는 신문 신뢰도 하락요인에 대한 타당성 정도를 나타낸 것이다. 〈표 18〉을 보면 2001년의 조사결과에 비해 전반적으로 타당성을 낮게 평가하고 있다(〈표13〉 참조). 2003년의 경우 기자들은 비판 항목 가운데서 ① 광고주의 압력(3.46), ② 자사이기주의(3.41), ③ 기자의 전문성 부족(3.36), ④ 사생활 침해나 명예훼손 기사가 많다(3.34), ⑤ 정정 보도 소홀(3.33), ⑥ 선정적 보도(3.26), 사주나 경영진의 편집 자율성 침해(3.26) 순으로 타당성을 높게 인식하고 있다. 이 같은 결과를 2001년과 비교해 보면 타당성을 높게 인정한 비판 항목들의 순서가 바뀌었음을 알 수 있다. 2003년의 경우 2001년과 비교해 1, 2위의 순위가 바뀌었으며 2001년에 6순위였던 '기자들의 전문성 부족'이 2003년에는 3순위로 올라갔고, 2001년에 4순위였던 '사주나 경영진의 편집 자율성 침해'가

2003년에는 6순위로 낮아졌다는 등이 그러하다.

〈표 18〉 신문기자들이 평가하는 신문 신뢰도 저해요인에 대한 타당성 정도 (한국의 언론인 2003)

단위: 5점 척도 평균

신문/신문기자에 대한 비판요인	평균(점)	순위
독자의 인기에 영합해 선정적으로 보도한다	3.26	6
회사의 이익만을 중시하는 자사이기주의에 빠져 있다	3.41	2
정치/경제권력에 대해 제대로 비판하지 못한다	3.08	11
사주나 경영진에 의한 편집 자율성 침해가 심각하다	3.26	6
신문에 대한 정부의 압력이 심각하다	2.73	18
신문에 대한 광고주의 압력이 심각하다	3.46	1
신문에 대한 각종 이익집단의 압력이 심각하다	3.21	8
촌지나 접대를 받는 등 직업윤리에 충실하지 못하다	2.64	20
기사에서 사실과 다른 의견이 제대로 구분되어 있지 않다	2.96	14
신문에 사실과 다른 오보가 너무 많다	2.75	19
기자의 전문성 부족으로 쟁점을 피상적으로 다룬다	3.36	3
신문 보도가 너무 냉소적이다	2.93	16
기자들이 사실 확인을 제대로 못하고 있다	2.73	18
정정 보도에 충분한 지면을 할당하지 않고 있다	3.33	5
신문이 독자와의 교감을 잃어가고 있다	3.11	9
사실이 확인되지 않은 추측성 기사가 너무 많다	3.03	13
보통사람이 아닌 엘리트들의 입장을 대변한다	3.09	10
사생활 침해나 명예훼손 기사를 종종 본다	3.34	4
기자들이 취재원들과 지나치게 유착되어 있다	2.95	15
독자들의 기대치가 지나치게 높다	2.89	17

출처: 한국언론재단(2003),「한국의 언론인」.

〈표 19〉는 방송기자들이 평가하는 방송 신뢰도 하락요인들에 대한 타당성 정도를 나타낸 것이다. 앞에서 살펴본 신문기자들의 경우와 마찬가지로 방송기자들도 2001년에 비해 신뢰도 하락 요인에 대한 타당성 평가치가 전반적으로 낮게 나타났다. 타당성이 높게 나타난 비판 항목들을 보면 ① 기자의 전문성 부족(3.53), ② 선정적 보도(3.40), ③ 정치 · 경제권력

에 대해 제대로 비판하지 못한다(3.30), ④ 사생활 침해나 명예훼손기사를 종종 본다(3.28), ⑤ 정정 보도 소홀(3.20), ⑥ 자사이기주의(3.06), 각종 이익집단의 압력(3.06)의 순이다. 이 같은 순위는 2001년도의 조사결과와 큰 차이는 없으나 '기자의 전문성 부족'이 2001년에는 5순위였으나 2003년 조사에서는 1순위로 바뀌었다는 점이 주목된다. 신문기자들이나 방송인들이 2003년에 전문성 부족을 크게 자인하게 되었다고 볼 수 있다.

〈표 19〉 방송기자들이 평가하는 방송 신뢰도 저해요인에 대한 타당성 정도
(한국의 언론인 2003)

단위: 5점 척도 평균

방송/방송기자에 대한 비판요인	평균(점)	순위
시청자의 인기에 영합해 선정적으로 보도한다	3.40	2
회사의 이익만을 중시하는 자사이기주의에 빠져 있다	3.06	7
정치/경제권력에 대해 제대로 비판하지 못한다	3.30	3
사주나 경영진에 의한 편집 자율성 침해가 심각하다	3.09	6
방송에 대한 정부의 압력이 심각하다	2.80	13
방송에 대한 광고주의 압력이 심각하다	2.86	10
방송에 대한 각종 이익집단의 압력이 심각하다	3.06	7
촌지나 접대를 받는 등 직업윤리에 충실하지 못하다	2.36	19
기사에서 사실과 다른 의견이 제대로 구분되어 있지 않다	2.84	11
방송 보도에 사실과 다른 오보가 너무 많다	2.33	20
기자의 전문성 부족으로 쟁점을 피상적으로 다룬다	3.53	1
방송 보도가 너무 냉소적이다	2.65	14
기자들이 사실 확인을 제대로 못하고 있다	2.60	15
정정 보도에 충분한 시간을 할애하지 않고 있다	3.20	5
방송이 시청자와의 교감을 잃어가고 있다	2.82	12
사실이 확인되지 않은 추측성 기사가 너무 많다	2.52	18
보통사람이 아닌 엘리트들의 입장을 대변한다	2.59	16
사생활 침해나 명예훼손 기사를 종종 본다	3.28	4
기자들이 취재원들과 지나치게 유착되어 있다	2.55	17
시청자들의 기대치가 지나치게 높다	3.03	9

출처: 한국언론재단(2003), 「한국의 언론인」.

III. 언론 보도의 정확성에 대한 내용분석

1. 연구방법

언론이 보도하는 기사는 개인, 집단, 제도 등의 사회적 이미지 형성에 많은 영향을 미친다. 그 같은 영향은 보도된 기사의 내용이 얼마나 정확하며 균형 있게 작성되었는가에 따라 좌우된다. 앞에서 제시한 맥퀘일의 효과 모델이 그런 점을 잘 반영하고 있다. 이 연구는 이 점에 초점을 맞추어 개인, 집단, 제도 등에 대한 한국 언론의 보도가 얼마나 정확하고 균형 있게 이루어지고 있는지를 사례분석을 통해 규명하고, 그것을 토대로 언론이 한국 사회의 신뢰구축에 기여할 수 있는 관행이 어떠해야 할 것인가를 모색하고자 한다. 이를 위해 다음과 같은 연구방법을 적용했다.

첫째, 사례분석은 내용분석방법을 적용하기로 했다. 내용분석방법에 대한 정의는 다양하지만 커린저(1986)는 변인측정을 목적으로 커뮤니케이션 내용을 체계적이고 객관적이며 계량적인 방식으로 연구, 분석하는 방법이라고 했다. 이 같은 내용분석방법은 커뮤니케이션 분야에서 커뮤니케이션 내용의 기술, 메시지 특성에 대한 가설 검증, 미디어 내용과 '현실 세계'의 비교, 사회 특정집단의 이미지에 대한 평가, 미디어 효과 연구를 위한 출발점의 정립 등 다섯 가지 연구목적에 적용되어 왔다. 이 연구는 이 가운데서 커뮤니케이션 내용을 기술하기 위한 연구목적에 해당될 것이다.

둘째, 내용분석은 다음과 같은 절차에 따라 수행되었다.

① 모집단의 정의

이 연구의 모집단은 2004년과 2005년 사이에 신문과 방송을 통해 보도된 기사들 가운데서 언론중재위원회에 피해구제를 위해 제소된 사건들 가운데서 정정 보도, 반론 보도 등의 결정을 받은 모든 기사이다. 원래 연구계획서에는 한국신문윤리위원회가 신문윤리강령과 그 실천요강을 위반해 제재결정을 내린 기사도 연구대상으로 포함시키려 했으나 윤리위원회의 경우 신문연재소설과 광고까지 제재대상으로 삼고 있을 뿐 아니라 거의 모든 제재 수준이 경고 또는 시정권고에 그치고 있어 중재위원회의 사례와 비교할 수 없어 제외하기로 했다.

② 표본선정

표본의 추출은 체계적 무작위표본추출방법에 의하되 표본의 크기는 분석대상 자료의 수집결과에 따라 정하기로 했다.

③ 분석단위의 선정

분석 단위는 분석대상으로 선정된 기사 각각을 하나의 단위로 정했다. 따라서 기사의 길이 등은 고려하지 않는다.

④ 분석유목의 구성

분석유목은 정확성과 균형성을 의미하는 항목들로 구성함을 원칙으로 했다. 여기에 윤리강령이나 실천요강 가운데서 정확성과 균형성과 관련된 조항들과 개인, 집단, 제도 등에 대한 긍정적, 부정적 이미지 형성과 관련된 조항들을 유목으로 포함시킬 것인지를 검토했다. 유목의 구성을 위해 사전검사를 실시해 상호 배타적인 체계가 되도록 하며, 분석대상이 어느 유목으로나 분류될 수 있도록 만들었다. 이와 관련하여 유목체계는 명백히 분류될 수 있도록 가능한 한 주관적 판단이 개입할 소지가 없도록 구성했다.

⑤ 수량화 체계의 수립

내용분석에서 수량화는 보통 명목적, 등간적 및 비율적 측정 자료의 경우에 이용되지만 이 연구는 정확성과 균형성의 측정에 일차적 목적이 있으므로 명목적 수준의 측정을 했다. 만약 기사가 어떤 대상이나 주제에 대해 얼마나 긍정적, 중립적, 부정적인가를 분석할 필요가 있다면 등간적 측정 수준도 적용해야 할 것이지만 이 연구의 목적은 그 같은 측정이 불필요하므로 명목적 수준의 측정으로 충분하기 때문이다.

6) 내용의 코딩

분석단위를 내용유목에 따라 배열하는 코딩을 위해, '코딩 북'을 만들었다. 그리고 자료를 도표로 만드는 등 컴퓨터 이용을 위해 컴퓨터용 코딩 용지, 컴퓨터 감지용 용지 등에 자료를 옮겨 처리했다.

7) 자료의 분석

내용분석에는 백분율, 평균치, 최빈치 및 중앙치 등 기술통계(descriptive statistics)가 적절하다. 이 연구의 분석 자료는 가설 검증이 목적이 아니므로 추리통계방법(inferential statistics)을 이용할 필요가 없었다.

셋째, 내용분석에서 신뢰도는 결정적으로 중요한 개념이다. 이 연구에서는 수용 가능한 신뢰도를 확보하기 위해 ① 유목의 범위를 최대한 상세하게 정의해 주고, ② 2005년 4월 11일부터 4월 16일까지 예비조사를 실시했다. 그리고 코딩은 연구자 자신이 했다.

2. 분석대상과 분석결과

1) 분석대상

이 연구의 분석대상은 연구방법에서 밝힌 바와 같이 언론중재위원회의 자료이다. 보고서에서는 〈표 20〉과 〈표 21〉에서 보는 바와 같이 언론중재위원회의 2004년도와 2005년도 「연차보고서」에 실린 피해구제 보도 건수를 분석대상으로 삼았다.

〈표 20〉과 〈표 21〉에서 보듯이 2004년과 2005년에 언론중재위원회에 의해 피해구제 보도가 이루어진 건수는 각각 484건과 385건이다. 이 건수는 피해구제신청 건수 가운데서 기사의 정확성이나 균형성에 문제가 있다고 인정되어 정정 보도나 반론 보도 등이 이루어진 사례들이다. 따라서 모두 869건이 본 분석의 모집단이 된다. 〈표 20〉을 보면 피해구제 보도 유형에서 반론 보도가 약 65%를 차지하고 있으며, 그 다음이 정정 보도로 약 18%로 나타났다. 2005년 「연차보고서」에는 이 같은 분석표가 제시되지 않고 〈표 21〉만 게재되어 있다. 〈표 21〉에서 '합의' 또는 '직권조정' 건수가 피해구제 보도 건수라고 할 수 있다.

이 869건 가운데서 20%를 체계적 무작위표본추출방법에 따라 표본을 추출한 결과 2004년의 경우 95건(19.6%), 2005년의 경우 76건(19.7%)이 뽑혔다. 표본은 2004년과 2005년 「연차보고서」에 실린 항목을 대상으로 5건마다 한 건씩 추출했다. 표본추출결과 표본 가운데서 2004년의 경우 반론

〈표 20〉 매체유형별 피해구제 보도의 내용

단위: 5점 척도 평균

구분 / 매체유형		신청 건수	보도 건수(보도율)	피해구제보도내용								
				반론 보도	반론 및 사과 보도	반론 및 PR 보도	정정 보도	정정 및 사과 보도	정정 및 반론 보도	추후 보도	PR 보도	기타
신문	중앙일간지	324	235 (72.5)	171		2	31	2	4	12	10	3
	지방일간지	125	86 (68.8)	46			24	2	2	9	3	
	주간신문	103	64 (62.1)	41			19			2	1	1
방송	TV	155	67 (43.2)	40	1	4	8	1		7	3	3
	라디오	6	4 (66.7)	4								
	CAT	15	9 (60.0)	5			2			2		
잡지		19	11 (57.9)	7			2	2				
통신		10	7 (70.0)	2			1			4		
기타		2	1 (50.0)				1					
계		759	484 (63.8)	316(65.3)	1(0.2)	6(1.2)	88(18.2)	7(1.4)	8(1.7)	35(7.2)	17(3.5)	6(1.2)

출처: 언론중재위원회(2004) 연차보고서

〈표 21〉 매체유형별 처리결과

( )안은 %

매체유형 \ 처리결과		신청건수	합 의	직권조정	조정 불성립 결정	기각 결정	각하	취하
신문	중앙일간지	301	113(37.5)	17(5.7)	55(18.3)	10(3.3)	1(0.3)	105(34.9)
	지방일간지	191	70(36.6)	2(1.1)	32(16.8)	1(0.5)	4(2.1)	82(42.9)
	주간신문	113	54(47.8)	4(3.5)	26(23.0)		1(0.9)	28(24.8)
방송	TV	148	50(33.8)	18(12.2)	30(20.2)	7(4.7)	1(0.7)	42(28.4)
	라디오	3		2(66.7)	1(33.3)			
	CATV	23	8(34.8)		7(30.4)			8(34.8)
잡 지		37	17(46.0)	6(16.2)	11(29.7)			3(8.1)
통 신		18	6(33.3)		6(33.3)	1(5.6)	2(11.1)	3(16.7)
인터넷신문		48	15(31.2)	2(4.2)	13(27.1)		6(12.5)	12(25.0)
기 타			1	1(100.0)				
계		883	334(37.8)	51(5.8)	181(20.5)	19(2.2)	15(1.7)	283(32.0)

출처: 언론중재위원회(2005) 연차보고서

보도청구 건수가 62건(65.2%), 정정 보도청구 건수가 20건(21.1%), 추후 보도청구 건수가 10건(10.5%) 등으로 나타났다. 2005년의 경우에는 반론 보도청구 건수가 29건(35.4%), 정정 보도청구 건수가 53건(64.6%)으로 나타나 2004년도의 청구 건수와 대조된다.

한편 예비조사를 통해 분석유목을 설정해 본 결과 위배유형으로 ① 오보, ② 반론 보도, ③ PR기사 보도 등 3가지를 정하는 것이 타당하다는 결론을 얻었다. 기사가 개인이나 집단의 이미지에 미치는 영향을 추론해 보기 위해 긍정 · 중립 · 부정의 범주를 또 다른 분석유목으로 정하려 시도했으나 분석대상의 모든 기사가 피해구제와 연관된 것이므로 '부정' 이외의 다른 이미지는 현실적으로 존재하지 않았다.

2) 분석결과

표본으로 뽑힌 171건의 기사를 분석한 결과가 〈표 22〉이다. 〈표 22〉를 보면 반론이 가장 많아 107건(62.6%)이었고, 그 다음이 오보 61건(35.6%)으로 나타났다.

이 분석결과에서 한 가지 유의할 점은 반론 보도의 경우 모두가 피해구제 신청자가 주장하는 '옳은 사실'이었다는 것이다. 즉, 신청자는 언론사를 상대로 자신들이 생각하기에 '오보'의 정정을 요구했으나 언론사측이 자신들의 기사 내용에 잘못이 없으므로 정정 보도를 못해 주겠다는 입장을 고수한 까닭에 신청자가 반론의 형식을 빌려 자신들이 주장하는 '사실'(fact)을 밝힌 경우가 전부였다. 따라서 서로 상반되는 의견이나 이해관계에 대한 불균형 보도에 따른 반론 보도는 없었다. 그 결과 말하자면 모든 피해구제 보도는 보도유형이 어떻든 상관없이 '오보'에 대한 정정 보도의 성격이었다.

〈표 22〉 피해구제 보도의 원인분석

( )안은 %

보도유형 \ 위배유형	오보	반론	PR	계
반론 보도	7	81		88(51.5)
정정 보도	42	26		68(39.7)
추후 보도	12			12(7.0)
기 타			3	3(1.8)
계	61(35.6)	107(62.6)	3(1.8)	171(100)

이상과 같은 분석결과와 함께 정정 보도, 반론 보도, 추후 보도 및 기각된 사례들을 예시해 보면 다음과 같다.

사례 1 정정 보도

전남 영암군과 투자양해각서를 체결한 신청인 회사가 땅 투기만 일삼아 지역 참여업체가 부도위기를 맞고 있다는 보도는 사실이 아니다(정정 보도).

사건번호: 2005서울중재59

청구명: 정정 보도청구

신청인: 주식회사 ○○○종합레저(대표이사 김 ○○)

피신청인: 한국일보

중재부: 서울제5중재부

접수일: 2005. 3. 8.

처리결과: 합의

보도 내용

한국일보: "눈 뜨고 사기당한 영암군" 제하의 기사(2005년 3월 3일자 12면)

내용: 전남 영암군과 대규모 투자양해각서(MOU)를 체결한 업체가 정작 땅 투기만 일삼아 지역 참여업체가 부도위기를 맞고 있다.

2일 영암군에 따르면 군은 2003년 6월 서울에 본사를 둔 ㅇ종합레저와 250억 원 규모의 투자양해각서를 체결했다.

이 회사는 2003년부터 2005년 말까지 사업비 250억 원을 들여 영암군 학산면 상월리 6만여 평에 500명을 수용하는 지하 1층 지상 6층 규모의 유스호스텔과 온천욕장, 번지점프장, 수상골프연습장, 과학랜드 등을 조성키로 했다.

이 회사는 이를 위해 같은 해 9월 2만 평 규모의 옛 선일랜드를 45억 원에 인수키로 하는 등 대규모 위락시설을 조성한다며 기공식과 사업설명회를 개최했다. 이 자리에는 전남도 행정부지사와 군수 등 기관 단체장과 정치인은 물론 전국에서 투자자가 몰려들었다.

하지만 이 회사는 6만여 평의 임야를 비교적 저렴한 가격에 사들인 뒤 이를 외지 투자자들에게 높은 가격으로 되팔아 수십 억 원의 부당이익을 챙긴 것으로 알려졌다.

선일랜드 김모(51) 씨는 "이들이 임야를 평당 1만 7,500원에 매입키로 하고 계약금만 치른 채 인천과 광주 등 투자자 12명에게 8만~12만 원에 미등기 전매해 수십 억 원의 이익을 챙긴 것으로 안다"라며 "이들은 선일랜드에 지급해야 할 17억 원 중 8억 원만 지불하고 재산권을 행사하고 있어 법적 소송을 준비 중이다"라고 주장했다.

특히 이 회사는 사업추진이 중단된 상태에서 2004년 6월 군 및 전남도에 100억 원이 투자 되는 등 공정이 30%가 넘었다고 허위 보고했다.

그러나 군은 사업 공정은 물론 리조트 부지가 팔린 사실조차 모르고 있었던 것으로 밝혀져 비난을 자초하고 있다.

이처럼 사업이 불투명해지면서 대전의 건설업체 A사는 4,000만 원만 날리고 공사 포기 각서를 제출했고 다른 하도급업체 10개도 수십 억 원에 달하는 공사비를 받지 못하면서 근로자들에게 인건비를 지급하지 못해 고발당하는 등 부도 위기를 맞고 있다. (후략)

신청인이 요구한 정정 보도문

본지가 지난 2005년 3월 3일자 12면에 "눈뜨고 사기당한 영암군" 제하의 기사에서 ㅇ종합레저가 땅 투기만 일삼아 지역참여업체가 부도위기를 맞고 있으며, 선일랜드 매매대금을 지불치 아니하고 재산권 행사를 하고 있고 외부 투자자를 모집하여 6만여 평의 임야를 미등기 전매해 수십 억 원의 부당이익을 챙겼다고 보도하였으나, 사실 확인결과 ㅇ종합레저와 전남 영암군이 투자양해각서를 체결한 것은 사실이나, 그 외에 나머지 보도는 사실이 아닌 것으로 밝혀져 바로잡습니다.

합의사항

· 제목: 정정 보도문

· 내용: 본지는 3월 3일자 12면 "눈뜨고 사기당한 영암군" 제하의 기사에서

ㅇ종합레저가 영암군과 레저시설조성투자양해각서를 체결하여 임야를 싸게 사들인 뒤 외지 투자자들에게 비싸게 되팔아 부당이익을 챙겼으며, 신청인 회사와 하도급 계약을 맺은 지역업체들이 부도 위기를 맞고 있다고 보도한 바 있습니다.

그러나 사실 확인결과, ㅇ종합레저는 사업부지를 전매하거나 투자자를 모집한 바 없고 현재 사업은 추진중이며, ㅇ종합레저와 하도급계약을 체결한 지역업체 중 부도 위기를 맞은 기업은 없는 것으로 밝혀졌습니다.

• 피신청인은 위 보도문을 한국일보 광주 · 전남 북면 우측 상단에 상자기사로 3월 25일까지 보도한다.

합의사항 이행결과

한국일보: "정정 보도문" 제하의 기사(2005년 3월 23일자 12면)

내용: 〈합의사항 참조〉

사례 2 반론 보도

신청인들이 투자자들에게 분양권이 없는 부동산을 분양권이 있는 것처럼 속여 판매하고 있다는 보도는 사실이 아니다(반론 보도).

사건번호: 2005서울중재69

청구명: 반론 보도청구

신청인: 1. 강 ○ ○

2. 주식회사 ○○○○○ (대표이사 전 ○ ○)

피신청인: YTN

중재부: 서울제1중재부

접수일: 2005. 3. 15.

처리결과: 합의

보도 내용

YTN: 「YTN 24」 프로그램(2005년 3월 7일 09:00)

내용:

—앵커: YTN 8585 오늘은 재개발 열풍을 등에 업고 극성을 부리고 있는 사기성 분양실태를 고발합니다. 지난해 8조 원에 가까운 청약금이 몰려 과열을 빚었던 서울 용산 시티파크 기억하실 겁니다. 이 같은 열풍을 타고 시티파크가 들어설 인근지역도 곧 재개발될 계획인데 엉터리 정보를 흘리며 선량한 시민들을 울리고 있습니다.

—기자: 도심 재개발이 한창인 서울 용산역 주변입니다. 높다란 크레인이 도심 곳곳에 설치되어 곧 고층 건물이 들어설 것이라는 것을 짐작게 합니다. 건설경기가 어렵다고 하지만 이곳은 남의 일 같아 보입니다. 재개발 소식과 함께 땅값은 천장부지로 치솟고 있습니다. 부동산 업체에 얼마를 투자하면 아파트 분양권을 받을 수 있는지 물어봤습니다.

—투기 부동산업자: 최소 3억 원부터입니다.

—기자: 3억 원이면 몇 평을 살 수 있습니까?

—투기 부동산업자: 2.5평에서 3평 정도… 최소 평수 50평을 받을 수 있죠.

—기자: 43살 이모 씨도 이 같은 말을 듣고 투자했습니다.

—이모 씨: "그러니까 지분을 조금만 투자해도 이익이 많이 나고, 조금 투자해서 아파트를 받을 수 있고, 평형도 여러 가지 있으니까 받을 수 있다고 해서 산 겁니다"

—기자: 정말 땅 3평 정도만 사면 50평대 아파트 분양권을 받을 수 있는 것일까? 확인결과 그렇지 않았습니다.

—기자: 어떻게 이런 일이 가능했을까?

재개발 열풍을 이용해 한 몫 챙기려는 한 건물주의 욕심에서 비롯됐습니다. 이곳의 1평 시세는 2천 5백만 원에서 3천만 원 정도!

이 건물주와 투기 부동산 업자는 310평가량의 5층짜리 건물 소유권을 백여개로 쪼갰습니다. 이렇게 해서 아파트 분양권을 받을 수 있다며 1평에 1억 원이 넘는 돈을 받았습니다. 시세보다 서너 배 비싸게 투자자를 끌어들인 것입니다.
(중략)

관할 구청도 투기꾼이 설칠 수 있게 수수방관했습니다. 재개발예정지역으로 공람이 되면 건축물을 분할할 수 없는데도 버젓이 허가를 내준 것입니다.

—정○○(용산구청 담당공무원): 문제는 좀 있을 것 같습니다. 저희가 단속을 강화해야죠.

—기자: 구청에서 어떻게 하겠다는 겁니까?

—정○○(용산구청 담당공무원): 국세청하고 협조하든지 구청 세무 부서하고 협조하든지…

—기자: 이러는 사이 사기성 분양은 계속되고 있습니다.

—투기 부동산업자: 일반 분양이 2천만 원 정도 예상하는데 조합원 분양은 좀 더 떨어집니다. 천 2백만 원 정도 예상하고 있습니다.

—기자: 투기꾼들은 분양권 받는 것을 마치 로또 당첨과 같은 것이라고 부추기며 각종 편법과 탈법을 일삼고 있습니다.

신청인이 요구한 반론 보도문

YTN 방송이 지난 2005년 3월 7일 09:00 「YTN 24」 프로그램에서 "용산 재개발 사기성분양 극성"이라는 제목으로 '건물주와 부동산업자가 310평가량의 5층짜리 건물의 소유권을 백여 개로 쪼갰으며, 대지 지분 9평 미만은 아파트 분양권을 받을 수 없는데도 9평 미만으로 쪼개진 대지지분으로 팔면서 아파트 분양권을 받을 수 있다고 투자자를 속여 주위 부동산 시세의 서너 배를 받고 있고, 관할구청도 건축물을 분할할 수 없는데도 버젓이 허가를 내주어 사기성 분양은 계속되고 있으며, 이들은 분양권을 받은 것을 마치 로또 당첨과 같은 것이라고 부추기며 각종 편법과 탈법을 일삼고 있다'라는 내용의 보도를 한 바 있습니다.

그러나 사실 확인결과, 위 주상복합건물은 신축 당시부터 상가 및 아파트로 구분 등기된 건물이기 때문에 신축되는 상가를 분양받을 권리가 있다고 밝혀

왔습니다.

합의사항

· 제목: 반론 보도

· 내용: YTN이 지난 3월 7일에 방영한 "용산 재개발 사기성분양 극성"이란 보도에 대하여, 강○○ 씨와 주식회사 ○○○○○(대표이사 전○○)는 관할구청의 확인을 받아 주상복합건물을 구분 등기하였고 그 구분 소유권을 매수한 사람은 권리를 인정받을 수 있다고 밝혀 왔습니다.

· 피신청인은 위 보도문을 피신청인이 운영하는 YTN 2005년 4월 2일 ~20:00 「YTN 24」 프로그램 시간에 진행자의 멘트로 처리한다.

이행결과

YTN: 「YTN 24」 프로그램(2005년 4월 2일자 19:00)

내용: 〈합의사항 참조〉

사례 3 추후 보도

건설교통부가 건교부 출신 고위 공무원을 산하기관장으로 내정했다는 보도는 사실이 아니다(반론 보도).

사건번호: 2005서울중재68

청구명: 정정 보도청구

신청인: 건설교통부(장관 강동석)

피신청인: 서울경제

중재부: 서울제5중재부

접수일: 2005. 3. 11.

처리결과: 취하

보도 내용

서울경제: "건교부 낙하산 인사 곤란" 제하의 기사(2005년 2월 24일자 23면)

내용: 건설교통부 산하기관장은 건교부 퇴직 간부 몫?

건설교통부 출신 고위 공무원들이 최근 잇달아 산하기관장으로 내정된 것으로 알려지면서 낙하산 인사논란이 재현되고 있다. 이들 건교부 출신 고위 공무원들은 기관장 후보로 공모에 참가해 유력한 후보 중 한 사람으로 꼽히고 있지만 사실상 이미 내정됐다는 소문이 파다해 국회와 노조 등으로부터 따가운 눈총을 받고 있다.

낙하산 인사 논란이 일고 있는 건교부 산하기관은 인천공항공사와 대한주택보증 인천공항공사는 지난 2일 사장 공모를 신청한 12명 중 3명의 후보를 선정, 이들을 대상으로 23일 면접을 실시했다. 압축된 후보는 최재덕 전 건교부 차관과 유한규 · 이필원 전 공사 부사장이지만 건교부와 공사 안팎에서는 최 차관의 신임 사장을 기정사실화하는 분위기다. 경력으로 따져봤을 때 최 전 차관이 사장으로 가장 유력시되고 있으나 항공분야의 문외한이라는 점에서 전문성이 떨어진다는 지적이다. 나머지 2명의 후보도 건교부 고위공무원 출신이어서 낙하산 논란에서 자유로울 수 없는 상황이다.

이와 관련, 공항공사 노조는 지난 22일 "낙하산 인사에 대해 반대한다"는 성명을 내고 "낙하산 인사는 경영논리에 따른 기업 운영보다는 상급기관과 정치권의 눈치 보기로 이어져 경영부실을 초래하고 결국 국민 피해를 낳는다"며 "개혁 역행인사에 대해 적극 저지하겠다"라고 강력 반발하고 있다.

권오창 사장 후임을 인선중인 대한주택보증도 낙하산 인사 논란이 불거지고 있다. 지난 15일 사장 후보자를 마감한 결과 총 10명이 응모한 가운데 3명이 최종 후보에 오른 상태. 그러나 신임 사장에는 박성표 전 건교부 기획관리실장이 사실상 확정 단계에 들어갔다는 관측이다. 박성표 전 기획관리실장은 경남 밀양 출신으로 문재인 청와대 민정수석과 경남고 동문이다.

이에 앞서 지난해 12월 한국감정원의 수장으로 임명된 장동규 원장(전 건교부 기획관리실장)도 청와대 인사 개입설이 국회에서 제기돼 낙하산 인사시비가 일었다.

신청인이 요구한 정정 보도문

본보는 2월 24일자 "건교부 낙하산 인사 곤란" 제하의 기사에서 "건설교통부 산하기관장에 건설교통부 출신 고위 공무원들이 잇달아 내정되면서 낙하산 인사가 재현되고 있다"라는 보도를 한 바 있습니다.

그러나 산하기관장의 사장 선임절차 등을 정확히 알아본 결과 관계법령 등에 따라 적법한 절차를 거치고 있으며, 특히 공모 절차를 거쳐 응모한 사람들의 엄격한 서류심사 및 면접심사를 거쳐 사장 후보 추천자를 결정하고 있었습니다.

따라서 보도된 내용은 사실과 다르므로 바로잡습니다.

취하 후 보도문

서울경제: "반론 보도문" 제하의 기사(2005년 3월 17일자 23면)

내용: 본지 2월 24일자 23면 "건교부 낙하산 인사 곤란" 제하의 기사에 대해 건설교통부는 "인천국제공항공사 사장의 선임은 '공기업의 경영구조 개선 및 민영화에 관한 법률 제11조'와 '인천국제공항공사 정관 제35조'의 규정에 따라 사장추천위원회를 구성해 사장 공모절차를 거쳐 응모자에 대한 서류심사 및 면접심사를 거쳐 최고 적격자를 사장 추천 후보로 결정하고 있다"며 "정부가 사장 추천위원회에 특정인을 사장 후보로 결정하라는 의견을 제시할 수 없는 상황이므로 산하기관장 선임에 정부의 개입은 절대 있을 수 없는 일"이라고 밝혀왔습니다.

건교부는 또 대한주택보증(주) 사장 선임과 관련해서도 낙하산 인사가 발생할 수 없으며 장동규 한국감정원장 선임과 관련한 청와대 인사 개입설은 사실과 전혀 다르다고 주장했습니다.

사례 4 기각

신종 산업재해인 근골격계 질환 판정이 남발되어 엉터리 환자가 많다는 보도는 사실이 아니다

사건번호: 2005서울중재71

청구명: 반론 보도청구

신청인: (사)전국산업재해인총협회(대표자 양 동 권)

피신청인: 중앙일보

중재부: 서울제2중재부

접수일: 2005. 3. 18.

처리결과: 기각

보도 내용

중앙일보: "근골격계 질환 엉터리 산재 환자 많다" 제하의 기사(2005년 2월 23일자 1면)

내용: (전략)

신종 산업재해인 근골격계 질환 판정이 남발되고 있다. 이 질환은 정밀검사를 하지 않고는 전문의들도 판단하기 어려운 병이다. 일부 병원과 근로자들은 이 점을 악용하고 있다. 근로자들은 근골격계 판정을 받을 경우 병원에서 쉬면서 급여의 70%(일부 기업은 100%)를 받을 수 있다. 이 때문에 가벼운 증상에도 입원치료를 원하기도 한다.

상당수의 병원은 증세가 심하지 않더라도 근로자의 요구대로 근골격계 환자 진단서를 발급해 준다. 환자의 증세가 심하지 않은 경우 입원하더라도 병원측은 관리를 제대로 하지 않는다. 전남 목포시에 있는 한 병원은 근골격계 질환으로 입원한 환자의, 무단외출, 병원 내 음주를 묵인하거나 진료비를 실제보다 많이 청구했다가 지난달 근로복지공단에 적발됐다.

그러나 엉터리 환자를 적발하기란 쉽지 않다. 노동연구원에 따르면 일단 병원에서 근골격계 질환 진단을 받고 근로복지공단에 산업재해 신청을 하면 대부분이 산재를 인정받는다. 2004년의 승인율은 93.7%였다. 8명에 불과한 공단의 산재 판정 담당 전문의가 연간 4,000여 건의 병원 진단이 정확한 것인지 판단하기란 사실상 불가능하다는 게 공단측의 설명이다.

우리나라와 비슷한 산재제도를 운영하는 독일은 병원에서 근골격계 진단을 받은 환자의 2%(1999년)만이 산재로 인정받는다. 700명의 산재 판정 전문의가 빈틈없이 가려내기 때문이다. (후략)

신청인이 요구한 반론 보도문

본지가 지난 2005년 2월 23일자 1면에서 "근골격계 질환 엉터리 산재 환자 많다"라는 제하의 기사에서, 일부 병원에서 정밀검사를 하지 않고서는 근골격계 질환 여부를 진단하기 어렵다는 점을 악용한, 일부 근로자가 일단 병원에서 근골격계 질환의 진단을 받고 근로복지공단에 산업재해신청을 하면, 대부분(93.7%) 산재로 인정받아 병원에서 쉬면서 급여의 70%를 지급받을 수 있음에도 이를 사전에 방지할 수 있는 판정전문의사가 근로복지공단에 단 8명에 불과해, 병원 진단의 정확성 여부의 판단이 불가능하기 때문에 문제라는 내용의 보도를 한 바 있습니다.

이에 대해 사단법인 전국산업재해인총협회는 설령 근골격계 질환을 확진할 수 있는 고가의 특수 정밀진단검사장비(MRI · EMG · DITI 등)가 설치되어 있지 아니한 대부분의 병 · 의원에서 의학적 검사와 문진 등에 의한 임상적 추정 진단을 받아 근로복지공단에 산재요양신청을 해 보았자 근로복지공단이 스스로 위촉한 의학적 '소견자문의사', '자문의사협회', '특별진찰', '한국산업안전공단의 의학적 자문의뢰' 등을 거친 충분한 의학적 소견과 산재근로자의 작업방법과 작업자세 및 작업환경 전반에 걸친 재해 조사 복명서의 내용이 일치하지 아니하면, 절대로 산업재해가 인정되지 않고 이를 판정할 위촉자문의사 또한 8명이 아니라, 근로복지공단에 200여 명이나 확보되어 있어 엉터리 산재환자가 발생할 여지는 거의 없으며 오히려 근골격계 질환에 대한 업무기인성의 입증책임부담으로 인해 산업재해로 인정되는 사례는 미미한 사례보다 근골격계 질환에 대한 구체적인 업무상 질병의 인정기준이 마련되어 있지 않아, 업무상 질병으로 인정받지 못한 사례가 더 많아, 심지어 1년에 수 십 건의 자살사건까지 발생하고 있다는 주장입니다.

결정문

사건: 2005서울중재71 반론 보도청구

신청인: 사단법인 전국산업재해인총협회

서울시 중랑구 망우2동 515-44

대표자 양동권

피신청인: 주식회사 중앙일보사

서울 중구 순화동 7

대표이사 송필호

주 문: 신청인의 신청을 기각한다.

신청취지: 피신청인은 그 발생의 중앙일보에 별지 반론 보도문을 게재하라.

이유:

1. 신청인의 주장

피 신청인이 그 발행의 중앙일보 2005. 2. 23자 1면 "근골격계 질환 엉터리 산재 환자 많다" 제하의 기사에서, 근로자들은 근골격계 판정을 받을 경우 병원에서 쉬면서 급여의 70%(일부 기업은 100%)를 받을 수 있고, 일단 병원에서 근골격계 질환 진단을 받고 산재신청을 하면 대부분(93.7%)이 산재를 인정받으며, 근로복지공단의 산재 판정 담당전문의가 8명에 불과해 병원 진단의 정확성 여부를 판단하기에 사실상 불가능하다고 보도하였다. 이에 대하여 신청인은, 근골격계 질환자의 산재인정은 병원의 진단이 정확하고 또한 업무기인성이 있다고 판정되어야만 성립되는 것이고, 이를 판정할 위촉 자문의사가 근로복지공단에서 200여 명을 확보하고 있어 엉터리 산재환자가 발생할 수 없으며, 근골격계 질환의 산재환자는 입원기간 동안 재활치료 등을 받는 것이지 그냥 쉬는 것이 아니라면서, 그 반론 보도를 구하고 있다.

2. 판단

반론 보도청구는 정기간행물에 공표된 사실적 주장에 의하여 피해를 받은 자에 대하여만 인정되고(정기간행물 등에 관한 법률 제16조 제1항), 여기서 말하는 '피해를 받은 자'란 그 보도 내용에서 지명되거나 그 보도 내용과 개별적 연관성이 있음이 명백히 인정되는 자로서 자기의 인격적 법익이 침해되었음을 주장하는 자를 말하고, 이러한 청구권자가 반론 내지 반박을 제기할 정당한 이익이 있어야만 반론 보도청구가 인용될 것인데, 산재환자 또는 산재신청을 하고 산재판정을 기다리고 있는 근로자들을 회원으로 하여 설립된 단체인 신청인은, 비록 일부 엉터리 산재환자를 언급하기는 하였지만 전체적으로 근골격계 질환에 대한 산재인정의 제도적 문제점을 고발하는 중재대상 보도와 사이에 직접적인 연관성은 물론 간접적인 연관성도 가지고 있지 아니하다. 또한, 중재대상 보도에서 언급된 통계수치는 노동연구원 및 근로복지공단의 공식적인 자료에 의한 것이고, 입원하여 쉬는 것도 요양의 한 내용에 들어가는 점에 비추어 근골격계 산재환자가 입원기간 동안 쉬고만 있는 것인지 아니면 재활치료 등을 받기도 하는 것인지 여부는 지엽·말단적이거나 사소한 사항에 불과하고, 근로복지공단 소속의 상근 판정 전문의사가 8명에 불과하다는 원문 보도 내용에 대하여 위촉 자문의사가 200여 명이라고 반론해 달라는 것은 반박을 명백하게 전달하는 데 필요한 설명의 한도를 넘어 보충적·추가적 진술이어서, 결국 신청인은 반론 보도청구권을 행사할 만한 정당한 이익이 없거나 위 법 16조 4항 전단에 해당한다고 할 수 없다.

3. 결론

따라서, 신청인의 신청은 이유 없어 기각하기로 하여 위 법 제16조, 언론중재규칙 제7조의 규정에 의해 주문과 같이 결정한다.

3) 오보의 원인

그렇다면 오보의 원인은 무엇일까? 강명구(2001)의 언론학자와 언론인을 대상으로 조사한 오보의 원인을 보여 주는 것이 〈표 23〉과 〈표 24〉이다.

〈표 23〉을 보면 언론학자들은 '오보'의 가장 큰 원인으로 '기자의 부주

〈표 23〉 오보의 가장 큰 원인(언론학자 대상)

오보의 가장 큰 원인	빈도	비율(%)
기자의 부주의(사실의 미확인 또는 불충분한 취재)	95	50.5
기자의 고의적인 조작	4	2.1
정보원측의 실수	1	.5
정보원측의 고의에 의한 부정확한 정보제공	3	1.6
마감시간에 따른 압박감	5	2.7
언론사간의 지나친 경쟁	34	18.1
기자의 전문성 결여	45	23.9
기타	1	.5
계	188	100

출처: 강명구(2001), 130

〈표 24〉 오보의 가장 큰 원인(언론인 대상)

오보의 가장 큰 원인	빈도	비율(%)
기자의 부주의	172	22.4
사실의 미확인 또는 불충분한 취재	435	56.6
기자의 고의적인 조작	8	1.0
정보원측의 실수	17	2.2
정보원측의 고의에 의한 부정확한 정보제공	24	3.1
마감시간에 따른 압박감	37	4.8
언론사간의 지나친 경쟁	69	9.0
데스크의 과도한 지시	6	0.8
계	768	100

출처: 한국언론재단(2001), 「한국의 언론인」.

의'(사실의 미확인 또는 불충분한 취재)(50.5%)를 들고 있다. 그 다음으로 '기자의 전문성 결여'(23.9%)와 '언론사간의 지나친 경쟁'(18.1%)을 지적했다. 언론인을 대상으로 실시된 조사는 언론학자를 대상으로 한 조사와 별개로 진행된 결과 응답항목이 서로 달라 응답결과를 수평적으로 비교하는 것은 무리이지만 〈표 24〉에서 보듯이 언론인들의 절대다수(79.0%)가 '기자의 부주의'와 '사실의 미확인 또는 불충분한 취재'를 오보의 가장 큰 원인으로 지적하고 있는 것은 언론학자들의 이견과 일치하는 것이라 하겠다. 참고로 한국언론재단이 전국 신문 · 방송기자들을 대상으로 실시한 「한국의 언론인 2005」 조사보고서에 따르면 기자들은 오보의 가장 큰 원인으로 ① 사실의 미확인 또는 불충분한 취재(61.9%), ② 기자의 부주의(18.1%)를 들고 있다. 이 두 가지 원인을 합치면 80%에 이른다(p.107). 이 같은 응답결과는 2001년의 조사결과와 같다

한편 독자들은 신문 보도에서 얼마나 자주 오류를 발견하고 있을까? 김세은(2003)의 조사결과에 따르면 '오탈자(誤脫字)나 맞춤법'이 틀린 것을 "전혀 발견하지 못한다"는 응답과 "드물게라도" 발견한다는 등 발견한다고 응답한 비율이 반반으로 나타났다. '잘못된 이름 · 지명 · 설명' 등이 틀린 것은 "전혀 발견하지 못한다"라는 응답률은 58.9%였고 나머지 약 41%는 발견한다는 응답을 보였다. '오보'의 경우도 비슷한 응답결과를 나타냈다(〈표 25〉 참조).

김재은은 이 같은 조사결과와 신뢰도와의 상관관계를 검증했다. 그는

〈표 25〉 오류 발견 빈도(%)

	전혀 발견 못함	드물게 발견	가끔 발견	자주 발견	매우 자주 발견	합계
오탈자/맞춤법	394(49.1)	300(37.4)	94(11.7)	11(1.4)	4(0.5)	803(100.0)
잘못된 이름/지명/설명	473(58.9)	249(31.0)	68(8.5)	10(1.2)	3(0.4)	803(100.0)
오보	468(58.3)	244(30.4)	72(9.0)	13(1.6)	6(0.7)	803(100.0)

출처: 김재은(2003), 87.

오류 발견과 관련된 위 두 개 문항의 합산 · 평균값과 신뢰도와의 관계를 검증한 결과 오류 발견은 독자가 보는 신문의 신뢰도와 역의 상관관계에 있었으며, 언론 전반 신뢰도와는 유의미한 관계가 없었다. 이 같은 검증결과는 독자 자신이 주로 보는 신문에서 오류를 자주 발견할수록 그 신문에 대한 신뢰도는 떨어진다는 것을 의미하는 것이다.

〈표 26〉 언론의 인권침해 혹은 사생활 침해 사례 정도

	빈도	비율(%)
매우 많다	46	24.6
많은 편이다	120	64.2
그저 그렇다	19	10.2
적은 편이다	2	1.1
거의 없다	0	0
계	187	100

4) 기본권 침해의 원인

앞에서 살펴본 오보는 개인이나 집단의 기본권 침해(명예훼손 · 신용훼손 · 사생활 침해 등)와 직결되는 경우가 많을 뿐 아니라 언론의 기본권 침해는 바로 언론에 대한 신뢰도 하락을 초래하게 된다. 그렇다면 우리나라 언론은 얼마나 기본권을 침해하고 있는 것일까? 언론중재위원회의 2001년 「연차보고서」에 따르면 피해구제 총 신청 건수 759건 가운데서 명예훼손이 718건, 94.6%로 압도적으로 많았으며, 그 다음이 신용훼손 39건, 5.1%, 기타 2건, 0.3%로 나타났다.

이 같은 명예훼손과 같은 언론에 의한 기본권 침해에 대해 언론학자들은 어떻게 생각하고 있을까? 강명구(2001, 131, 158)의 조사연구에 따르면 언론학자들의 64.2%는 언론의 기본권 침해가 '많은 편'이라고 응답했으며, 24.6%는 매우 많다고 했다. 따라서 언론학자들의 절대다수는 우리 언

론의 기본권 침해가 많다(88.8%)고 판단하고 있는 것이다(〈표 26〉 참조). 참고로 한국언론재단이 전국 신문 · 방송기자를 대상으로 실시한 「한국의 언론인 2005」조사보고서에 따르면 언론인들은 언론 보도로 인한 인권침해 정도가 "보통이다"(39.1%), "많은 편이다"(37.6%), "적은 편이다"(16.5%)라고 보고 있는 것으로 나타났다

〈표 27〉 우리나라 언론의 인권침해 혹은 사생활 침해 사례 정도

	빈도	비율(%)
매우 많다	98	12.6
많은 편이다	425	54.8
그저 그렇다	199	25.6
적은 편이다	49	6.3
거의 없다	5	.6
계	776	100

출처: 한국언론재단(2001), 「한국의 언론인」.

한편 언론의 기본권 침해정도에 대한 언론인들의 의견은 언론학자들의 경우와는 차이가 난다. 〈표 27〉을 보면 언론의 기본권 침해가 '많은 편'이라고 응답한 언론인들은 54.8%, "매우 많다"는 응답은 12.6%였다. 따라서 언론인들의 67.4%가 언론의 기본권 침해가 많다고 응답한 것이다. 이 같은 응답결과는 언론학자들과 약 27%의 격차를 보이고 있다. 그렇지만 언론인들의 다수는 역시 언론의 기본권 침해 빈도가 많다는 데 동의하고 있는 것이다.

그렇다면 언론의 기본권 침해가 빈번하게 일어나고 있는 원인은 무엇일까? 언론학자들과 언론인들의 의견을 비교해 본 것이 〈표 28〉이다. 〈표 28〉을 보면 언론의 기본권 침해의 원인에 대한 두 집단 사이의 시각 차이가 선명하게 드러난다. 언론학자들은 원인으로 ① 언론인의 윤리의식의 결여(64.9%), ② 언론사간의 지나친 경쟁(21.3%), ③ 언론인의 전문성 부족

〈표 28〉 언론의 기본권 침해 원인에 대한 언론학자와 언론인의 평가 비교(단위: %)

언론의 기본권 침해 원인	언론학자	언론인
언론사간의 지나친 경쟁	21.3	41.2
마감시간, 지면, 방송시간을 채워야 하는 제작상의 압박	1.1	16.0
언론인의 전문성 부족	11.7	13.5
언론인의 윤리의식 결여	64.9	17.6
뉴스원의 부실한 정보제공이나 정보제공 거부	.5	10.8
기타	.5	.9
계	100	100

출처: 강명구(2001), 158

(11.7%) 등을 지적하고 있는 데 비해 언론인들은 ① 언론사간의 지나친 경쟁(41.2%), ② 언론인의 윤리의식의 결여(17.6%), ③ 마감시간 등 제작상의 압박(16.0%) 등을 주된 원인으로 꼽고 있는 것이다. 이 같은 시각의 차이는 대학과 언론현장 사이의 차이를 반영하는 것이라 하겠다.

IV. 결론

지금까지 분석한 결과들을 종합해 보면 언론의 보도로 인해 사회의 신뢰구조에 부정적 영향을 준다면 그 원인은 언론의 부정확성 때문이라고 할 수 있다. 이른바 '오보'로 인해 개인이나 집단 또는 기업이나 공공기관의 명예가 훼손되고 신용훼손은 물론 그 결과로 회복하기 어려운 피해를 보게 된다. 그 같은 피해는 피해 당사자의 문제로 국한되는 것이 아니라 우리 사회의 신뢰구조를 훼손하게 되어 불신이 만연하게 된다. 그러한 전형적인 사례로 '만두파동'을 들 수 있다. 언론의 무분별한 보도가 초래한 '만두파동'은 건전한 만두생산업마저 피해를 보게 만들었다. 언론의 잘못된 보도가 사회의 불신을 초래하게 되는 좋은 본보기라 할 수 있다.

이같이 사회의 불신풍조를 초래하는 언론의 '오보'는 여러 조사보고서에 나타나 있듯이 거의 대부분이 기자들 자신에게 원인이 있다. 기자들이 사실을 확인하지 않거나 불충분한 취재를 하는 까닭에 '오보'가 발생하며, 기자의 부주의 또한 '오보'의 원인이 된다. 이 문제는 한국 언론의 질적 수준과 직결된다. 언론이 정확성을 생명으로 삼고 논쟁적인 사안에 대해 균형 있는 보도를 해야만 한국 사회의 신뢰구조가 더욱 공고해질 것이다.

이 연구는 사례분석이므로 연구결과를 일반화시킬 수 없는 한계를 지닐 수밖에 없다. 또한 커뮤니케이션의 내용분석이 일반적으로 지니고 있는 한계를 이 연구도 벗어날 수 없다. 그것은 내용분석의 결과가 곧 커뮤니케이션의 효과라고 동일시할 수 없다는 것이다. 그러므로 내용분석의 결과는 커뮤니케이션 효과 연구를 위한 출발점으로 이용되는 경향이다.

이상과 같은 한계 이외에 이 연구가 지니는 성격은 언론의 보도 내용이 사회적 신뢰구축에 어떤 영향을 미칠 것인가, 한국 언론의 보도가 한국 사회의 신뢰 구축에 긍정적으로 작용하기 위해 필요한 저널리즘의 관행은 어떠해야 할 것인가, 그리고 그것을 위해 언론산업 내 · 외의 조건들은 어떻게 개선되어야 할 것인가 하는 연구과제의 수행을 위해 하나의 작은 참고자료가 될 수 있을 뿐이라는 점을 밝혀 두고자 한다.

제5장
종교와 신뢰의 문제에 대한 고찰

정진홍*

I. 서론

오늘 우리 사회는 '종교'가 우리 사회의 매우 중요한 구성요인임을 실증적으로 보여 주고 있다. 이러한 사실은 종교인구의 통계에서 구체적으로 나타난다. 종교인구가 상주인구의 반을 넘어서고 있는 것이다(통계청 2006).[1] 우리 공동체 구성원의 반 이상이 종교에 대한 '어떤 기대'를 가지고 있으며, 종교적 전통을 '존중'하고 있고, 종교의 가르침을 '따르고' 있을 뿐만 아니라 종교 공동체에 '귀속'하는 것을 삶을 보람 있고 의미 있게 하는 중요한 지표로 여기고 있음을 보여 주고 있는 것이다. 달리 말하면 공동체 구성원들의 해답에의 기대, 존중할 만한 가치, 준수해야 할 규범, 정

* 한림대학교 한림과학원 특임교수

1) 『2005년 인구주택 총 조사』에 의하면 종교 인구는 총인구의 53.1%이다.

체감을 유지할 수 있는 안정 등의 차원에서 종교는 일정한 역할을 하고 있음을 알 수 있다. 이러한 사실로, 종교가 우리 사회에서 '신뢰의 원천'이면서 동시에 '신뢰의 준거'가 되고 있음을 예상할 수 있다.

개개 종교나 종교인은 분명하게 이러한 자의식을 드러내고 있다. 자신의 가르침은 물론, 자신의 사회 내 현존 자체가 이미 사회를 '신뢰의 그물'로 엮어내는 것이라는 사명감을 가지고 있다. 그러므로 종교들은 자기들의 '확장'이 곧 공동체 내에서의 '신뢰 구축'과 다르지 않다고 판단한다. 종교나 종교인들이 자신의 주장을 선포하고 조직을 강화하고 확산하는 것은 그러한 책임의식에서 비롯하는 것이라고 스스로 설명한다. 자신의 가르침이 삶이 직면하는 온갖 문제에 대한 절대적이고 종국적인 해답을 전유한다고 주장하는 일이라든지, 이를 구체화하기 위하여 자신의 주장을 현실적합성을 가지도록 하는 다양한 방법과 효율적인 활동을 모색하고 실천하는 일들은 종교와 종교인들의 그러한 주장이 사실임을 실증하고 있다.

그러나 오늘 우리의 현실이 이처럼 단순하지는 않다. 종교인구가 사회 안에서 차지하고 있는 상당한 비중이나 종교와 종교인들의 이러한 소박한 기대와 사명감에도 불구하고 현대의 종교는 이미 자신을 절대화하거나 무조건적인 보편적 가치의 담지자로 여길 수 없도록 하는 '현대의 문화적 이질성'과 직면하고 있다. 전통적으로 종교문화가 담지하고 있다고 이해했던 '궁극성을 통한 모든 가치의 수렴'이 이제는 현실적으로 불가능하다. 뿐만 아니라 종교는 당해 공동체 안에서 '사회를 통합하는 중심'에 자리매김 하지 못하고 있다. 종교적 가치에 우선하는 다른 가치들이 현실적으로 삶을 지배하고 있을 뿐만 아니라 사회의 중층적 힘의 구조 안에서 종교는 그 정점을 차지하고 있지도 못하기 때문이다.

종교가 직면하고 있는 이러한 '현대의 문화적 이질성'을 우리는 두 측면에서 서술할 수 있다. 첫째, 종교가 '하나가 아니라 여럿'이라는 사실을 지적할 수 있다. 단일한 문화권 안에 거의 단일한 종교만 있던 현상은 이미 낯선 일이 되어 버렸다. 우리는 전혀 다른 문화권에서 전혀 다른 역사적 맥락을 지니고 전개된 '다른 종교'가 '우리의 전통적인 종교문화권' 안에서 제각기 구체적이고 직접적인 영향력을 행사하는 현실에 직면하고 있다. 따라서 개개 종교가 스스로 주장하는 자기 가르침의 진리성 또는 절대성은 그것이 아무리 순수하고 정직한 인식의 기반 위에서 이루어진 것이라 할지라도 현실적으로 지탱되지 않는다. 그 절대성은 무수히 많은 '산재(散在)한 절대'들 중의 다만 하나의 절대성으로 있을 뿐이기 때문이다. 따라서 종교들이 각기 자신의 진리를 절대적인 것으로 주장하는 것은 여타 절대들과의 경쟁과 마찰과 갈등을 불가피하게 한다.

이러한 사태는 결과적으로 종교에 대한 신뢰를 심각하게 회의하게 한다. 우선 종교인들에게는 자신들의 신앙의 절대성이 요동하는 일로 나타난다. 스스로 절대적인 것으로 여기던 자신의 종교에 대한 회의가 일면서 '산재하는 절대'를 승인해야 할 것인지, 아니면 그렇다고 여길 수밖에 없다는 것을 인식의 차원에서 승인하면서도 여전히 자신의 신앙이 지니는 절대성을 배타적으로 주장해야 할 것인지를 결정해야 하기 때문이다. 이는 현대의 종교인들이 자신의 종교와의 관계에서 '신뢰 위기'에 직면하고 있음을 보여 준다.

둘째, 흔히 종교는 모든 일상적인 가치나 의미를 넘어서는 종국적인 것으로 간주되었다. 그러므로 그것은 '삶이 제기하는 물음에 대한 해답'이고, 따라서 당연히 삶의 기반이면서 지향해야 할 의미를 구체적으로 드러내 주는 것이라고 여겼다. 종교는 그렇게 서술되고 이해되는 문화였다.

그러나 이제는 사정이 달라졌다. 여전히 종교와 종교인이 그러한 종교 이해를 지니고 현존하고 있음에도 불구하고 현대인들은 '종교 이외의 것'들이 종교와 더불어, 또는 종교보다 더 현실적이고 유용하게 인간의 문제에 대한 해답을 제시하고 있으며, 구체적으로 해답을 경험하게 하고 있다는 사실을 알고 있다. 종교가 주장하는 이상적 삶의 지표와 규범에 대한 공감을 전제한다 하더라도 정치나 경제나 과학이 빚는 문제해결의 구체성은 종교가 제시하는 해답을 압도하는 현실성을 가지기 때문이다. 오히려 종교적 신념은 이를 위한 '수단적 가치'로만 존중될 뿐이다. 종교는 공의로운 정치나 바른 경제를 위한 수단이지 종교가 정치나 경제의 목적은 아니라는 인식이 낳는 이른바 '종교의 도구화' 현상은 전통사회에서는 철저하게 부정적으로 평가되던 것이었다. 그런데 오히려 그러한 현상이 긍정적인 것으로 도치(倒置)되는 매우 다른 현상이 '현대의 종교문화의 실상'으로 묘사되고 있다. 종교는 '절대적인 필요'가 아니라 '선택 가능한 삶의 모습'으로 간주되고 있는 것이다. 이러한 사태는 이미 종교가 전통적인 의미에서의 신뢰의 원천이나 준거가 될 수 없음을 시사하고 있다.

제도종교가 사회 안에서 어떻게 현존하고 있는지 살펴보면 이러한 사실은 더 명백하게 드러난다. 신도와 성직자의 '위선'에 대한 사회적 지적은 그것이 아무리 소박한 '인상적 판단'이라 하더라도 종교가 신뢰 위기에 직면하고 있음을 드러내는 한 단면이다. 그러한 신뢰 위기는 '종교적 신앙'이란 '환상에의 몰입'이라든지 '반지성적인 사물인식'이라든지 하는 '상식'을 낳고 있고, 종교들의 이른바 '진리의 선포'는 공동체의 갈등과 균열을 초래함으로써 종교가 사회적 혼란의 진원지가 되거나 사회문제 자체가 되고 있다는 인식이 확산되고 있다. 뿐만 아니라 흔히 근본주의로 묘사되는 '돈독한 종교적 태도'는 오늘의 세계를 살육의 장으로 몰아넣는 원인(遠因)과 그것을 정당화하는 논거를 제공하고 있다. 이러한 일들은 종교가 신뢰의 원천이나 준거라는 주장을 전혀 현실성이 없는 인식이게 하는 사태들이다.[2)]

그러나 이러한 사실들에도 불구하고 종교는 현존하고 있다. 우리 사회에서 종교는 그 세를 더 넓히고 있을 뿐만 아니라 종교인구는 점진적으로

2) 버크(K. Burke)는 이미 1961년에 그의 저서 *The Rhetoric of Religion: Studies in Logology*에서 종교의 이러한 '정황'에 대하여 관심을 기울이고 있다. 그는 종교에 대한 관심이 종교를 multicultural한 것이라는 이해를 전제하는 데서 비롯해야 한다고 주장하면서 기존의 종교서술언어에 대한 근원적인 성찰을 요구하고 있다.

증가하고 있으며, 제도종교는 더 강화되고 거대화되고 있다. 다양한 '종교적인 문화'도 꾸준히 확산되고 있다. 종교의 다원화, 세속적 가치의 절대화, 문화의 탈성화(脫聖化) 경향이 분명한데도 '종교적 에토스'는 다양한 형태로 여전히 전개되고 있는 것이다.[3)]

이러한 사실은 종교가 우리 사회에서 공동체 구성원의 기대와 좌절, 신뢰와 불신의 소용돌이를 일으키고 있음을 보여 준다. 신뢰의 원천이며 준거라고 일컬어지는 종교 및 종교문화를 동시에 불신의 원천이며 준거로 인식할 수밖에 없는 역설적인 현상과 직면하게 하고 있는 것이다. 다시 말하면 종교는 신뢰의 실체이면서 아울러 불신의 실체가 되고 있는 것이다. 따라서 이러한 사태를 야기하는 '신뢰의 구조'나 '불신의 구조,' 또는 '신뢰와 불신의 긴장'을 천착하는 일은 매우 절실한 문제이다.

이 연구에서는 이를 '종교간의 갈등/신뢰'를 준거로 하여 기술하고자 한다. 물론 이러한 사태를 '갈등/신뢰'의 문제로만 다룰 수 있는 것은 아니다. '종교'라든지 '문화'라든지 하는 현상이 가지는 자기 현존의 논리가 '갈등/신뢰' 개념 안에 모두 수렴될 수 있는 것은 아니기 때문이다. 그러나 만약 종교라든지 문화라든지 하는 개념들을 '신뢰의 문제'를 조망하기 위한 자리에서 작업 가설적으로 정리할 수 있다면 '갈등/신뢰를 준거로 한 서술'은 우리의 문제, 곧 '신뢰와 불신의 긴장'으로 묘사한 종교문화의 현대적 현존에 대한 일정한 인식을 가능하게 할 뿐만 아니라 '신뢰문제'일반의 외연을 확장하는 데도 도움을 줄 수 있으리라고 판단한다.

3) '신뢰'와 관련하여 종교문화가 어떻게 '있는지, 또는 있어야 하는지'에 대한 신학-심리학적 탐구로는 고범서(2004, 47-78)를 참조.

II. 종교에서의 신뢰와 그 현상

1. 신뢰 개념

'신뢰'(trust)는 관계 개념이다. 그 관계가 자신의 '안전'을 위해 불안하지 않다는 것을 '승인'하는 태도이다.[4] 종교에서는 이러한 관계가 '물음과 해답' 이라는 구조를 통해 이루어진다. 물음 주체가 자율적이든 타율적이든 스스로 승인한 해답에 대한 태도를 '물음 주체가 가지는 해답이라는 실재에 대한 신뢰'라고 묘사할 수 있는 것이다. 그때 해답은 '절대'라든지 '초월'이라든지 '신성'(神聖)이라든지 '신성(神性)을 지닌 실재' 등으로 개념화된다. 그리고 그러한 해답의 실재들은 물음 주체의 삶에 절대적인 영향을 미친다. 따라서 '신뢰'는 해답에 대한 물음 주체의 '봉헌'과 '귀의'(歸依)를 요청하는 절대적인 힘의 규범을 수행하는 것으로 현실화한다. 따라서 종교는 '신뢰 경험'에서 비롯한 것이며, 종교는 그러한 경험이 일정한 문화적 양태로 드러난 표상이라고 할 수 있다. '신뢰의 문화화,' 아니면 '신뢰 문화 자체'가 종교인 것이다.

그러나 '신뢰'라는 용어는 종교와 관련하여 상당한 '의미론적 혼란'을 야기한다. 왜냐하면 종교는 신뢰로 묘사되는 일련의 행위체계임에 틀림없지만 '해답의 승인과 수용, 그리고 이의 실천적 구현'의 태도에서 신뢰 개념의 상당한 '다름'을 드러내는 '의식으로부터 행위에 이르는' 신뢰의 스펙트럼을 보여 주고 있기 때문이다. 다시 말하면 종교는 '신뢰 경험'을 기술하기 위하여 '신뢰'(trust) 이외에 다른 두 용어들을 사용하고 있다. '믿음'(belief)과 '신앙'(faith)이 그것이다. 따라서 신뢰라는 개념 자체도 이 두 후

---

4) '신뢰'를 어떤 개념으로 이해할 것인가 하는 문제에 대하여 필자는 김우택 · 김지희(2002, 11-52)에 전적으로 의존하고 있다. 그러나 이 논문에서는 Belief 및 Faith의 개념과 구분되는 것으로 Trust를 사용하고 있다.

자의 개념과 같은 맥락에서 재정의하지 않으면 아니 된다.

물론 이 용어들은 근본적으로 관계 개념이라는 사실을 공유하고 있다. 그러나 '해답을 만나는 주체의 자리'를 유념하면 그 관계는 '소박'하지 않다. 위의 세 개념은 그러한 '차이'를 드러내기 위해 의도적으로 선택한 개념이다. 이를 다음과 같이 정리할 수 있다.[5)]

1) 신앙(Faith)

인간에게는 그것이 어떤 것이든 해답을 지니거나 해답 자체라고 일컬어지는 실재 자체를 존재론적으로 승인하고 수용하는 본유적인 의식이 있다고 전제하고 그러한 의식을 지칭하는 이름이다. 그러므로 이러한 자리에서 보면 F는 인간의 삶의 경험으로부터 비롯한 '자연스러운 당위'이다. 당연히 F는 '경험-이전'이며 '의식의 원형'이라고 전제한다. 인간이 누구나 불가피하게 '종교적인 존재'(homo religiosus)라는 주장을 할 수 있도록 하는 논거가 바로 F이다. 달리 말하면 물음 주체에게 이러한 본래적인 의식의 지향이 없었다면 어떤 믿음이나 신뢰도 불가능했으리라는 전제의 맥락에서 이를 '신뢰의 보편적이고 본연적인 기반'이라고 일컫고 있는 것이다.

2) 믿음(Belief)

믿음은 F를 구체화한 것이다. 해답으로 전제된 역사-문화적인 실체인

---

5) 이 분류는 충분히 실증된 것이 아니다. 우리 언어로 '믿음'이라고 개념화한 실제 '경험'은 지극히 모호하다. 그러나 '믿음'이 일정한 스펙트럼을 가지고 있어 '분류된 서술'이 불가피하다는 것은 대체로 동의하고 있다. 새로운 언어가 그 차이들을 명확하게 드러내 주기 전까지, 그리고 그리스도교 신학의 그늘에서 '믿음 논의'가 충분히 자유롭게 되기까지, 이 주제는 상당한 혼란을 겪을 수밖에 없을 것이다. 이 자리에서의 분류는 필자의 소견이다. Nye(2000, 447-476) 참조.

특정한 실재의 권위와 그것이 지닌 규범적 요청에 대한 물음 주체의 실존적 승인 및 봉헌을 뜻한다. 구조적으로 본다면 신뢰 주체와 신뢰 객체는 상호간의 실재를 승인하는 '관계구조' 안에 있다. 그럼에도 불구하고 B는 신뢰 객체가 신뢰 주체를 온전하게 규제한다는 의미에서 신뢰 객체가 빚는 '일방적인 관계구조'라고 할 수 있다. 그러므로 신뢰 주체는 자기의 물음에 대한 해답의 승인조차 자기의 '인식'을 통해서 이루는 것이 아니라 제시된 실재를 자신이 승인하고 수용하며 자신을 그것에 봉헌한다고 하는 '고백'에 의하여 이룬다고 말한다. 종교인을 '믿음을 가진 사람'이라고 기술할 때의 믿음이 바로 B를 지칭한다. 이 B가 표상화될 때 B는 교의나 교리로 구체화하고 의례를 통해 실천된다.

3) 신뢰(Trust)

신뢰는 일상화된 B이다. B가 동력을 제공하여 이루어지는 실제의 일상적인 삶 속에서 실재간의 건전한 '관계'를 구축하는 삶 자체를 일컫는다. 물음과 해답이라는 구조에서 보면 T는 B를 통해 승인하고 수용한 해답을 현실화하는 '실천적 힘'이기도 하고, 그것을 잠재하고 있는 '사람 됨'이기도 하다. 예를 들면 신이나 절대적인 규범에 대한 B는 일상적인 삶의 온갖 관계에 대한 T를 가능하게 한다. 직면하는 삶의 현실들이 비록 문제로 인식되는 경우라 할지라도 그것이 해답의 현실이라는 의미부여를 가능하게 함으로써 삶의 주체와 삶의 정황 간의 관계를 '불안하지 않은 것'으로 만든다. 신뢰의 상황이게 하는 것이다. 당연히 T는 상대적이며, 상황적이고, 실제적이지만 그것을 가능하게 하는 원천인 B와 F에 대한 승인이 언제나 그러한 조건에 우선한다.

이렇게 서술될 수 있는 F→B→T는 종교문화를 형성하는 구조화된 '신뢰의 층위'이다. F는 인간을 종교인이게 하는 본유적인 인간의 의식이며, 이를 근거로 인간이 선택하는 구체적인 종교가 B이다. T는 그러한 B를 토대로 하여 구현되는 개개 신도나 종교 공동체의 실제적인 삶의 양태나 행위를 드러낸다.

그러므로 종교문화에서 드러나는 '신뢰 현상'은 T이다. 그러나 T는 철저하게 '규제된 것'이다. 이를 규제하는 것이, 또는 이를 낳는 것이, B이고 F이다. 따라서 T에 대한 인식은 B와 F에 대한 지각을 전제한다. B에 대한 인식의 맥락에서 T가 기술되어야 할 뿐만 아니라 더 나아가 F를 승인하도록 하는 인간 이해가 전제되어야 비로소 T에 대한 서술이 가능해지기 때문이다.

예를 들면 그리스도교인의 T로 기술될 수 있는 것은 구체적으로 '사랑'의 행위이다. 그들은 자신의 '신뢰'를 그렇게 이야기하고 있기 때문이다. 따라서 우리는 그 행위를 통하여 그리스도교인에 대한 우리의 신뢰 여부를 '결정'할 수 있을 뿐만 아니라 그 사람이 자신의 해답에 대한 어떤 신뢰를 삶 속에서 구현하고 있는지도 '확인'할 수 있다. 더 나아가 그 사랑의 행위가 다른 종교인들, 예를 들면 자비를 실천하는(T) 불교도(B)와 그가 어떤 '관계'를 맺고 있는지도 아울러 '짐작'할 수 있다. 그리고 이때 이루어지는 '판단'은 자연히 두 다른 T(불교도와 그리스도교도)를 드러내는 두 다른 B(불교와 그리스도교)가 인간으로서의 동질성(F)을 기반으로 하는지 그렇지 않은지를 선택하는 데 따라 전혀 상이한 '이해'에 도달하게 된다.

따라서 우리는 이러한 '의식의 지향으로서의 F-B-T, 곧 신뢰의 여러 층위들이 어떻게 어떤 것으로 구체화되어 우리의 삶의 현실에서 종교문화로 현존하는지를 더 적극적으로 살펴볼 필요가 있다.

2. 신뢰가 드러난 현상

앞에서 지적한 바와 같이 F-B-T는 의식의 수준에서 머무는 것이 아니다. 그것은 구체적인 '문화-역사적인 실재'로 드러난다. 우리가 실제로 직면하는 종교문화는 그 '의식'(意識)이 드러내는 이른바 '경험이 구체화된 현상'인 것이다. 그런데 그렇게 드러난 현상으로서의 종교는 크게 셋으로 범주화할 수 있다. '제의', '교의', '공동체'가 그것이다.[6)]

1) 제의(Ritual)

제의는 '실재'라고 경험되는 것에 대하여 구체적인 몸짓으로 반응하는 '전존재적 봉헌'을 뜻한다. 사변적 판단의 과정과 상관없이 '존재의 당연한 율동'에 참여하면서 이루는 존재 자체의 승인이다. 그러므로 그것은 인간의 본연적인 삶의 몸짓이라고 할 수 있다. 비손, 예배, 미사, 예불, 수행 등이 그것이다.

물론 이러한 R은 '문화-역사적으로' 다듬어진 것이다. 그러므로 그것은 무척 다양하다. 시간과 공간, 색깔과 형상 등을 축으로 한 여러 상징체계들이 이러한 몸짓과 아울러 종교문화의 구체적인 현상을 이루고 있다.

하지만 그러한 정형화되고 반복적인 몸짓을 가능하게 한 것은 인간이 지닌 '본유적인 반응' 또는 '자율적인 자기표출'에 근거한 것이다. B는 이러한 '표출'에 의하여 비로소 구체화한다. 종교문화를 가능하게 하는 경험은 언제나 이러한 몸짓을 지닌다. 달리 말하면 '종교적 태도'는 바로 이러한 'R적 삶에의 참여'에서 비롯하고 또 종결한다.

2) 교의(Doctrine)

교의는 해답으로 경험된 실재가 빚는 '세계'에 대한 '인식'을 정리한 사변적, 지적 체계를 뜻한다. 신화의 전승, 경전의 출현, 일군의 종교 엘리트

6) 이 분류는 Wach(1958)의 주장을 따른 것이다. 그러나 이를 F-B-T와 연결시킨 것은 필자의 주장이다.

의 등장 등이 D와 무관하지 않다. 교학이나 경학, 또는 신학은 D의 모태이면서 동시에 그 산물이기도 하다. 그러므로 이 D를 학습하고 승인하고 수용하여 실천하는 것이 결과적으로 종교인으로서의 '자기 확인'을 가능하게 한다. 일상적으로 우리가 종교인의 B라고 할 때 그 B의 내용은 D에 대한 승인을 의미한다.

따라서 D는 R의 원초성과 같은 본유적 반응은 아니지만 '의도된 하나의 규범'이기 때문에 B의 주형(鑄型)이 된다. 당연히 개개 종교를 결정하는 틀이기도 하다. 종교간의 다름을 결정하는 것은 이러한 D이다. D가 종교간의 갈등에서 당해 종교의 행위를 정당화하는 준거가 되는 것은 바로 이 때문이다.

3) 공동체(Community)

D와 R을 공유하는 경험 주체들은 스스로 자신의 공동체를 형성한다. 그리고 이를 통해 자기를 강화하고 확산하고 전승한다. 이를 위해 C는 힘의 배분, 기능의 분화를 통해 자신을 조직한다. '고백으로부터 비롯하는 자유(B)'와 '가르침으로부터 비롯하는 강제(D)'는 갈등과 조화의 역설적인 구조를 이루면서도 바로 그 구조를 통하여 '창조적인 새로운 삶의 질서(C)'를 구축하는 것이다.

그러나 무엇보다도 중요한 것은 C는 종교인들의 'B와 T, 그리고 R'을 구현하는 장이라고 하는 사실이다. C는 근원적으로 그러한 B-T-R이 낳은 것이기도 하다. 그 C 안에서 개개 신도들이 어떻게 행동하는지, 그 C 자체가 사회 안에서 어떻게 현존하는지를 통해 우리는 종교에 대한 T 여부를 판단할 수 있기 때문이다.

종교라고 불리는 모든 현상이 반드시 R-D-C 또는 R→D→C의 구조로 이루어지는 것은 아니다. R이 부재하든지 D가 충분하게 '발전'되지 않은 경우도 있다. 그러나 어떤 몸짓을 하고 있는지, 어떤 이야기를 하고 있는지, 어떻게 끼리끼리 모이는지를 보여 주지 않는 종교란 없다.

그러나 종교 현상의 이해를 위해서는 이러한 현상이 서로 중첩하고 있다는 것도 아울러 주목하지 않으면 안 된다. 예를 들면 '신의 유무'라는 준거로 종교를 분류하는 것은 D에서는 분명하게 확인된다. 그러나 R에서는 뚜렷하지 않다. 예불(禮佛)이든 제사(祭祀)든 그것은 예배(禮拜)와 구조적으로 다르지 않다. 따라서 '논의'에서는 구분되어도 '몸짓' 연희에서는 단절보다 연속이 경험적으로 현실적이다. 문제는 '중첩에서 비롯하는 연속'이 개개 종교의 다름이 낳는 단절을 지양할 수 있는 기반일 수도 있다는 사실이다. 물론 그 역도 참이다. 개개 종교는 현상의 '다름'에 근거하여 구조적인 중첩에서 비롯하는 연속을 아예 부정하고 그 관계를 단절할 수 있다.

중요한 것은 종교문화에서의 신뢰는 단일한 범주만을 준거로 기술할 수 없다고 하는 사실이다. R-D-C의 범주들은 분리와 중첩을 아우르면서 종교문화와의 만남에서 사람들이 가지게 되는 '믿을 수 있음'과 '믿을 수 없음'을 가르는 준거가 되고 있는 것이다.

3. 신뢰의식과 신뢰 현상의 복합

'신뢰의 층위'와 그 구체적인 '현상의 범주'는 일정한 연계를 이루고 있다. 이를 다음과 같은 도식으로 정리할 수 있다.

F↔R, B↔D, T↔C

그러나 이미 언급한 바와 같이 F-B-T는 '서로 분리된, 그러나 중첩된 층위'이며, R-D-T도 그렇게 '중첩된 범주'이다. 따라서 비록 각 사항들의 구분이 분명하다 할지라도 이러한 '이중적인 중첩'의 관계는 종교 현상에서 확인되는 신뢰나 불신의 원인이나 양상을 밝히는 일이 수월하지 않음을 보여 주고 있다.

예를 들어 비종교인은 종교 현상 속에서 D를 견디지 못할 수 있다. 어떤 주장도 독선적인 것으로 간주되기 때문이다. 그러나 그것은 B의 구체화이기도 하다. 따라서 비록 그것이 독선적인 것이라는 판단이 가능하다 하더라도 그것 없이는 특정한 종교를 선택한 종교인의 현존 자체가 불가능하다. 그러므로 종교인의 경우 D는 자신의 삶을 지탱하는 절대적인 신뢰의 원천을 이루고 있다. 그런가 하면 F에 대한 승인은 B와 T는 물론 R이나 D나 C에 대한 신뢰의 자연스러운 원천이 되기도 한다. 하지만 정반대로 F에 대한 불신은 여타의 어떤 것도 승인할 수 없는 정서나 태도나 의식을 마련하기도 한다.

그렇다고 해서 비종교인이 B나 T에 대한 선택적인 신뢰를 통하여 종교에 대한 전체적인 신뢰에 이르는 것은 아니며, 선택적인 불신도 전체를 불신하는 데 이르는 것은 아니다. 비종교인은 비록 종교인의 T를 신뢰한다 할지라도 여타 모든 것에 대한 불신을 드러낼 수 있으며, 종교인의 경우에도 B와 C의 갈등이나 R과의 갈등을 통해 T를 수행하지 못할 수도 있다.

그런데 위에서 살펴본 바에 의하면 '종교와 신뢰'라는 주제를 맥락으로 할 때의 T는 C와의 관계에 한정하는 것이 타당할 수도 있다. 그러나 문제는 그 T가 B, F 등과 무관하지 않다는 사실, 그리고 그 C가 D, R과 또한 무관하지 않다는 사실에 있다. 이러한 사실은 F–B–T 간에, D–R–C 간에, 그리고 D–R–C와 B–F–T 간에 무한한 조합을 가능하게 하면서 사태에 대한 명확한 서술을 불가능하게 한다.

예를 들면, B는 D 중에서 a를 선택하여 승인하고 수용할 수 있다. 그런데 또 다른 B는 D 중에서 b를 선택할 수 있다. 그때 그러한 구성원으로 이루어진 C는 T를 확보하지 못한다. 혼란을 내장하기 때문이다. 그런가 하면 B를 배제하는 F만으로 자신의 종교적인 삶을 영위할 수 있다고 하는 주체는 B에 의한 D만이 진정한 종교라는 주장과 만나게 되는 경우 심각한 당혹에 빠진다. 결국 그에게는 T가 불가능한 현실이 되고 만다. 이러한 각 요소간의 조합은 사실상 무한하다.

따라서 종교문화에서 발견하는 '신뢰의 층위와 범주의 중첩이 빚는 이중적인 중첩'은 실은 '복합성 자체'이다. 그것을 정연하게 다듬는 일은 구조적으로 불가능하다. 어떤 것이 어떤 요소들과 결합하여 종교인이나 비종교인으로 하여금 종교에 대한 신뢰나 불신을 야기하게 하는가 하는 것을 선명하게 기술하는 일은 현실성이 없다.

그럼에도 불구하고 이러한 요소들이 신뢰와 불신을 '자극'하거나 현실화하는 것은 사실이다. 그렇다면 우리는 이 복합성의 구조를 오히려 '경향성'을 추출할 수 있는 '유형'으로 재정리해볼 수 있다. 그렇게 하면 이를 통해 신뢰와 불신의 긴장을 더 현실적으로 기술할 수 있을 것이기 때문이다.

III. 종교문화에 대한 유형론적 접근[7)]

1. 유형

그런데 종교는 앞에서 언급한 바와 같이 역사-문화적인 산물이다. 그렇

---

7) 양태론 또는 유형론(morphology, typology, pattern)의 인식론적 타당성의 문제는 상당히 복잡하다. 유형 자체가 하나의 추상일 수밖에 없다는 사실, 그리고 그렇기 때문에 유형의 비역사성 자체가 이미 인식을 위해 오류일 수 있다는 주장이 끊임없이 제기되고 있다. 그러나 문제의 초점은 '비역사적 사실서술'이 과연 무의미한 것인가 하는 데 있다. 왜냐하면 '기억'은 이미 '시간 밖'이다. 그런데 그 기억이 전승하는 이야기가 아니면 역사는 없다. 그러므로 유형을 존재론적인 것으로 전제하지 않고 다만 '문화적 복합성의 개념화'라고 이해하는 일이 불가능하지 않다. 유형론에 대한 다음의 비판을 참조. Smith(2004), 특히 3장, "Acknowledgements: Morphology and History in Mircea Eliade's Patterns in Comparative Religion(1949~1999), Part 2: The Texture of the Work."

다고 하는 것은 모든 종교 현상을 '종교'라는 이름으로 같은 범주에 넣을 수 있음에도 불구하고 개개 종교는 각기 전혀 다른 속성을 지닌 것으로 서술될 수 있을 만큼 스스로 하나의 범주를 형성하고 있다는 것을 뜻한다. 모든 종교는 각기 자기 나름의 역사-문화적 맥락에서 그 '물음과 해답'을 구체화하고 있기 때문이다. 그러므로 역사와 문화의 차이는 종교를 서로 '다르게' 하는 가장 현실적인 힘이다. F가 시사하는 구조적 동질성에도 불구하고 전혀 다른 종교가 등장하는 것은 이러한 역사-문화적 맥락의 차이 때문이다.

결과적으로 개개 종교는 서로 다른 '속성'을 가진다. 물음의 내용도, 해답의 구체성도 같지 않은 것이다. 우리가 만나는 것은 바로 이러한 '서로 다른' 종교들이다. 그리고 그 '다름'을 형성하는 구체적인 내용들이 이제까지 우리가 살펴본 F-B-T와 R-D-C이다.

양태론(morphology)은 하나의 역사-문화적 현상을 그 구성요인의 복합성 속에서 상실하지 않으면서도 총체적 인식을 위한 단위로 정리할 수 있을 것인가 하는 물음에 대한 답변으로 등장한 것이다. 따라서 종교 양태론은 비록 그 양태가 결정적인 인식의 준거일 수는 없지만 다양한 종교의 역사-문화적인 맥락에서 형성된 그 종교의 속성들을 인식하는 데 유용한 서술범주로 활용되고 있다. 이를 살펴보기로 한다.

1) 신현적(神顯的) 유형(Theophany)[8]

이는 종교를 인간과 신과의 관계로 전제한다. 신은 절대적인 창조주로 전제되고 인간은 그 신의 뜻에 따라 살아야 하는 피조물로 인식된다. 이를 축으로 하여 모든 주장들이 선회한다. B와 T, 그리고 R-D-C가 모두 그러

8) 여기에서 기술하고 있는 세 유형에 대한 상세한 내용은 정진홍(1995), 제4장 "종교의 양태론적 이해"를 참조.

하다. 따라서 이 유형의 종교를 드러내는 가장 중요한 지표는 '신에 대한 예배'이다. 그리스도교나 이슬람을 비롯한 이른바 '유일신론적 종교'가 대체로 이 범주에 속한다. 신과 인간의 이원적 구조 속에서 신에게 속한 의미와 가치만을 선택하도록 강제된 구조, 이로부터 비롯한 배타적 절대성의 강조, 공동체적 철저한 응집력 등이 이러한 유형의 특성이다.

2) 성현적(聖顯的) 유형(Hierophany)

이와 마찬가지로 어떤 절대적인 것의 현존을 전제하지만 그것을 하나의 격(格, persona)으로 여기지는 않는다. 원리라든가 질서라는 개념으로 묘사할 수 있을 그러한 '사실'과의 조화를 물음에 대한 해답으로 여긴다. Th와 비교해 보면 B보다는 T가, 그리고 D나 C보다는 R이 강조된다. 따라서 실재와의 '관계가 아니라 합일'이, 원리에 대한 '추종이 아니라 순응'이 목표가 된다. 결과적으로 단원적인 사유와 판단을 규범으로 여긴다. 행위 규범의 실천에서 때로는 결단에 의한 선택보다 사변을 통한 지양이 더 부각되기도 한다. Th에 비해 상대적으로 관용적이고 개방적이라고 할 수 있다. 따라서 C의 경우, 배타적 독선은 철저하지 않다.

3) 역현적(力顯的) 유형(Kratophany)

모든 문제는 '힘의 결핍' 탓이라고 여기는 경험에서 비롯한 종교들을 이 범주에 포함한다. 다시 말하면 '모자라는 힘'을 충족하거나 보상함으로써 현실적인 삶의 한계 상황을 극복하고자 하는 염원을 구체화한 종교를 일컫는다. 이 경우, 그 극대화된 '본래적인 힘'의 실체라고 간주되는 실재를 상정하고, 이를 신으로 호칭한다. 따라서 필요에 따라 문제정황에 상응하는 무수한 신이 등장하고 또 사라진다. 신의 생성과 소멸이 일상화하는 것이다. 희구나 기대가 의미나 보람으로 결실하기를 바라기보다 현실적이고 직접적인 안위를 도모하는 실제적인 이해(利害)나 득실(得失)로 구체화하기를 바란다. 흔히 종교의 범주에 포함하지 않으려는 경향도 있지만 이러한 유형은 어떤 종교에도 내재해 있는 종교의 두드러진 속성이기도 하다. 따라서 Kr은 Th나 Hi 등과 무리 없이 통합될 수 있다. 그러나 동시에 어떤 유형에 의해서나 배척되기도 한다.

2. 유형론간의 갈등과 조화

이러한 유형적 분류는 종교 상호간의 갈등이 왜 불가피한 것인가 하는 것을 일별할 수 있게 해 준다. 상이한 유형간에는 서로 조화로울 수 없는 '구조적 차이'가 있음을 확인할 수 있게 하기 때문이다.

Th와 Hi, 그리고 Kr은 각기 문제의 원인이나 해결의 방안들에서 일치할 수 없는 한계를 지닌다. 세계나 인간에 대한 이해도 다르다. 서로 승인하거나 공감할 수 없는 다름을 드러내고 있기 때문이다. 예를 들어 Hi가 제시하는 '해답'을 Th는 그것 자체가 '문제'라고 여긴다. 그런데 그 역도 참이다. Kr와 여타 두 유형의 종교간의 갈등도 다르지 않다. Kr이 확보한 해답의 사유나 행위양태는 Th나 Hi가 해답을 추구하는 과정에서 오히려 '장애요인'으로 판단된다.

그러므로 다른 유형간의 갈등은 불가피하고 현실적이다. 비록 F를 공유하고 있다 할지라도 사정은 다르지 않다. B↔D는 그 갈등을 확인하고 강화한다. T는 바로 그러한 다름과 갈등의 일상을 드러낸다. 따라서 T의 차원에서 벌어질 유형간의 불신을 예상하는 것은 어려운 일이 아니다. 비록 가시적이고 실제적인 갈등을 '봉합'한다 할지라도 결코 불식되지 않는 '구조적인 차이'에서 비롯하는 것이기 때문이다. 특히 오늘날의 다종교 현상 속에서 일어나는 종교 상호간의 불신과 충돌은 이 같은 맥락에서 볼 때 불가피하다. 개개 종교들은 상호 구조적인 차이, 곧 '불신을 전제할 수밖에 없는 다름과의 조우' 안에 있기 때문이다.

예를 들어보자. Hi의 경우, 이를테면 불교에서는 신이란 실은 '기만적인 실재'이다. 신이 있다든지 없다든지 하는 '허구의 논의'를 벗어나 스스로 '완전한 자'라는 '깨달음'을 얻지 못하는 인간이 지닌 환상이다. 그러나 Th는, 이를테면 그리스도교는, 이러한 주장 자체를 견디지 못한다. '신을 부정하는 일'은 '죄 그것 자체'이다. 그러한 태도는 '신과 같이 되려는 오만'이기 때문이다. 따라서 이 두 Th와 Hi 간의 신뢰는 사실상 비현실적이다. 갈등과 충돌은 '자연스러울 수밖에' 없다.

물론 동일한 유형 안에서도 '주장'과 '실제'가 괴리를 빚는 경우가 있다. Hi의 경우, D의 차원에서는 '예배대상'이 되는 실재란 없다. 그러나 R의 차원에서는 그렇지 않다. 이를테면 사찰에서 이루어지는 '예불'(禮佛)은 '상징적인 것'으로만 그 자리에 있지 않다. 많은 불자(佛子)들에게 부처님은 전지전능(全知全能)한 예배대상으로 존재한다. 그렇다면 Hi나 Th 간의 구조적 차이는 상당히 완화된다. 그러나 동시에 Th는 Hi의 그러한 '예배'를 승인하지 않는다. 자신의 D에 반하는 것이기 때문이다.

Th의 경우에도 R의 범주에 속할 신비주의적 전통은 '신과의 합일'을 지고한 이상으로 설정한다. 그러나 그렇다고 해서 그것이 Hi에서 일컫는 '절대적인 것과의 합일'은 아니다. 구조적인 동질성이 현상의 동질성을 담보하는 것은 아니기 때문이다.

이를테면 불교와 기독교는 자신들이 F를 공유하고 있다는 '근원적인 이해'에 도달할 수 있을 뿐만 아니라 그것을 유형의 구조를 통하여 설명할 수도 있다. 논리적으로는 그러하다. 적어도 '유형적 중첩성'이라는 차원에서 보면 상이한 유형간의 갈등이나 불신이 지양 불가능한 것은 아니다.

하지만 이러한 기대는 논리적인 귀결일 뿐 실제에서는 현실성이 없다. 다시 말하면 서로 다른 유형이 지닌 이러한 중첩 현상이 반드시 갈등의 해소요인으로 작용하는 것은 아니다. "다르지만 같다"라는 인식을 유도하기보다 "같지만 다르다"라는 판단을 강화하기도 하기 때문이다. 상호 신뢰의 가능성이 논리적으로 불가능하지 않다 할지라도 실제에서는 그 가능성으로 확인된 내용이 오히려 불신과 갈등을 조장하는 것이다. 어떤 경우이건 종교간의 불신과 갈등은 불가피하다.

비록 유형적 범주의 설정이 갈등의 구조에 대한 보다 거시적인 조망과 서술을 가능하게 한다 할지라도 그러한 서술 자체가 갈등의 해소에 직접적인 역할을 하는 것은 아니다. 갈등의 해소, 그리고 신뢰의 창출은 이제까지 서술한 것과는 전혀 다른 차원에서 이루어지는 '별개의 과제'로 전개되고 있다.

IV. 갈등의 지양과 신뢰의 모색

이제까지 살펴본 바와 같이 종교간의 갈등이나 불신은 적어도 그것이 역사-문화적인 것이라는 사실을 전제할 때 불가피하다. 종교 유형론은 개개 종교의 상호간의 중첩을 확인하면서도 그 개개 종교가 갈등을 넘어서기를 바라는 것은 전혀 현실적이지 않은 기대라는 사실을 보여 준다.

그러나 이미 머리말에서 지적한 바와 같이 현대는 문화권의 단절을 부정한다. 바꾸어 말하면 '다종교 현상'은 삶의 직접적인 현실이다. 그러므로 이때 주목할 것은 이러한 상황에서 벌어지는 갈등이란 단일한 종교가 단일한 문화권 안에서 거의 완벽한 지배적인 자리를 차지하고 있을 때 있을 수 있던 타 종교와의 갈등과 동질적인 것일 수 없다는 사실이다. 우리가 지금 겪고 있는 종교간의 갈등은 적어도 '새로운 서술이 필요한 갈등'이라고 하는 사실이다.

종교간의 신뢰도 다르지 않다. 엄밀한 의미에서 본다면 '종교간의 신뢰'란 현대가 직면하는 '새로운 과제'이다. 그 물음이 없었던 것은 아니다.

그러나 그 문제의 해결은 지금과 비교하면 소박할 정도로 간단했다. 갈등 관계에 있는 '타 종교'를 제거하는 것이 해결의 거의 유일한 방법이었다. 상호간의 신뢰란 제기할 수 없는 문제였다.

그렇다고 해서 '문화접변 현상'이 없었던 것은 아니다. 그리고 그 '흐름' 속에서 종교간의 상호 변화가 가능했다. 그렇다면 그러한 역사-문화적인 현상은 종교간의 신뢰가 현실적으로 불가능하지 않다는 것을 확인하게 해 주는 것이라고 할 수 있다. 개개 종교는 각기 '자기의 변화 가능성'을 지니고 있기 때문이다. 그렇다면 종교간의 신뢰의 문제는 단순한 구조적인 자리나 현상적인 인식의 자리에 머물 수 없다. 구조와 현상, 또는 의식과 역사는 상호적인 것이다. '변화'는 그것을 가능하게 하는 격률(格率)이다. 그러므로 이러한 사실을 주목하면 우리는 다종교문화 속에서 직면하는 '종교간의 신뢰'의 문제에 대해서도 새로운 '현실적인 답'을 모색할 수 있게 해 준다. 종교간의 신뢰란 새로운 과제이지만 '없던 일'은 아니라는 인식의 자리에 설 수 있도록 해 주는 것이다. 그리고 그 계기에서 주목해야 할 것은 '변화'이다.

물론 이러한 서술은 '변화'를 '신뢰'의 주형(鑄型)으로 여기는 그릇된 인식이라고 할 수도 있다. 하지만 갈등을 야기하는 당사자간의 '변화' 없이 새로운 신뢰를 기대할 수는 없다. 신뢰는 근원적으로 '정태적인 개념'이 아니다. 그것은 살아 있는 관계를 지칭하는 것이어서 변화는 당연한 준거일 수밖에 없다. 그렇다면 우리는 '갈등을 지양하려는 갈등'에 대한 새로운 인식과 아울러 '신뢰를 모색하려는 신뢰'에 대한 새로운 인식도 기술하지 않으면 안 된다.[9]

---

9) 이러한 제반 문제들을 멕커천(R. McCutcheon)은 '경험의 정치학, 관용의 정치학'이라는 개념을 통해 정리하려 한다(McCutcheon 2004, 329-338 참조).

1. 갈등의 지양

갈등은 다름과 불신을 기저로 한다. 그리고 그것은 타자를 부정(否定)-제거-무화(無化)시키는 과정을 거쳐 마침내 해소된다. '전통적'인 갈등의 처리는 그렇게 이루어졌다. 그러나 '타자의 무화'가 불가능하다는 인식이 현실화하는 경우, 갈등의 해소는 다른 '방법'을 모색하게 된다. 그리고 그 '방법'은 단순한 수단으로 귀착하지 않는다. 그 방법은 개개 종교의 정체성에 대한 성찰을 유도하는 매개가 된다. '새로운 사태'와의 직면이기 때문이다.

이것이 오늘의 각 종교간의 갈등이 직면하고 있는 현실의 양상이다. '갈등의 지양이 불가피하게 요청되는 갈등을 겪고 있다는 자의식'이 현실화된 정황 속에 오늘의 종교는 놓여 있다고 묘사할 수 있는 것이 오늘의 현실인 것이다. 그러므로 현대의 종교간의 갈등은 특정한 종교와 그에 맞서는 타 종교간의 갈등만으로 그치지 않는다. 그 갈등과 더불어 야기되는 '자신 안의 갈등'을 첨예하게 겪고 있다. 그러므로 갈등의 구조는 이원적이다. 타 종교와의 갈등-A와 그 갈등-A와 직면하면서 겪는 개개 종교 자체의 갈등-B가 중첩해 있는 것이다.

1) 배타적 지양(Exclusive Sublation)

다종교문화 안에서 개개 종교는 과연 어떻게 '현존'하는가 하는 것을 살펴보면 흥미로운 사실을 발견할 수 있다. 종교들은 각기 스스로 자기의 현존에 대한 절대적 선언의 기반을 자기 안에 두고 있지 않다. 타 종교와 자신이 같지 않다는 '다름에 대한 확인'에 두고 있다. 그리고 그 다름을 그름과 등가화(等價化)한다. 타자에 대한 부정을 통해 자신에 대한 긍정을 확보하는 것이다. 그러므로 타자와의 만남은 '다름의 만남'이 아니라 실은 '옳음과 그름의 만남'이다. 당연하게 결과는 '승패'로 귀결한다.

그러므로 타 종교를 배척하거나 부정하는 것만이 자기를 현존하게 하는 '실제적인 힘'이다. 이를 위해 개개 종교는 이를 내용으로 D를 재서술하면서 B를 강화한다. C는 이러한 변화를 승인하고 수용하는 조직으로 재편된다. C의 강화, B의 돈독함, D의 명료한 진리성 등을 통해 타자를 부정하는 것이다. 따라서 '배타적 지양'은 개개 종교가 각기 직면하는 타 종교와의 갈등을 해소하는 직접적인 대응이라고 할 수 있다. 종교간의 충돌과 전쟁은 이러한 구조 위에서 이루어진다. 그렇기 때문에 그것이 아무리 비극적인 것이라 할지라도 언제나 갈등의 당사자들에 의하여 정당화된다. 종교간의 이러한 배타적 태도는 종교사가 보여 주는 종교갈등의 전형이다. D에 대한 문자주의적인 태도, R의 기계론적 적용, C의 교조적 지배조직은 이러한 태도의 특성을 가장 잘 드러내 준다. 현대의 근본주의적 종교들이 그러하다.

그러므로 실제로 이들 종교인이 보여 주는 T는 '신뢰할 수 없는 것'으로 비종교인들에게나 타 종교인에게 각인된다. 자신은 분명한 신뢰의 준거를 좇아 행동한다고 주장하지만, 타자에 대한 배려 없음, 지적 부정직, 자신을 위한 맹목성, 비상식적인 일탈, 자기함몰, R이나 C에 대한 기계적인 의존 등은 그러한 소용돌이 안에서 형성되는 T를 유치함, 위선, 편리한 환상에의 몰입, 역설적인 이기적 태도, 총체성을 결여한 파편적 인식에 근거한 병리적 이성의 현상 등으로 간주하게 하기 때문이다. 이를테면 개종 강요주의적 태도는 그 주체에게는 더할 수 없는 돈독함의 지표이지만 그 특정한 종교 밖의 자리에서는 '견딜 수 없는 폭력의 경험'과 다르지 않다[10)]

그러나 타 종교와의 갈등이 야기하는 이러한 배타적 태도에 대한 개개

10) 링컨(Lincoln 2003, 74)은 '갈등'을 다음과 같이 정의하고 있다. "… the situation that arises when rival interests can no longer be contained by the structures and processes ordinarily competent to do so. As a result,… normal competition moves into phases that are more open, bitter, confrontational, costly, and , frequently, violent …,"

종교의 반응(갈등-A)은 자기 정체성을 새삼 묻는 갈등(갈등-B)으로 이어진다. 이러한 배타적인 태도가 종국적으로 자신에 대한 타자의 배타적 태도를 유발한다는 사실, 타자를 물리적으로 소거할 수 없다는 현실, 산재해 있는 무수한 절대들 속에서 자기 절대성을 어떻게 주장할 수 있는가 하는 문제, 비록 타자를 승인하고 싶다 할지라도 자신을 지탱하도록 한 B나 R, 그리고 C를 어떻게 다루어야 할 것인가 하는 난점, 타자의 승인과 수용은 결과적으로 자기상실과 다르지 않다는 고뇌 등의 소용돌이를 벗어날 수 없는 것이다.

그런데 배타적 태도의 경직성에도 불구하고 여기에서 우리가 발견하는 중요한 것은 '갈등-A'에서 종교들이 결코 머물지 못한다고 하는 사실이다. '갈등-B'의 출현이 그것이다. 이는 Th나 Hi나 Kr의 어느 경우에도 해당한다. 갈등은 인식을 위한 '비교'와 다르지 않은 구조를 지니고 있기 때문이다. 뿐만 아니라 주목할 것은 '갈등-B 이후'는 결코 '갈등-A에로의 회귀'가 아니라는 사실이다. 갈등-B는 갈등-A가 초래할 '배타의 부메랑 현상'을 간과하지 못하기 때문이다. 다종교 현상이 '있어서는 안 될 현상'이라는 자신의 주장에도 불구하고 '있는 현실'이라는 사실을 부정할 수 없는 '긴장'이 자신 안에 스며드는 것이다.

2) 포용적 지양(Inclusive Sublation)

다종교 현상 속에서 야기되는 갈등이 Ex에 의하여 해소된다는 것은 불가능하고 비현실적이다. 상대의 현존을 부정하는데도 여전히 부정되지 않는 것이 다종교 현상이기 때문이다. 다종교 현상 자체가 배타성의 한계에서 귀결된 '사실'인 것이다.

포용적 지양은 개개 종교가 직면하는 상황인식의 '현실성'을 존중하면서 이루어진 또 하나의 태도이다. 배척이 아니라 수용을 통해 사태를 극복하려는 이러한 태도는 무엇보다도 자신의 D를 재해석하여 그 개념의 외연을 넓히는 작업을 하도록 한다. 이를 위해 전제되는 것은 F에 대한 새로운 인식이다. F에 대한 새로운 인식은 문화-역사적 한계를 넘어서는 보편성에 기초한 새로운 인간 이해를 가능하게 한다. 곧 '인간이란 누구나 종교적 존재'(homo religiosus)라는 것을 승인하도록 하는 것이다. In은 바로 이러한 자리에서 자신의 D나 B를 성찰하면서 타자인 개개 종교를 조망하도록 한다.

그러므로 자기의 D나 R은 절대적인 것이 아니라 모든 다른 종교들에서도 발견할 수 있는 실은 보편적인 것이 된다. 다만 문화-역사적 차이가 그 다름을 결정하고 있을 뿐이다. 따라서 어떤 절대성도 그것은 '사실적'인 것이 아니라 '해석해야 할 의미의 실체'가 된다. 자연히 다른 종교의 R도, D도, C도 그 종교의 맥락을 준거로 관찰하는 한 '이해할 만한 것'이 되는 것이다.

따라서 경전의 문자주의적 인식이나 제의의 기계론적 적용을 스스로 지양한다. C는 자신의 권위를 규범적인 강제의 틀이게 하기보다 의미의 산출이 자유로울 수 있는 풍토를 구체화하는 역할로 그 권위를 조정하고 관리한다. T의 내용은 이념 지향적 태도가 아니라 생활 중심적 태도로 변모한다. 그리하여 개개 종교는 스스로 자신의 C가 다양성을 향해 개방적일 수 있도록 한다. 결과적으로 상대 종교에서 '좋은 점'을 찾는 작업이 '같은 점'을 찾는 일보다 우선한다. 당연히 Ex의 종국적인 지향이던 '이기는 일'이 아니라 승패를 넘어선 '만남'과 '이해'를 도모한다. 그러한 만남에서 비롯하는 수용의 태도를 T를 통해 실현하고자 한다. 따라서 T는 근원적으로 관용적이다.

그러나 이러한 태도는 두 가지 한계를 지닌다. 하나는 개개 종교의 자기 정체성의 '양보'는 불가능하다는 사실이 주는 한계이다. 관용은 관용 주체가 승인할 수 있는 것만을 관용한다. '그름'에 대한 관용은 불가능하다. 이 그름에는 자기에 대한 타자의 부정적인 태도도 포함된다. 비록 '해석'을 통하여 자기주장의 외연을 확보하는 일이 타자에 대한 승인의 폭을 확장할 수 있다 할지라도 자기의 B나 D를 이루는 '근원적인 것'을 훼손하지 않는 범위를 지킨다. 그러므로 실제적인 포용의 태도는 "다른 종교에 있는 좋은 것은 본래 우리 종교의 것인데 그 종교도 가지고 있어 참 다행이다"라는 투로 펼쳐진다. 그런데 그것은 포용의 대상이 되는 타 종교의 자존심을 상하는 일이기도 하다. 직접적으로 배타적이지는 않지만 결과적으로 '오만을 은폐한 관용'을 통해 다른 형태의 갈등을 확산하기도 한다.

또 다른 하나는 타자의 역사-문화적 특성을 의도적으로 간과하는 데서 비롯하는 '비현실적인 타자 이해'의 한계이다. 종교도 역사-문화적인 현상이다. 그러므로 사실을 추상화하는 일이 타자를 수용하기 위한 불가피한 '방법'이라 할지라도 그러한 태도는 '타자의 현실성'을 의도적으로 자기를 준거로 하여 환원시키는 것과 다르지 않다.

이를테면 Kr의 신은 Th의 신과 같지 않다. Hi의 절대적 이념과도 다르다. 그러나 In의 경우 유형론적 차이가 낳는 다름은 흔히 간과된다. 포용 주체의 자의적 해석에 의하여 수식되고 확정되기 때문이다. Kr의 신이 지닌 '기능적 속성'이 Th에 의하여 절대신의 참칭(僭稱)으로 이해된다든지 Hi에 의하여 본질에 대한 그릇된 판단이나 욕심의 결과로 읽혀지는 것이 그 예다. 그러므로 In은 이 경우 그 기능이나 불완전성에 담긴 인간을 F를 기점으로 하여 동질적인 존재로 이해하면서 그 '신'을 자기 자리에서 수용할 만한 것으로 간주하려 한다. 이에서 In은 Ex가 지닌 모습과 다른 특성을 보여 준다(Lynch 2003, 63-64).[11)]

11) 린치(Lynch)는 복합문화 속에서의 dogma와 practice를 논의하면서 다음과 같이 말하고 있다. "Politically, inclusivism also insists on the superiority of one's own belief system. It differs, however, in that it accepts the validity or 'right' of other modes of belief to exist. Nevertheless, it views other religious systems as incomplete or unenlightened. …The belief remains that one's own religion,…. 'should' be universalized, but given the impracticalities and unethical behavior that imposing a universal belief would necessitate the partial truth in other systems of belief."

Ex의 경우와 마찬가지로 In이 의도하는 갈등의 지양(갈등-A)도 갈등-B를 초래한다. 비록 관용이 타를 포용하여 갈등을 지양하고자 하는 환원주의적 태도라 할지라도 이 태도는 자기 안에 '이질적인 것의 유입'이 불가피하게 하기 때문이다. 그런데 타의 유입은 전승된 정통적 자기 정체성을 재구성하지 않으면 아니 되게 한다. 따라서 In은 언제나 자기 상실의 위기를 현실적으로 내장한 채 이루어진다. 타 종교와의 갈등이 해소될 수 있는 것과 비례하여 자기와의 갈등이 현실화하는 것이다. C 안에서의 분열, 다른 D의 출현, 새로운 R의 모색, 정통적이지 않은 B의 고백은 이 맥락에서 불가피하다.

3) 공존적 지양(Coexistent Sublation)

Ex나 In과 비교할 때 공존적 지양은 소극적인 태도이다. 배타도 포용도 '의도'하지 않는다는 의미에서 그러하다. 그런데 개개 종교의 자리에서 자신을 확산하거나 전승하지 않는다는 것은 종교의 종교다움을 거절하는 것과 다르지 않다. 따라서 갈등을 해소한다는 구실로 Co를 지향하는 것은 결과적으로 '진리에 대한 배신'과 다르지 않다.

그럼에도 Co를 의도한다면 그것은 그러한 태도를 지향하는 당해 종교가 적어도 '지적으로 정직'하기 때문이라고 할 수 있다. 다시 말하면 종교가 하나가 아니라 여럿이라는 사실을 소박하게 승인하고 이를 수용하고 있는 것이다. 뿐만 아니라 그러한 태도는 In이 간과한 개개 종교의 역사-문화적 실재성을 인정한다는 정직성도 포함한다. '여럿'이 '하나'에로 귀결해야 한다는 '단원론적 사유'를 추종하지 않는 것도 이러한 태도에서 말미암은 것이다.

따라서 Co는 종교간의 갈등 자체를 간과하든가 '중요한 것'으로 여기지 않는다. 그러한 이유 때문에 자신의 B나 D, R나 C 등을 Co를 위하여 재구성하려 하지도 않는다. 자기가 하나의 개체로 현존하는 것이 분명한 사실이라면, 그리고 다른 개체의 현존 또한 분명하다면, 그 관계를 반드시 '갈등'으로 여기지 않아도 되리라고 판단하기 때문이다. F를 공유하고 있는 한, 그것의 현실적인 구체화는 역사-문화적인 조건에 의하여 다양하게 전개되는 것이 당연하다고 여기는 것이다.

'개체'에 대한 새로운 인식이라고 할 수 있을 이러한 태도는 개체가 '보장'되지 않는 개체의 복합은 사실상 '개체에 대한 반역'이라고 주장한다. 인간의 존재양식은 개인이든 공동체든 문화든 다양성의 조화로운 공존을 그 이상으로 설정한다. 종교문화도 다르지 않다. 개개 종교의 종교성이 존중되지 않는다면 그것은 '삶의 현실'일 수 없다. 따라서 역사-문화적 전승 속에서 형성된 개개 종교의 정체성은 어떤 다른 요인에 의해서도 간섭되어서는 아니 된다. 다만 개개 종교 자체의 역사적 전개과정에서 일어나는 '변화'에 대한 수용적 태도를 스스로 존중할 수 있어야 할 뿐이다. 물론 이에 근거한 D의 재서술, B의 교조적 정리, C의 재편성은 가능하다. 그러나 그것은 Ex나 In을 의도하는 행위가 아니다. '단원적인 세계'에서 '다원적인 세계'로 전이된 변화를 인식한 자기 변모의 모색이나 확인이다.

그런데 Co는 Hi나 Kr의 C에서 상대적으로 두드러진다. 그러므로 그러한 C에서 드러나는 T는 Ex나 In의 경우와 달리 상당한 '신뢰'를 종교 안과 밖에서 얻는다. 그 T는 타자의 개체성을 훼손하지 않으리라는 판단이 가능하기 때문이다. 그러나 Th의 경우에는 '변화'의 불가피성을 존중한다 할지라도 Co는 무책임하고 '게으른' 태도이다. 따라서 Th 안에 있는 종교가 종교간의 갈등을 Co로 지양하려는 태도를 갖는다는 것은 '자신의 절대성을 포기'하는 대가를 지불하지 않으면 이루어질 수 없다. 자신을 지탱하기 위한 배타나 포용을 포기하는 것은 결국 자기상실에 귀결하고 말 것이기 때문이다.

그러나 주목할 것은 그러한 '상실'이 곧 '새로운 자아의 출현'과 이어진다는 사실이다. 그러므로 갈등을 Co로 지양하려는 것이 비현실적인 것만은 아니다. 공존의 결정 이후에 닥칠 갈등-B의 자리에서 보면 이것은 '탄

생을 위한 죽음'과 다르지 않기 때문이다. 개개 종교의 전통이나 정통성이 '죽어 되사는' 구조를 겪는다는 것은 역사적으로 분명한 사실이다.

그런데 Co는 때로 타자의 현존에 대한 무관심이나 자기함몰적인 태도를 드러내는 것일 수도 있다. '갈등을 지양하기 위한 공존'이 아니라 '갈등적 정황을 무조건 간과하려는 지양'일 수 있는 것이다. 만남의 불가피성을 주장하면서도 만남의 현실성은 의도적으로 간과하려는 것이 그것이다. 그러한 태도는 타 종교들과는 아예 만나지 않아도 된다는 현실인식에 이르기도 한다. "너는 너대로, 나는 나대로" 무심하게 있으면 갈등에서 비롯하는 온갖 부정적 실재를 피할 수 있다고 생각하는 것이다.

그러나 여럿은 그 여럿이 서로 얽히지 않을 수 없다는 관계구조의 그물 위에서 이루어지는 현실이다. 그러므로 '관계를 유념하지 않는 무관심한 공존'이란 실재하지 않는다. 여럿이란 여러 개체들이 무관하게 단절된 채 상호 병치하고 있는 현상이 아니다. 그러므로 다원문화에서의 종교간의 갈등을 지양하기 위한 Co는 실재에 대한 다원의식에 기반을 두고 일어나는 것이어야지 단원의식에 근거한 것인 한 역사-문화적 현상에 대한 부정직한 인식을 의도적으로 조장하는 것과 다르지 않다(Diana Eck 1993, 168).[12)]

이상에서 살펴본 바와 같이 종교간의 갈등을 지양하기 위한 Ex나 In, 그리고 Co는 그 태도 자체가 당해 종교의 틀 안에서 이미 심각한 한계를 노정하고 있다. 그럼에도 불구하고 '오늘의 정황'은 종교간의 '갈등을 지양하는 일'과 종교간의 '새로운 신뢰를 모색하는 일'을 아울러 수행하지 않으면 어느 종교도 지탱할 수 없다는 것을 그대로 보여 주고 있다. 그렇다면 오늘의 종교들이 직면하고 있는 우선하는 과제는 '갈등의 지양'을 넘어 '신뢰의 모색'에 이르는 일이다. 이를 위해서는 앞서 언급한 바와 같이 '다

12) 에크(D. Eck)는 "… pluralism is more than the recognition of a plurality and is far more demanding than mere tolerance of difference: one must participate within a plurality to count as a pluralist …"이라고 말하고 있다.

원 현상에 대한 단원적 인식'에서 '다원 현상에 대한 다원적 인식'으로 현상에 대한 인식양태가 달라지지 않으면 안 된다.

2. 신뢰의 모색

다종교 현상 속에서 이루어지는 '신뢰의 모색'은 '갈등의 지양'의 자리에서 주목되었던 F나 B보다 T를, 그리고 R나 D보다 C를 관심의 초점으로 한다. 현존하는 삶의 조건들과 그 안에서 삶을 영위하는 '인간'에 대한 관심이 기존의 종교들이 지니고 있던 종교문화의 구조와 현상을 총체적으로 되살피게 하는 자리에 서게 하는 것이다. 그러므로 특정한 '종교인'이나 '종교적일 수 있도록 된 인간'에 대한 관심(F)보다 그 인간의 현실적인 삶(T)이 관심의 전면에 부상한다.

동시에 관심의 초점이 이렇게 바뀐다고 하는 것은 Th나 Hi, 그리고 Kr 등의 유형적 서술이 신뢰의 모색을 위해 유의미한 범주일 수 없다는 것을 시사하는 것이기도 하다. '인간에 대한 관심'이라고 묘사한 새로운 관점은 '역사-문화적 실재에 의해서 읽혀지는 인간'이 아니라 '인간에 의하여 읽혀지는 역사-문화적 실재'를 초점으로 한다. 따라서 Th-Hi-Kr의 '굴레'에서 인간을 풀어놓는 것으로부터 그 모색은 비롯한다. 그러한 유형적 분류가 종교문화의 인식을 위해 도움이 된다 할지라도 그것에 의하여 종교의 속성이 결정되는 것은 아니다. 오히려 인간은 그러한 유형을 스스로 선택하는 주체이다. 다종교문화에서의 인간의 실존은 그렇게 현실화한다. 이러한 자리에서의 '신뢰의 모색'을 몇 가지로 나누어 서술하고자 한다.

1) 공감적 모색(Sympathetic Exploring)

종교문화는 인간의 '문제 있음'의 정황에서 비롯한다. 그리고 '해답의 제시'에서 완결된다. 개개 종교는 그 '문제와 해답'이 역사-문화적 실체로 구체화된 것이다. 그러므로 문제도 해답도 당해 종교의 역사-문화적 현실의 산물일 수밖에 없다. 그것이 B이고 D이다. 그러나 다종교문화에서의 인간의 문제는 특정한 종교의 언어에 의하여 전유되지 않는다. 인간이 지닌 문제는 종교 개념으로 이를 서술하기 '이전'에 이미 삶의 현실로 있었던 것이다. 종교가 문제를 만든 것이 아니라 인간의 문제가 종교를 요청한 것이라고 할 수 있다. 따라서 종교적 진술이 설명하는 문제는 일상적인 문제를 종교언어로 다시 담아낸 것이다.

그런데 종교가 하나가 아니라 여럿인 정황 속에서는 오히려 그러한 '산만한' 여러 종교의 언어들이 인간의 문제가 과연 무엇인지 뚜렷하게 드러나지 못하도록 한다. 바꾸어 말하면 실은 동질적인 문제인데도 전혀 다른 이질적인 문제로 여겨 상호간의 벽이 불가피하게 쌓이는 것이다. 그렇기 때문에 이제는 바야흐로 개개 종교의 B나 D를 넘어선 새로운 보편적인 언어로 우리는 우리의 문제를 진술할 수 있어야 한다. 종교의 다름에도 불구하고 인간의 자리에서 서로 타자의 문제를 공감하는 경험이 요청되는 것이다. 그렇기 위해 우리는 비종교적 언어로 인간의 문제를 발언할 수 있어야 하는 것이다.

그러므로 신뢰를 공감적 의식을 기반으로 모색하는 일은 '종교언어의 배제를 통한 종교에 대한 공감적 이해'를 의도하는 일로부터 비롯한다. 더 직접적으로 말한다면 특정한 종교의 언어로 '인류의 삶의 경험'을 서술하는 것은 근본적으로 부정직을 범하는 것으로 간주하는 일로부터 종교간의 신뢰가 싹트는 것이라고 주장하는 것이다.

따라서 공감을 통한 신뢰의 모색이 종국적으로 도달하는 자리는 "모든 종교는 같다"든지 "종교는 모두 다르다"라든지 하는 주장이 아니라 '인간과 인간의 만남'이 종교간의 갈등에서도 가능하다는 경험적인 자리이다.

2) 대화적 모색(Dialogical Exploring)

그런데 B와 D로 표출되는 '종교언어의 폐기'만으로 종교간의 갈등을 지양하는 새로운 신뢰를 마련할 수는 없다. 그러한 방법론적으로 그러한 언어를 간과할 수는 있지만 폐기는 실제로 불가능하다. 왜냐하면 개개 종교가 역사-문화적 실재라는 사실은 지워질 수 없는 현실이기 때문이다. 그럼에도 불구하고 그러한 '작업'이 현실적으로 이루어져야 한다면 우리가 의도할 수 있는 것은 기존의 종교언어를 대치할 '새로운 언어'를 낳고, 그 이전의 언어를 새 언어로 하여금 수렴하는 일이다. 그런데 이를 위한 실제적인 작업은 개개 B나 D를 탈역사화하고 탈문화적이게 하는 일과 다르지 않다. 다시 말하면 탈문화화되고 탈역사화되고도 남는 문제에 대한 '공감의 모색'에서 종교간의 신뢰의 가능성을 확인하려는 것이다.

그렇다고 해서 그러한 '벗어나도록 하는 작업'이 문제와 해답의 실체로 전승된 종교 자체를 해체하는 것은 아니다. 대화적 모색이 의도하는 것은 그러한 작업을 통하여 모든 종교적 지향이 '지금 여기의 우리의 문제'로 수렴되게 하는 일이기 때문이다.

개개 종교들은 자기의 개체성을 주장하고 지탱하기 위해서 지금 여기에 현존하는 것이 아니다. 지금 여기의 '우리의 문제'에 "반향하기 위해" 있는 것이다. 따라서 바로 이러한 자의식을 통해 종교간의 갈등을 넘어 상호간의 신뢰를 이루도록 하려는 것이 대화적 모색이다. 더 직접적으로 말한다면 종교간의 신뢰를 모색하는 일은 인간이 종교를 위해서 있는 것이 아니라 종교가 인간을 위해서 있는 것이라는 인식을 새롭게 해야 하는 것이다.

그러므로 이 경우의 대화란 서로 다른 종교간의 B↔B, D↔D, R↔R, C↔C 등의 모든 차원에서 이루어져야 한다. 당연히 종교인 사이의 만남이기도 하고 언어간의 만남이기도 하며 상징과의 만남이기도 하고 의미간의 만남이기도 하며 역사와의 만남이기도 해야 한다. 하지만 어떤 만남에서든 만남 주체는 그 만남을 통해 만남 이전과 만남 이후의 존재양태가 달라지지 않으면 안 된다. 그 만남은 Ex도 In도 Co도 아니다. 이러한 만남은 자기 변화에 대한 '긴장'은 내장하고 있어도 실제적인 변화를 의도하거나 초래하지는 못한다. 하지만 신뢰를 위한 대화적 모색은 자기의 변화 가능성을 향해 철저하게 '열려진 상태'를 지향한다. 언어가 새로워지면 B도 D도 R도 C도 신뢰를 위한 자기 변모를 구체화할 수밖에 없게 되리라고 기대하는 것이다.

3) 실천적 모색(Practical Exploring)

종교간의 다름이 갈등을 낳고 상호간의 불신을 조장하는 것은 사실이다. 그러나 종교의 울을 벗어나면 뜻밖에 우리는 종교간의 갈등이 전혀 일어나지 않거나 문제가 되지 않는 현실과 만난다. 종교를 탈문화화하거나 탈역사화하는 일을 넘어 우리는 아예 탈종교적이게 될 수도 있는 것이다.

종교간의 불신이나 갈등을 지양하기 위한 신뢰의 모색이 아예 스스로 종교적이기를 그만두는 것으로 이루어진다는 것은 실은 문제의 회피와 다르지 않다. 종교가 없으면 종교간의 갈등은 없다는 투의 해결은 기만적인 해법이다. 그러나 우리는 이러한 태도가 또한 '하나의 종교적 반응'이라는 사실을 유념할 필요가 있다. 다종교문화, 또는 다원문화가 우리에게 요청하는 새로운 인식이나 의식의 틀이 있다면 바로 이러한 것이다. 다종교문화는 종교가 삶의 유일하고 절대적인 준거라는 사실을 상대적으로 격하시킨다. 그리하여 종교는 선택적인 삶의 스타일일 뿐이라는 것을 새삼 경험하게 한다. 뿐만 아니라 종교의 다름에도 불구하고 공동으로 직면하는 '인류의 문제'가 있다는 사실도 새롭게 인식하게 한다.

이러한 새로운 '사태'는 우리를 개념이나 논리나 주장이나 고백의 차원에서 머물 수 없게 한다. 종교간의 관계를 직접적인 실천적 행동을 통해 '직면하는 현실'로 만들어야 할 필요가 있음을 요청하기 때문이다.

물론 그 만남을 실현하는 방법을 모색하는 과정에서 개개 종교의 전통적인 어떤 행위양태가 선택될 수는 있다. 그러나 그러한 선택이 그 특정한 종교를 '추종'하게 하거나 그 종교가 더 강화되고 확산되도록 하는 것은 아니다. 그러한 선택은 종교간의 갈등을 지양할 수 있는 '현실적인 효과'를 준거로 판단한 행위일 뿐이다. 그리고 그렇게 할 수 있다는 것은 개개 종교는 인류가 직면한 공통의 문제를 해결하기 위한 다양한 방법을 내장하고 있는 문화라고 말할 수 있게 해 준다. F는 해답을 선택할 수 있는 인간의 능력으로 기술되고, B나 D, R나 C는 그것 자체가 목적이 아니라 그러한 것들이 인간을 위한 '수단'으로 인식된다.

따라서 Pr은 B나 D가 주장하는 논리에다 자신을 속박할 필요가 없다. R의 실천적 준수나 C에의 귀속조차 강제된 규범으로 작용하지 않는다. 그것은 자유로운 선택적 참여로 이루어진다. 따라서 T는 B나 D, 그리고 C의 에토스나 R의 반복을 통해 이루어지기보다 '물음에 대한 해답을 실천할 수 있는 기능적 능력'을 통해 정립된다. '실제로 할 수 있음'이 T에 대한 종교인의 내재적 신뢰라면 '할 수 있다고 믿음'이 T에 대한 밖으로부터의 신뢰이다.

인간이 직면하는 문제에 대한 실제적인 해답의 모색과 구현을 통하여 B를 확인하고, D를 재해석하며, R에 의미를 부여하고, C에 이념을 불어넣는 것이 다종교문화 속에서의 종교인의 모습이지 그 역일 수는 없다고 하는 것이 Pr이다. 따라서 실제적인 해답의 기능을 수행하는 데 장애가 된다거나 충분히 효과적이지 못하다고 판단되는 '전통'이나 '정통성'은 무의미한 것으로 판단된다. 이러한 비판에서 자유로운 어떤 '권위'도 없다. 일종의 '성상파괴'(聖像破壞)를 수행하는 것이다.

이를테면 자연재해의 현장에서 여러 종교가 피해자를 위해 봉사활동을 하는 경우, 그 '문제를 위한 해답'의 실천에서 개개 종교를 구성하는 어떤 요인도 등장하지 않는다. 그 '일'을 위해 B도, D도, R도 물어볼 필요가 없다. 오히려 그러한 것들이 그 일을 위한 수단으로 동원되어야 한다. 그리고 그러한 정황은 바로 종교간의 갈등이 불식되고 상호 신뢰가 가능해지는 자리이다. Pr은 이러한 의미에서 앞서 지적한 바와 같이 '탈종교적 종교성'의 구현과 다르지 않다.[13)]

V. 결론

분명히 종교간의 갈등은 불가피하다. 적어도 기존의 F-B-T, 그리고 R-D-C를 유념하면 그러하다. 그 모든 요소들이 어떻게 종교문화의 유형을 이루고 있는가 하는 Th-Hi-Kr을 살펴보면, 비록 그 중첩을 발견하지 못하는 것은 아니지만, 결과적으로 종교간의 갈등이 지양되고 상호간의 신뢰가 가능하리라는 기대는 어불성설에 지나지 않는다는 것을 확인하게 한다. 그리고 우리의 현실이 아직 이러한 자리에 머물고 있는 한, 종교간의 신뢰를 운위할 수 있는 출구는 보이지 않는다.

하지만 종교가 하나가 아니라 여럿이라는 사실이 시사하는 '다종교문

13) 이곳에서 필자가 언급하고 있는 세 가지 '모색의 내용'은 충분한 검증을 거친 것이 아니다. 다만 '갈등을 넘어 신뢰를 확보할 수 있는 가능성'을 '역사-문화적 맥락에서 이루어지는 의식과 인식의 변화'를 주목하면서 수행할 수 있지 않을까 하는 '기대'를 정리한 것이다. 이러한 맥락에서 미즈루키(Mizruchi, 2001, ix- x)가 언급하고 있는 다음과 같은 주장에 공감한다. "First, religion is understood as nonuniversal in practice and theory. Religion is an historically particular phenomenon only apprehended through language, which is itself historically particular … Second, no religion is pure and unique unto itself. Religions are, by definition, 'polythetic' as opposed to 'monothetic' …Third, the methods that are most suitable to the conceptualization of this particularity and diversity are multidisciplinary as well as interdisciplinary … Religion is now a 'cutting edge' field of research …"

화에서의 새로운 종교이해'의 자리에 서면 문제는 확연하게 달라진다. 종교에 대한 인식 자체가 변화하면 신뢰의 모색이 현실화될 수 있는 것이다. 우리가 전통적으로 지니고 있는 종교관은 비록 상대적인 서술이지만 단원문화 안에 단일한 종교가 있다는 사실을 전제하여 이루어진 것이다. 그런데 역사적 변천을 축으로 하여 본다면 종교가 '하나가 아니라 여럿'인 문화 안에서의 종교이해는 종교가 '여럿이 아니라 하나'만이라는 주장과 경험이 가능했던 문화 안에서의 종교이해와 필연적으로 '달라야' 한다. 다원현상에서의 인식은 단원 현상에서의 인식과 그 구조나 논리가 동일할 수 없다는 '다원의식의 출현'이 이를 위한 관건이다. '단원의식'에서 '다원의식'에 이르는 이러한 '의식의 변화'를 초래하기 위한 방법론적 접근을 의도해야 하는 것이다.

종교는 문화-역사를 넘어선 자리에 있지 않다. 종교는 '살아 있는 현상'이다. 그러므로 종교는 가변적이고, 또 그래 왔다. 문화적인 현상이기 때문에 또한 역사적인 현상이었고, 역사적인 현상이어서 문화적인 것이기도 하다. 이 과정에서 R이나 D나 C의 변화는 무엇보다 가시적이다. F에 대한 서술도, B의 가르침도, T의 현존양태도 결코 정태적으로 지탱되지 않는다. 마치 개념이 역사 의존적이듯이 종교문화를 결정하는 모든 요소들도 역사 의존적이다. '문제에 대한 해답'이라는 구조를 전제하면서도 그러한 실체로서의 자기 변모를 종교는 지속하고 있는 것이다. 우리가 종교에 대해 종교사를 기술할 수 있다는 것은 바로 이러한 사실을 확인하도록 하는 실증적인 자료이다. 종교도 생멸(生滅)의 현상에서 벗어나지 못한다.

그러므로 종교에 대한 인식도 "종교의 변화와 더불어" 또는 "종교사와 더불어" 달라질 수밖에 없다. 그러한 의식의 변화가 불가능하다고 여겨지는 상황 속에서 이를 각인하기 위하여 동원한 방법론이 바로 앞에서 지적한 탈역사화, 탈문화화, 탈종교화라는 역설적인 접근들이었다. 이러한 맥락에서 우리는 다종교 현상 안에 있는 종교들은 종교 상호간의 갈등을 지양하고 신뢰를 모색하는 계기에서 자신의 '종교'를 다만 자신이 '선택한 하나의 삶의 양태'이지 인간의 삶에 과해진 초월적인 규범은 아니라는 '인식의 전환'을 이루지 않으면 아니 된다는 사실을 강조할 필요가 있다.

해답의 모색이 요청되는 문제가 없을 수 없는 것이 삶이라면 아무리 종교간의 갈등이 현실 안에서 비극적인 것으로 현존한다 할지라도 종교문화의 소거를 기대하거나 의도하는 것은 비현실적이다. 그런데 종교의 안을 바꾸고 울을 고칠 수 있는 '열린 모습'으로 있을 수밖에 없는 것이 다종교문화가 보여 주는 오늘 우리가 직면하는 종교의 존재양식이라면 종교간의 갈등이 필연적이라는 인식이나 태도, 종교간의 신뢰란 구조적으로 비현실적인 기대라는 판단 등은 바른 인식에 근거한 진술이라고 할 수 없다. 종교간의 신뢰는 불가능한 현실이 아닌 것이다.

이제까지의 논의를 요약하면 다음과 같다. '종교인'이기를 그만두고 '인간'이 되기 전에는 종교간의 신뢰란 불가능하다. 그러나 그렇게 종교인이기를 그만두고 이루어지는 종교간의 신뢰를 구현한 인간을 우리는 '종교적인 인간'이라고 말할 수 있다. 다원문화 안에서의 종교인은 '종교적인 인간'이어야 한다. 이러한 사태를 예상할 수 있다면 '종교'라는 용어의 부적적성도 아울러 언급되지 않으면 안 된다. 이미 그 용어는 치유 불가능하게 갈등지향적인 가치를 함축한 것이기 때문이다. 새 언어의 출현은 그래서 우리가 직면한 긴박한 당위이다(정진홍 2006, 407).

제6장
신뢰와 가족:
'가족해체'의 재조명 작업을 중심으로

황정미*

I. 서론

신뢰(trust)에 대한 사회적 · 학문적 관심이 높아지면서 다양한 분과학문에서 한국 사회의 신뢰 수준과 그 특성을 밝히는 연구가 활발하다. 신뢰의 개념은 매우 복합적이지만 일차적으로 어떤 대상에 대한 지속적 믿음, 주관적이고 미시적인 개인의 신념이나 태도로부터 출발한다. 그러나 신뢰의 사회학적 의미는 주관적 태도라는 미시적 차원에 머무르지 않으며 다양한 인간관계와 네트워크를 통해 작동하는 사회자본(social capital)의 의미를 갖게 된다.

사회자본과 연결된 신뢰 개념은 정치, 경제, 문화, 조직 등 다양한 차원

* 한국여성개발원 연구위원

으로 적용될 수 있다. 우선 신뢰는 원자화된 현대사회에서 무력하게 고립된 개인의 틀을 탈각하고 공동체에 대한 자발적 관심을 촉진하며 시민사회의 관계밀도를 증대시키는 정치학의 문제의식과 접맥된다. 다른 한편 경제적 차원에서는 신뢰 수준이 높을수록 시장 내의 불확실성이 줄어들고 따라서 각종 위험에 대비하는 거래비용이 낮아지는 의미가 있다(Fukuyama 1995). 또한 비교문화적 차원에서는 각 사회마다 신뢰의 수준이 다를 뿐 아니라 그 양태 및 내용이 상이하다는 분석들이 제시된다.

무엇보다도 신뢰 개념은 "좋은 사회란 무엇인가"라는 질문을 암묵적으로 내포하고 있다. 사고의 범위를 확장하여 본다면, 생존을 위해 그리고 권력과 욕망을 충족시키기 위해 인간은 수많은 불확실성과 위험에 맞닥뜨리는 과정에서 이러한 불확실성과 위험에 대처하고 그것을 통제하려는 다양한 수단과 제도들을 고안하고 발전시켜 온 역사가 바로 근대성(혹은 현대성 modernity)의 형성과정이라고 표현할 수 있다. 이러한 근대사회의 궤적이 외부 환경에 대응하는 인간의 통제능력을 신장함과 더불어 사회제도에 대한 자기성찰성을 심화시켜 '성찰적 근대성'(reflexive modernity)에 도달하게 되었는지(Giddens 1994), 혹은 예측 가능성과 합리화를 지향했던 현대적 제도들이 역설적으로 보이지 않는, 그리고 통제할 수도 없는 위험을 내포하고 있는 고도의 위험사회(risk society)를 불러왔다고 볼 것인지(Beck), 그 평가는 상이할 수 있다. 아무튼 신뢰 개념은 사람들이 서로 믿고 또 제도의 효능을 신뢰할 수 있는 '좋은 사회'(good society)에 대한 관심을 내포하기에 인본주의나 기능주의 전통의 사회학 양자로부터 모두 주목을 받고 있는 것이다.

한국 사회의 신뢰에 대한 분석과 평가에도 '좋은 사회'에 대한 관심이 복선처럼 깔려 있다. 일반적으로 한국인들은 자신과 개인적으로 알고 지내는 사람(가족, 친지, 친구 등)은 신뢰하는 반면 타인이나 이방인에 대한 신뢰는 낮고 특히 법과 규범, 공공기관, 사회제도를 상당히 불신하고 있는 것으로 분석되며(이재열 1990; 2001), 일부 실증 연구들도 이를 뒷받침하고 있다(박희봉 외 2003). 다시 말해 '사람에 대한 신뢰'는 높은 반면 '제도에 대한 신뢰'는 상당히 낮은 것이 한국 사회의 특징이며 이는 가족주의나 연고주의 같은 사적 관계를 중시함으로써 누구에게나 해당되는 보편적이고 제도적인 신뢰의 수준이 떨어진다는 부정적인 평가로 이어진다.

이 글에서는 한국 사회의 사적 신뢰와 공적 신뢰의 관계를 탐구하기 위한 하나의 실마리로서 가족을 주목하고자 한다. 한국 사회의 특징으로 꼽히는 가족주의나 연고주의가 한국 사회의 관계망과 사회자본, 신뢰 수준에 미치는 영향을 평가하는 문제는 매우 논쟁적이다. 한편으로 가족주의나 연고주의와 같이 수직적 · 폐쇄적 관계에 기초한 관계망들이 보편성에 기초한 제도적 신뢰에 부정적 영향을 미친다는 비판적 견해가 있다. 연고에 의존한 특수 관계에 기대어 자원분배나 의사소통이 이루어진다면 사회 전반의 개방성이 약화되고 공정한 게임의 원칙이 확보될 수 없으며 더 나아가 부패가 만연하게 된다는 것이다.

그러나 다른 한편 사적 신뢰와 공적 신뢰는 결코 영합적 관계에 있지 않으며, 산업화와 민주화가 성숙한 국가일수록 제도에 대한 신뢰가 높은 반면 사람에 대한 신뢰는 낮을 것이라는 가정에 의문을 제기하는 시각도 있다(유석춘 외 2002). 이러한 시각의 연장선상에서 보면, 한국 사회의 사적 관계망을 반드시 부정적인 것으로만 볼 수 없으며 서구와는 다른 한국 사회의 특성으로 간주해야 한다는 견해도 나올 수 있을 것이다.

이처럼 신뢰 연구에서 사적 관계망이나 가족관계는 한국 사회의 특성을 비교사회학적 관점에서 설명하기 위한 중요한 요인으로 상정되거나, 아니면 한국 사회의 발전전략에 내재된 부작용 내지 극복해야 할 요인으로 설명되기도 한다. 이처럼 가족과 친족의 연결망이 거시적인 시각에서는 중요하게 논의됨에도 불구하고, 기존의 신뢰 연구들은 가족 개념을 면밀하게 고찰하지 않는 것으로 보인다. 압축적 산업화 과정에서 일어난 가족의 역동적 변화, 그리고 가족사회학의 새로운 연구성과들을 심도 있게 검토하지 않은 채 가족을 고정된 상수로 전제하는 경향이 관찰된다. 특히 가족관계와 혈연관계, 정서적으로 친밀한 관계를 단순하게 동일시한다거나, 1차적 가족관계를 2차적 가족관계와 단순하게 대립시키는 모델은 20세기 중반의 기능주의 사회학 개념에 지나치게 의존하고 있으며, 사회가 바뀌어도 가족만은 "거기에 그대로" 있을 것이라는 매우 몰역사적이고 낭만화된 가족 개념을 전제하고 있다는 비판을 면하기 어렵다.

경제사회학, 조직사회학의 관점에서 신뢰를 연구할 경우 가족은 '외적 요인'으로 간주되는 경향이 있다. 그러나 한국 사회의 신뢰를 이해하는 데 가족관계와 유사가족적 관계망이 중요하다면, 가족을 단지 외적 요인으로 간주하는 것으로는 불충분하며 가족 자체의 역동을 적극적으로 고려하는 보다 정교한 논의가 필요하다. 신뢰 논의에서 가족 개념을 고정된 상수 내지 외부 요인으로만 간주할 경우 분석에서 몇 가지 한계를 보이게 된다. 첫째, 신뢰 연구의 영역을 특정 성격의 조직에 국한시킴으로써 가족이나 그 밖의 다른 사회적 장으로 신뢰 개념을 확장할 수 없다. 신뢰 개념은 뒤르켐이 '계약의 비계약적 조건'이라고 표현했던 것, 즉 합리적 행위나 계산적 예측을 가능하게 만드는 인지적 규범적 배경 또는 합리적 행위만으로는 설명할 수 없는 보다 광범위하고 복합적인 사회적 조건들과 연관되어 있다. 그런 면에서 가족이나 유사가족적 관계를 보다 적극적으로 분석해 볼 필요가 있다. 둘째, 가족에 대한 신뢰, 가족 내부에서의 신뢰를 적절하게 분석하지 못한다. 가족 자체가 역동적으로 변화하는 현실을 고려하지 않는다면 가족 내부의 신뢰관계가 어떻게 변화하고 있는지, 그것이 사회적 행위에 어떤 영향을 미치는지를 논의하기 어렵다. 셋째, 우리가 지향하는 사회를 고신뢰 사회(high-trust society)라고 할 때 이러한 고신뢰사회에서 가족은 어떤 의미를 갖는지에 대한 전망을 제시할 수 없다. 사적 가족에 대한 신뢰가 높다면 공적 제도에 대한 신뢰는 상대적으로 약화되는 것인가? 공적 제도에 대한 신뢰가 커진다면 가족 중심의 생활방식이 약화되고 '탈가족화'된 라이프 스타일을 갖게 되는 것인가? 최근 나타나듯이 이혼과 재혼이 증대하는 것은 신뢰의 약화를 보여 주는 현상인가? 이러한 질문에 대해 적절한 답을 제시할 수 없다.

따라서 가족과 신뢰의 관계를 좀더 본격적으로 다루는 연구가 필요하며 이 연구는 바로 이 문제의식에서 출발한다. 가족과 신뢰를 연결하는 연구는 한편으로 신뢰 개념을 좀더 정교화하고 풍부하게 확대하는 이론적 함의가 있을 것이다. 이 연구에서 추구하는 연구 문제는 두 가지로 요약할 수 있다. 첫째, 한국 사회에서 제도에 대한 신뢰가 낮은 반면 사적 신뢰는 높다는 진단을 수용한다면, 그 '사적 신뢰' 안에서 가족은 어떤 위치를 차지하고 있는지를 고찰하겠다. 둘째, 고신뢰사회를 향한 전망을 제시하기 위해서는 사적 신뢰와 공적(제도적) 신뢰의 관계를 논의해야 하는데, 이와 같은 사적 신뢰-공적 신뢰의 관계에 가족은 어떤 영향을 미치는지 검토하고자 한다.

II. 신뢰 개념의 재검토

신뢰는 나타나지 않은 무엇에 대해 그 결과가 자신의 기대와 어긋날 수 있음에도 불구하고 믿는 것을 말한다(Luhman 1988, 95). 간단히 말하면 불확실성에 대한 위험을 감수하면서도 믿고 기대하는 것이다. 은행을 신뢰하지 않는다면 어렵게 벌어들인 돈을 규칙적으로 맡길 수 없으며, 국가를 신뢰하지 않는다면 젊고 건강한 사람이 노후나 질병에 대비해 사회보험금을 낼 수 없는 것이다. 신뢰는 사회적 관계를 성립시키고 확장하는 데, 사회적 제도가 제대로 기능하는 데 반드시 필요한 요소이다.

이런 차원에서 신뢰는 사회적 자본과 연결된다. 콜만은 물질적 자본, 인적 자본, 사회적 자본을 구분하고, 사회적 자본은 사람들 사이의 신뢰관계에 내재해 있으며 개인의 능력으로 환원할 수 없는 것이라고 본다. 사회적 자본은 세 가지 기능을 갖는데, 첫째 신뢰를 통해 거래비용을 감소시키는 효과를 갖는다. 둘째, 사회적 관계를 통해 정보를 얻게 됨으로써 정보축적에 드는 노력과 비용을 절감해 준다. 셋째, 사람들 사이의 관계망이 긴밀하여 질수록 사회적 규범이 강화되고 규범의 제재력도 효과성이 높아진다 (Coleman 1990; 이재열 1998).

이처럼 신뢰는 개인에 대한 신뢰에서 제도의 영역에까지, 또한 거래와 이익의 추구에서 정보축적 및 규범형성에 이르기까지 그 범위가 넓다. 이러한 신뢰 개념의 복합성과 광범위함은 '개념적 혼란'에 대한 우려를 낳기도 하였는데, 신뢰 개념을 둘러싼 혼란을 원숙연(2001)은 네 가지로 정리한다. 첫째, 신뢰를 보는 관점이 매우 다양하여 신뢰의 내용 또한 다양한 구성요소로 제시되었다. 둘째, 협력, 확신(confidence), 예측 가능성 등의 유사 개념과 신뢰 개념 간의 구분을 명확히 하지 않아 혼란이 발생하였다. 셋째, 신뢰와 불신이 단일 차원의 개념인지 혹은 독립적인 별개의 개념인지에 대한 논란이 있다. 넷째, 신뢰는 근본적으로 다차원적 현상이므로 그 개념을 명확히 하는 데 다차원성이 중요한 의미를 갖는다는 주장이 제기되었다.

이러한 논의에서 얻을 수 있는 시사점은 두 가지로 요약할 수 있다. 우선 신뢰는 매우 다차원적인 개념이며 인지적 차원뿐 아니라 정서적 차원에까지 걸쳐 있다. 또한 신뢰와 불신은 동일 차원의 개념이 아닐 수 있으며, 다시 말해 신뢰와 불신이 동일한 연속선의 양끝에 위치하는 단순한 반대말로 볼 수 없다는 점이다. 우리는 일상에서 강렬한 사랑과 미움이 공존하는 관계, 친숙하기 때문에 서로를 잘 알고 있지만 그렇기 때문에 상거래와 같은 합리적인 관계를 맺기 어려운 상황을 자주 겪는다. 가족관계에서도 전적인 신뢰와 의존 때문에 기대와 현실이 불일치함으로써 갈등이 발생할 수 있으며 그러한 갈등이 초래하는 불신의 문제는 타인에 대한 불신보다 더욱 심각한 결과를 초래한다. "친한 친구 사이에는 돈거래를 하지 말라"라는 속언은 바로 이러한 신뢰의 복합성과 다차원성을 보여 주는 사례이다.

신뢰는 복합적이고 다차원적이기 때문에 신뢰를 다루는 논의에서는 일정한 유형화가 나타난다. 논의 출발점을 제공한 후쿠야마는 그러나 고신뢰사회와 저신뢰사회라는 매우 단순한 이분법에 머물렀다. 한국, 이탈리아, 중국 등을 저신뢰사회로 구분하여 혈연집단의 범주를 넘어선 공적이고 제도적인 차원으로 신뢰가 확산되어 있지 못함을 지적했다.

〈표 1〉 신뢰와 4가지 사회유형

	높은 공적 신뢰	낮은 공적 신뢰
높은 사적 신뢰	신뢰 사회(후쿠야마 식)	전통적인 공동체 사회, 혹은 연줄사회
낮은 사적 신뢰	자유방임적 경쟁사회, 혹은 복지형 전체주의 사회	홉스적 자연상태, 혹은 전제적 감시사회

출처: 이재혁(1998), 329.

이를 비판하면서 보다 복합적인 유형분류를 제시한 연구들을 보면, 이재혁(1998)은 공적 신뢰와 사적 신뢰를 구분하고 양자간의 관계에 따라 아래와 같이 네 가지 유형을 만들었다.

앞에서도 언급하였듯이 사적 신뢰와 공적 신뢰는 영합관계에 있지는 않다. 사적 신뢰는 행위자들 사이의 친밀함과 행위의 효율성을 위한 강한 연결(strong ties)의 구축으로부터 확대된다. 문제는 사적 신뢰가 파생하는 사회적 효과인데, 사적 신뢰가 강화되면 사회관계의 고착화 효과(lock-in effect)가 나타날 수 있다. 따라서 "후쿠야마의 논지는 보다 정확하게 표현하자면 신뢰의 연결망적 파생효과를 지적하는 것으로, 결국 이들 국가에서 공적 신뢰가 약하게 형성되어 있다는 것을 의미" 한다.

이재열(1998)은 사적 신뢰의 수준과 공적 제도화의 수준에다가 수직적 관계의 강약이라는 새로운 차원을 더하여 8가지 사회유형을 제시하고 있다. 공적 신뢰와 사적 신뢰가 모두 높은 고신뢰사회도 신뢰의 비대칭성, 다

〈표 2〉 신뢰와 8가지 사회유형

	높은 공적 신뢰		낮은 공적 신뢰	
	강한 수직적 관계	약한 수직적 관계	강한 수직적 관계	약한 수직적 관계
높은 사적 신뢰	왕도 정치	토크빌의 민주주의	마피아 사회	전통적 공동체 사회
낮은 사적 신뢰	권위주의 사회	절차적 민주주의	약육강식 사회	홉스주의 사회

출처: 이재열 1998(인용자가 재구성함).

시 말해 사회적 관계의 수평성 혹은 수직성 정도에 따라 왕도정치와 토크빌식 민주주의로 구분할 수 있다는 것이다.

그러나 이러한 분류는 공적-사적 신뢰의 관계에 따른 사회의 유형분류이지 신뢰 자체의 유형분류는 아니다. 이 글에서 다루고자 하는 가족에서의 신뢰 개념을 논의하기 위해서는 사회의 유형이 아니라 신뢰 자체의 유

〈표 3〉 신뢰 유형 및 예

	사람에 대한 신뢰	제도에 대한 신뢰
상태로서의 신뢰 (정서적)	정태적 사적 신뢰 (예: 마피아 집단 내의 신뢰 혈연, 학연, 지연에 대한 신뢰)	정태적 공적 신뢰 (화폐, 과학 등 추상적 제도에 대한 신뢰)
사건으로서의 신뢰 (계산적)	동태적 사적 신뢰 (계약자에 대한 신뢰)	동태적 공적 신뢰 (개혁정책에 대한 신뢰, 투자대상국의 경제제도에 대한 신뢰)

출처: 김용학 (1999), 133.

형분류가 필요하다. 그 한 예로서, 김용학(1999, 133)은 사람에 대한 신뢰와 제도에 대한 신뢰, 상태로서의 신뢰와 사건으로서의 신뢰를 축으로 하여 아래와 같이 신뢰를 유형화 한다.

위의 분류표는 신뢰의 대상을 사람과 제도로 구분하고, 신뢰의 내용이 정태적으로 변화가 없는 것과 상대방과의 관계에 의해 가변적인 것으로

구분하고 있다. 그런데 위의 분류에서는 정서적인 것은 정태적이고 이익 추구는 동태적이라는 이분법을 적용하는데, 이것은 정서적 관계 역시 사회구조적인 변화에 따라 역동적으로 변화하는 것이라는 측면을 간과하고 있다.[1)] 혈연, 지연, 학연을 정태적 신뢰로 규정하지만, 그러나 가족이나 친족간의 신뢰관계 역시 가변적인 것이며 친족 공동체 내부의 반목이나 이혼의 증가 등은 그 예이다.

신뢰의 역동성을 포착하기 위한 하나의 대안으로 신뢰와 불신을 별도의 차원으로 구분하는 방법이 있다. 아래의 표는 신뢰의 고저와 불신의 고저를 교차시켜서 네 가지 유형을 제시한다.

〈표 4〉 신뢰와 불신의 통합 – 대안적인 사회 현실들

	▪ 낮은 불신 characterized by no fear absence of skepticism absence of cynicism low monitoring no vigilance	▪ 높은 불신 characterized by fear skepticism cynicism wariness and watchfulness vigilance
▪ 높은 신뢰 characterized by hope, faith, confidence, assurance, initiative	· 높은 가치통합성 · 상호의존의 촉진 · 기회의 추구 · 새로운 이니셔티브	· 믿지만 증명해야 함 · 매우 분절되고 제한된 관계 · 기회를 추구하며 위험을 줄이고 약점을 지속적으로 감시함
▪ 낮은 신뢰 characterized by no hope, no faith, no confidence, passivity, hesitance	· 우연한 만남 · 제한된 상호의존 · 가까운 범위의 거래 · 직업적 정중함 · 편집증	· 바람직하지 못한 결과를 기대하고 두려워함 · 나쁜 동기를 전제함 · 상호의존의 관리 · 최선의 공격이 최선의 방어

Lewicky의 (1998), 445.

1) 한 예로 안토니 기든스는 현대사회로의 구조 변동 속에서 친밀성 영역에도 거시적인 변화의 역동이 존재한다고 보고 자신의 저서를 '친밀성의 구조변동'이라고 명명한 바 있다(Giddens 1992).

레위키 등의 목적은 조직 내에서의 신뢰관계를 분석하는 것이었기 때문에 위의 표는 사적 신뢰의 다양한 유형, 특히 신뢰의 정서적 측면을 세부적으로 보여 주는 데 주안점을 두고 있다. 이것은 특히 가족과 같이 '강한' 연대이면서 매우 친밀한 관계의 다면성을 분석하는 데 유용하다. 그러나 가족이 지니고 있는 제도적인 측면, 사회구조의 변화와 맞물려 있는 가족구조의 변화를 담아내는 데에는 한계가 있다.

사람에 대한 신뢰와 제도에 대한 신뢰를 구분한 것은 사회학의 기본 범주인 미시/거시의 구분과 유사하다. 그러나 미시 수준과 거시 수준의 개념적인 구분과 더불어 미시/거시를 연계하는 새로운 역동성 역시 중시되어야 한다. 가령 사람에 대한 신뢰는 특정 개인에 대한 신뢰처럼 보이지만 보다 정확하게 표현하면 내가 이해하고 인지하고 있는 그 사람의 특정한 측면에 대한 신뢰, 또는 나와 타인의 관계에 대한 신뢰이다. 여기에서 중요한 것은 사람과 사람의 관계에서 형성되는 친숙함(familiarity)이나 친밀성(intimacy)이다. 옆집 사람에 대한 신뢰, 동네 주민에 대한 신뢰, 같은 버스를 탄 사람에 대한 신뢰는 사실 특정 개인의 속성에 대한 신뢰가 아니라 일상생활을 형성하고 있는 사회적 환경에 대한 믿음이자 기든스가 말하는 '존재론적 안전감'에 가까운 것이다.

그런 의미에서 가족은 나와 친숙한 관계에 있는 개인들로 구성되는데, 이러한 관계는 한편으로 매우 사적인 것이지만 다른 한편 개인들이 사회 안에서 안전하게 살아가기 위해 의탁하는 제도적 특성을 갖기도 한다. 실제로 공적 복지가 미발달한 한국 사회에서 가족은 교육투자나 노후보장의 부담을 떠안고 있는 제도적 역할을 하고 있다. 가족관계는 사적이지만 가족이 현재 한국 사회에서 수행하고 있는 기능은 매우 '제도적'이고 '사회적'이다.[2)]

---

2) 장경섭은 한국 가족의 이러한 특성을 강조하여 '사회투자가족'이라는 용어를 사용한 바 있다. 원래 기든스가 '제3의 길' 노선을 제시하면서 국가의 역할은 과거 좌파

지금까지 살펴본 대로 신뢰 개념은 복합성과 다차원성은 여러 가지 혼선을 빚기도 하지만 다른 한편 신뢰라는 사회 현상의 속성이기도 하다. 특히 가족과 관련된 신뢰의 영역은 무조건적 신뢰와 절대적 불신이 공존하며, 특정 개인에 대한 친밀한 관계라는 미시적인 차원과 가족 자체가 제도로서 수행하는 사회적 역할의 차원이 교차하고 있다. 따라서 가족에 대한 신뢰를 사람에 대한 사적인 신뢰, 한 번 형성되면 바뀌지 않는 정태적 신뢰로 보는 것은 현대사회의 가족 역동성을 과소평가하는 것이다. 또한 탈산업사회로 접어든 시점에서 산업사회의 이데올로기를 반영하는 기능주의 사회학의 가족 개념을 무비판적으로 전제하는 문제도 있다. 가족과 신뢰를 논의하기 위해서는 대안적인 개념을 모색할 필요가 있다.

III. 신뢰 연구에서 가족의 위치

탈현대사회에서 가족의 특성은 여러 가지로 나타나지만 신뢰 연구와 관련해서는 두 가지를 주목할 수 있다. 첫째, 가족의 역동성과 다양성이 그 어느 때보다도 증대하고 있다. 부부와 자녀로 구성되는 핵가족이 유지되고 있지만 또한 새로운 가족 형태가 증대하여 가족(the family)은 다양한 가족들(families)로 변화되었고 특정 가족 형태를 '정상가족'으로 전제할 수 없다. 또한 탈전통(post-traditional)시대의 도래, 점증하는 고령화를 보더라도

와 같은 복지제공이 아니라 개인들의 능력을 향상시키는 교육 및 노동 인프라를 제공하는 데 있다고 강조하면서 '사회투자국가'를 개념화하였다. 장경섭에 따르면 교육을 비롯하여 다양한 인적 자본을 양성하는 데 자원을 투자하는 주체는 국가가 아니라 가족이기 때문에 한국에서는 '사회투자가족'이라는 개념을 사용하고자 한 것이다.

가족은 평생 동안 지속되는 상수라기보다는 생애주기에 따라 조건과 경험이 달라지는 역동적인 과정이다.

두 번째로 주목할 것은 가족 구성원들의 태도나 권력관계가 언제나 일치하는 것은 아니라는 사실이다. 가족 안에도 성별, 나이, 가부장제 내의 위치에 따라 발언권이나 지위에 차등이 있으며 자원의 불균등한 분배가 일어나기도 한다. 요컨대 모든 가족 구성원들에게 가족경험이 동일한 것은 아니라는 점이며 가족 내부의 비대칭성이 간과될 수 없다.

가족을 동질적인 하나의 단위로 보거나 가족 내 친밀성이 불변하는 상수라고 전제하는 것은 더 이상 역동적인 가족의 현실과 들어맞지 않는다. 사회학에서의 신뢰 논의는 어떤 면에서 가족을 '외부성'(externalities)과 유사하게 다루는 역설적 측면이 있다. 즉 가족에서의 신뢰를 사례로 분석하기도 하고 가족을 사회자본의 중요한 원천으로 간주하고 있지만, 그러나 가족이 고정불변하는 상수인 것처럼 전제하는 경향이 동시에 존재한다. 그러나 경제와 정치구조가 변하는 것만큼, 아니 그 이상으로 가족관계나 가족구조는 산업화의 물결과 더불어 급속하게 변화해 왔다. 후기산업사회로 이행하고 세계화가 확산되는 과정에서 가족 또한 새로운 삶의 형태로 적응하고 있으며 우리는 주말부부가족, 기러기가족 등 새로운 가족 형태를 목격하고 있다. 이러한 가족의 역동성 자체는 신뢰 분석과 결합하지 못하고 있으며, 여전히 양친과 자녀로 구성된 파슨즈적 핵가족을 '자연 속의 가족'인 양 전제하는 태도가 나타난다.

가족의 역동성을 신뢰 분석과 연결하기 위해서는 이른바 정상가족이라고 불리는 산업사회의 가족신화에서 벗어나야 한다. 가족이라는 관계에 개입하고 있는 다양한 차원들, 예컨대 사랑, 친밀성, 애착, 생존전략, 국가정책 등을 고려해야 한다.

이러한 가족의 특성을 신뢰 개념과 연결하여 논의하기 위해서 우리는 루만의 논의(Luhman 1988)로부터 출발한다. 루만은 친숙함(familiarity)과 신뢰를 구분하고, 또 확신(confidence)을 신뢰와 구분하여 정의한다.

> 친숙함은 삶에서 피할 수 없는 사실이지만, 신뢰는 특정한 위험(risk) 문제에 대한 해결이다. 물론 신뢰는 친숙한 세계 안에서 성취되며 친숙한 양상들의 변화는 인간관계에서 신뢰를 발전시킬 가능성에 영향을 줄 것이다. 따라서 신뢰의 조건을 탐구할 때 친숙함의 조건과 그 한계를 간과할 수 없다(Luhman 1988, 95).

위의 인용문에서 보듯이 친숙함은 신뢰의 중요한 조건이지만 친숙함 그 자체가 신뢰는 아니라는 점에 주목해야 한다. 즉 가족이나 혈연관계의 사람과 친밀하게 지내는 것 자체를 신뢰라고 개념화할 수 없다는 점이다. 여기에서 루만은 신뢰를 '위험'(risk)에 대한 해결로 본다. 이를 이해하기 위해서는 신뢰와 확신을 구분해서 논의해야 한다.

루만에 따르면 확신이나 신뢰는 모두 '어긋날 수도 있는 것에 대한 기대'이다. 그런데 확신은 특별한 반성 없이 당연히 그런 것으로 믿는 믿음이다. 가령 버스를 타고 산길을 달리면서 바위가 굴러 떨어질지 모르니 버스에서 내려달라고 말하는 사람은 없다. 그러한 일이 일어날 가능성이 매우 적기도 하지만, 사실 다리를 건널 때마다 다리가 무너질지도 모른다고 불안해 한다면 일상생활은 거의 불가능하다. 마찬가지로 우리는 일상적으로 지하철이나 비행기를 이용하고 있다. 지하철 사고나 비행기 추락의 위험을 매일 매일 생각한다면 그렇게 할 수 없을 것이고, 이처럼 우리는 명확하게 입증되지 않은 수많은 사실들을 일상적으로 믿으면서 살아가고 있다. 이러한 믿음이 확신에 가깝다.

그러나 이와 달리 신뢰는 '과거에 관여한 경험이 있는 상황'을 요구한다. 신뢰는 '재해'(danger)가 아닌 '위험'(risk)에 대한 대응이다. 어떤 위험을 회피할 수도 있지만, 그러나 그것을 피하기 위할 경우 특정한 혜택을 버려야 한다. 그렇기 때문에 위험을 무릅쓰고 믿는 것이 신뢰의 상황이다.

> 대안을 생각할 수 없다면 그것은 확신의 상황이다. 타인의 행동에 실망할 가능성에도 불구하고 타인을 선호하는 행동을 하기로 한다면, 당신은 그 상황을 신뢰로 정의하고 있는 것이다. 확신의 경우 외적 기인에 대해 실망하게 될 것이

며, 신뢰의 경우 내적 기인을 고려해야 하며 결국 그것을 신뢰했던 자신을 탓해야 한다(Luhman 1988, 97).

이러한 구분을 결혼 상황에 적용해서 설명해 본다면, 100년 전 조선의 여성들은 결혼하지 않은 독신의 삶을 상상할 수 없었고 또 배우자는 자신이 선택하는 것이 아니라 부모의 뜻에 따라 결혼을 하였다. 만약 결혼관계가 불행해진다면 그것은 자신의 책임이 아니라 운명이자 팔자소관이라고 생각하였다. 그러나 최근에는 결혼이란 '필수가 아닌 선택'이 되었고 결혼을 할지 여부, 어떤 사람과 결혼할 것인가, 그리고 언제 결혼할 것인가 등이 대체로 당사자의 선택으로 이루어진다. 이렇게 성사된 결혼관계가 불행해진다면, 그것은 자신의 선택이 잘못된 것이라고 생각하게 되는 것이다. 결혼관계에도 확신의 측면과 신뢰의 측면이 공존하며, 운명적 결혼보다 개인적 선택에 의한 결혼이 늘어나면서 확신은 점차 신뢰로 전환된다고 말할 수 있다.

여기에서 루만은 또한 확신과 신뢰가 영합관계가 아님을 강조한다. 확신이 신뢰로 전환되기도 하지만, 또한 신뢰가 성립되기 위해 확신을 필요로 하기도 한다. 신뢰의 부족과 확신의 부족이 초래하는 결과도 상이하다.

> 확신의 부족은 소외감으로 이어지고 순수하게 지역적 중요성을 갖는 보다 작은 세계로 후퇴하게 될 것이다. … 다른 한편 신뢰의 부족은 단지 활동을 위축시킨다. 합리적 행동의 가능성 범위가 축소된다. 신뢰가 결핍되면 체계는 규모를 잃게 될 수 있다. … 그러나 확신과 신뢰를 구분해 본다면, 신뢰의 축소가 확신의 부족으로 인한 직접적이고 필연적인 결과가 아니라는 사실을 알 수 있다(Luhman 1988, 103)

이러한 루만의 논의로부터 우리는 친밀함과 신뢰의 관계를 좀더 정교하게 다루어야 함을 알 수 있다. 확신을 선택의 여지가 없는 것에 대한 믿음이라고 한다면, 신뢰는 피할 수 있는 것을 무릅쓰는 믿음이다. 확신의 부족은 소외감으로 이어지며, 신뢰의 부족은 합리적 행동의 범위를 축소시킨다.

가족에 관한 신뢰는 단지 '정태적인 사적 신뢰'로만 설명될 수 없는 복합적 차원을 갖는다. 여기에서는 루만의 논의를 수용하여 가족에 대한 확신과 가족에 대한 신뢰의 구분을 시도하고자 한다. 현대사회에서 가족이나 혈연관계는 선택의 여지없이 주어진 것이기도 하지만, 또한 가족에 관한 여러 가지 선택의 폭이 넓어진 것도 사실이다. 독신가구의 증대, 동거의 증가, 이혼과 재혼의 증가 등은 자신이 어떠한 가족관계를 맺을 것인가에 대한 '선택'의 여지가 늘어나고 있음을 보여 주는 몇 가지 사례이다.

여기에서 루만이 신뢰를 '위험'(risk)에 대한 대응으로 본다는 점에 유의할 필요가 있다. 현대 사회는 위험사회(risk society)의 속성을 가지고 있으며 위험을 예방하거나 관리하기 위해 다양한 사회적 제도가 발달되었다. 복지국가 역시 사회적 위험에 대한 제도적 대응으로 볼 수 있는데, 가령 노동시장에서 직면할 수 있는 다양한 위험들, 예컨대 산업재해, 실업, 질병, 그리고 노령화로 인한 은퇴에 대응하기 위해 만들어진 것이 바로 사회보험제도[3]인 것이다.

흥미로운 것은 최근의 복지국가에 대한 비판, 복지국가 개혁논의에서 '새로운 사회적 위험'(new social risks)(Taylor-Gooby 2004; 윤홍식 2006)이 논의되는데, 임신 · 출산 · 양육과 같이 가족과 사적 영역에서 발생하는 돌봄(care)의 문제는 기존의 사회보장제도에 의해 해결되기 어렵다는 것이다. 새로운 사회적 위험은 출산율의 저하와 돌봄의 공백, 인구의 고령화와 노동력의 부족 등 심각한 사회적 긴장을 초래한다. 북구를 비롯한 유럽 국가

3) 이른바 4대 보험으로 불리는 산업재해보험, 건강보험, 실업보험(우리나라의 명칭은 고용보험), 연금 등은 바로 이러한 위험에 대응하는 제도들이며, 이러한 제도에 대한 신뢰 여부는 복지정책의 성패와 확대에 매우 중요한 요인이다.

에서는 보육정책이나 일 · 가족 양립정책 등을 통해 사적인 돌봄의 영역에 강력하게 개입하고 있으며, 기업 역시 '가족친화적 고용'을 도입하는 사례가 많다.

이러한 변화를 고려할 때 '관계'로서의 가족과 '제도'로서의 가족을 구분해야 할 필요가 있다. 가족을 순수하게 사적 영역으로 보는 것은 자율적 개인을 전제하는 자유주의 철학의 세계에서는 가능하겠지만 현실 세계에서는 반드시 그렇지 않다. 실제로 복지국가는 자녀 양육이나 노인돌봄 등 여러 분야에 정책으로 개입하고 있으며, 공/사를 분리하는 이분법은 시대적 조건에 따라 새롭게 다시 설정되고 있다. 새로운 사회적 위험의 개념이 지적하고 있듯이, 특히 저출산 고령화가 급속한 진행으로 가족 내부에서 가족 구성원을 돌보는(care) 기능에 점차 공백이 늘어감으로써 과거 가족이 수행했던 많은 역할들을 공적인 기구나 사회보장제도가 대신하는 변화도 나타난다.

다른 한편 모든 친밀한 관계를 가족이라는 형태가 독점하고 있지 않으며 동거, 비혈연적 공동체 등 다양한 관계들이 늘어나고 있다. 이혼이 늘어날 뿐 아니라 성인 중 결혼상태에 있지 않은 비혼자의 비율도 계속 증대하는 추세이다. 그렇다면 가족관계와 친밀한 관계가 반드시 일치하지 않을 수 있다. 전통적인 친족관계에 근거하는 수직적 가족 형태는 부부 중심의 수평적 가족 형태로 옮겨가고 더 나아가 부부 중심의 가족보다 더 느슨한 동거관계도 등장한다. 단순화를 무릅쓰고 말한다면, 정서적인 친밀한 관계는 가족과 반드시 일치하지 않는 다양한 친밀성 관계들로 확대되며, 또한 생계와 삶의 안전을 보장하는 가족의 기능은 가족을 뛰어넘는 공적인 사회제도로 상당 부분 이전되고 있다.

지금까지 살펴본 대로 가족을 친족에 근거한 친밀한 관계로 '전제'하는 기능주의적 가족관을 벗어나서 가족의 역동성과 다양성을 신뢰의 차원과 연결시킨다면 우리는 훨씬 다차원적인 신뢰의 유형을 발견할 수 있다. 우선 가족에 대한 신뢰와 확신을 구분하고, 가족을 제도의 측면과 관계의 측면으로 나누어 교차시키면 아래와 같은 〈표 5〉가 만들어진다. 즉, 가족관계에 대한 확신과 가족제도에 대한 확신, 가족관계에 대한 신뢰와 가족제도에 대한 신뢰로 구분할 수 있다. 〈표 3〉에서 말하는 '정태적 사적 신뢰'로서 가족에 대한 신뢰는 〈표 5〉에서는 '가족관계에 대한 확신'에 해당하며 따라서 가족에 대한 신뢰 전부를 포괄하는 설명이 될 수 없다. 즉 기존 연구에서는 가족에 대한 신뢰를 단일한 차원으로 전제하였으나, 사실 가족을 교차하는 다양한 차원과 복합성을 고려할 때 가족에 대한 신뢰는 아래와 같은 네 가지 하위 범주로 구분할 수 있는 것이다. 여기에서는 신뢰 개념은 이중적 의미로 쓰이는데, 넓은 의미의 신뢰는 그 하위에 신뢰와 확신을 포함하는 개념이며, 협의의 신뢰는 확신과 구분되는 개념으로 사용되었다.

〈표 5〉 가족과 신뢰의 새로운 유형화

	관계로서의 가족	제도로서의 가족
확신 (confidence)	가족관계에 대한 확신 (애정적 동일시, 인륜과 효도)	가족제도에 대한 확신 (가족에 대한 다양한 이념과 가치관)
신뢰 (trust)	가족관계에 대한 신뢰 (결혼계약, 평등한 가족관계, 가족원 사이의 법률적 의무)	가족제도에 대한 신뢰 (사회보험에서의 가족 보호, 가족친화기업제도, 사회화된 보살핌)

IV. '사적 신뢰'와 가족관계의 역동성

가족에 대한 신뢰는 '사람에 대한 신뢰' 내지 '사적 신뢰'와 동일시되고 있다. 개인에 대한 신뢰는 흔히 개인이 소유하고 있는 자질로 인식되기 쉽다. 즉 내가 타인으로부터 신뢰받는다면 다른 사람에게 믿음을 주고 호감을 살 만한 개인적 특성을 갖고 있기 때문이라고 생각하는 것이다. 그러나 사람에 대한 신뢰는 관계 속에서 발생하는 것이기 때문에 개인의 소유물로만 볼 것이 아니라 상호성의 측면이 고려되어야 마땅하다. 부모님에 대한 신뢰는 부모님의 직업이나 학력, 인격에 대한 판단에서 나오는 것이기에 앞서 부모와 나와의 상호적인 관계 안에서 형성된다. 따라서 사회적으로 지위가 높지 않은 사람일지라도 그 누구보다 자식으로부터 신뢰받는 부모가 될 수도 있다. 그렇기 때문에 여기에서는 '사람에 대한' 신뢰라는 표현보다는 '관계에 대한 신뢰'라는 표현을 사용하고자 한다. 가족에 대한 신뢰는 '사람에 대한 신뢰'이기에 앞서 그 이면에 있는 가족 '관계'에 대한 신뢰를 바탕으로 한다.

가족은 일차적인 사회화의 장소이자 안정된 인성 형성의 모태로서 언제나 고정적으로 그 자리에 있는 것인가? 더 나아가 정서적인 신뢰의 형태는 언제나 동일한 것인가? 여기에서는 사적 신뢰를 둘러싼 사회적 환경 및 인지적 환경이 변화하고 있다는 점을 지적하고자 한다. 첫째, 동일한 가족 관계에서 살아가는 사람이라도 성별에 따라 가족에 대한 신뢰의 수준이 다를 수 있다는 점, 특히 성별 태도의 차이가 상당히 크다. 둘째, 정보화의 발달로 초기 사회화 단계부터 사람이 아닌 물건과의 접촉 및 상호작용이 인성 형성에 미치는 영향력이 점차 확대되고 있으며 가족에 대한 확신도 정보사회의 시간 및 공간적 환경변화 속에서 그 의미가 변화할 수 있다는 점이다.

1. 가족관계에 대한 신뢰의 성별 차이

흔히 신뢰 연구에서 가족은 신뢰할 수 있는 인성이 형성되는 영역, 개인의 능력, 개인에 대한 신뢰감으로 인식한다. 즉 타인으로부터 신뢰받을 수 있는, 타인과 신뢰관계를 형성할 수 있는 개인의 토대가 형성되는 곳이 가족이라는 전제가 공유된다. 그러나 현실적인 관계의 측면으로 들어가 보면 가족관계는 모든 가족 구성원에서 동일하게 인지되지 않으며 관계에서의 위치에 따라 자원의 분배에도 차등이 있다.

가족관계에 대한 믿음은 앞에서 '가족관계에 대한 확신'과 '가족관계에 대한 신뢰'로 구분하였다. 가족관계 확신은 정서적 친밀성과 애정적 상호의존관계를 나타내는 반면, 가족관계 신뢰는 결혼이나 가족관계가 초래할 수 있는 위험(risk)이나 부담을 감수할 것인가에 대한 태도이다. 가족이 된다는 것은 경제적이고 정서적인 부담을 주지만 그럼에도 불구하고 나에게 중요한 누군가와 가족관계를 맺기로 한다면 그것은 가족관계에 대한 신뢰라고 표현할 수 있다. 물론 이 두 가지를 분석적으로는 구분하지만 현실에서는 양자가 매우 밀접하게 연결되어 있다.

가족관계 확신이나 가족관계 신뢰는 경험적으로 측정하기가 매우 어렵다. 다만 간접적인 자료를 통해서 이에 대한 성별 차이가 나타나는지를 살펴볼 수 있는데, 통계청에서 실시한 사회지표조사에 포함되어 있는 가족 관련 문항에 대한 응답률에서 여성과 남성은 현격한 차이를 나타낸다.

〈표 6〉 가족 관련 문항에 대한 남녀 응답률(%) 차이

가족 관련 문항		여성	남성	격차
"가정생활에 만족한다" (2002)	전반적인 가정생활('98)	39.6	42.8	3.2
	자녀와의 관계	70.5	68.0	2.5
	배우자와의 관계	55.5	65.9	10.4
"결혼은 반드시 해야 한다" & "결혼은 하는 것이 좋다"	1998	67.9	79.4	11.5
	2002	61.3	77.3	16.0
"결혼은 해도 좋고 하지 않아도 좋다."	1998	28.9	18.4	10.5
	2002	34.1	19.9	14.2

자료: 통계청 2003, 「한국의 사회지표」

가정생활 만족도는 현재의 가족관계에 대한 일반적인 만족 상황을 나타내며 만족도를 좌우하는 요소들은 여러 가지가 있을 수 있다. 그런데 총

체적인 만족도에 대한 응답은 가족관계를 보는 개인의 전반적인 정서적 태도를 어느 정도 반영하는 것인데, 자녀와의 관계에 대한 만족도에서는 여성과 남성 간의 응답이 유사하지만 배우자와의 관계에 대한 응답에는 현격한 차이가 있다. 또한 결혼을 반드시 해야 하는가에 대한 질문에는 남성들이 여성보다 훨씬 더 긍정적으로 답변하였다.

위의 표로부터 남성보다 여성의 경우 결혼관계에 대한 신뢰가 더 낮다는 추측을 해 볼 수 있다. 즉 결혼을 반드시 해야 한다는 태도는 여성보다 남성이 더 강하며, 바꾸어 말하면 결혼으로 인해 감수해야 할 부담과 위험을 여성들이 더 크게 받아들이고 있고 그러한 위험을 무릅쓰기를 더 주저한다는 의미이다. 물론 결혼 이후 가족을 형성하고 나면 여성들의 이러한 태도는 바뀔 수 있다. 그러나 위의 표에서 나타나듯이 배우자와의 관계에 대한 만족도는 남성보다 여성이 뚜렷하게 낮다.

이로부터 뚜렷한 결론을 이끌어내기는 어렵지만 적어도 가족관계에 대한 신뢰가 성별에 따라 다를 수 있다는 점은 확인된다. 최근 결혼 연령이 점차 높아지고 성인 인구 중 비혼자 비율의 증대, 출산율 저하 등도 가족관계 안에서 부담과 위험을 더 이상 무릅쓰기를 원치 않는 여성들의 태도와 관련이 있을 수 있다. 가족관계에 대한 신뢰와 확신의 성별 차이에 대해서는 보다 구체적인 후속 연구가 필요하며, 이혼과 재혼의 증대, 출산율 저하 등 가족 내부에서 일어나고 있는 급속한 변화를 보다 구체적으로 이해하는 데 도움이 될 것이다.

2. 정보화와 가족관계의 변화

정보화의 경향이 가족 변화에 미치는 영향은 직접적이고 단일하기보다는 간접적이고 복합적인 것이다. 여기에서 주목하는 것은 정보화가 가족관계에 미치는 영향이며, 결과적으로 가족간의 신뢰에 어떤 변화가 나타는가 하는 점이다.

정보화가 가족관계에 미치는 영향으로 가장 먼저 언급할 것은 생활공간으로서의 '가상 공간'의 등장이다. 'my sweet home'이라는 표현처럼 가정은 가족관계가 형성되는 공간인데, 정보화로 인해 가족공간에 새로운 사이버 공간이 개입하게 된다. 정보기술의 확산은 물리적 공간, 심리적 공간에 이어 제3의 공간으로서 가상공간을 탄생시켰고, 가상공간에서의 라이프스타일 형성, 즉 '웹 생활양식'(Gates, B. 1999)은 가족관계에 영향을 미치게 된다. 컴퓨터를 매개로 한 커뮤니케이션은 단지 기능적 필요를 충족시켜 주는 차가운 기술에만 머무르는 것이 아니라, 가상공간 안에서 사람들 사이의 정서적 공감과 유대감을 형성하는 가상 공동체를 형성한다는 점이 널리 알려졌다. 한국의 네티즌들도 인터넷을 통해 일촌 맺기, 동호회 활동 등을 통해 사람을 만나고 네트워크를 형성하는 데 적극적이다.

그러나 다른 한편, 가상공간을 일상생활에서 활용하면서 관계의 폐쇄성이 높아질 수도 있다. 최근에는 외부 사회의 예측 불가능한 위험으로부터 도피하여 안전하고 깨끗한 집안, 나만의 공간 안에서 생활의 모든 필요를 해결하려고 하는 이른바 '디지털 코쿤(cocoon)족'이 나타나고 있다.

둘째, 가정 안으로 들어와 일상화된 정보통신기술은 가족관계나 자아의 형성에 영향을 미칠 수 있다. 가장 많은 주목을 받는 것은 대면관계(face-to-face relation)와는 다른 컴퓨터 매개 커뮤니케이션(CMC)의 특성이다. 대면관계에서는 자신의 행동에 대한 다른 사람의 즉각적인 반응을 볼 수 있고 상대의 반응을 대응하면서 상호 관계를 맺게 되지만, 컴퓨터 매개 커뮤티케이션 상황에서는 자신의 행동에 대한 타인의 반응을 즉시 볼 수가 없다. 또한 상대방이 누구인지도 정확하게 알 수 없기 때문에, 네트를 통한 만남은 결국 대면관계에 비해 간접적이고 지연 · 매개되는 특성을 갖는다.

카스텔스는 '네트와 자아의 양극화'라는 표현으로 이러한 문제를 진단한다(Castells 2003). 정보사회에서 개인은 네트워크에 접속함으로써 정보의 바다를 항해할 수 있으나, 개인과 네트워크 사이의 중간적 · 매개적 사회

관계는 약화된다는 것이다. 물론 인터넷에서도 친구를 사귀고 동호회활동을 하지만 그러나 네트에서 형성된 관계는 대개 '약한 연대'(weak ties)라고 할 수 있다. 인터넷을 통해 수많은 다양한 사람들을 만나지만 상대방에 대한 정확하고 상세한 정보가 없이 스쳐 지나가는, 혹은 공통의 관심사에 대해서만 소통하는 피상적 관계에 그치는 경우가 많다. 그런데 가상공간에 많이 노출되고 가상공간에서의 만남과 활동으로부터 자신의 정체성을 얻는다면, 대면적 관계와 통합적인 인격적 관계에 기초한 '강한 연대'(strong ties)가 비대면적인 매개된 관계, 일시적인 '클럽형' 인간관계에 근거한 '약한 연대'로 대체되는 경향이 나타날 것이다.

정보화는 가족관계뿐 아니라 사회적 관계 전반에 영향을 미치며 사이버 공간에 대한 신뢰문제는 별도의 분석이 필요한 영역이기도 하다. 그러나 가정이라는 공간에서 이루어지는 사회적 관계의 많은 부분이 컴퓨터나 미디어를 매개로 한다는 점은 가족관계 내부의 신뢰에도 영향을 주지 않을 수 없다. 고정적이고 불변하는 것으로서 가족에 대한 '사적 신뢰'가 갖는 배타성은 가족 내부로 파고 들어온 다양한 미디어를 통해 '매개된 관계'들로 인해 점차 약화될 가능성이 높아지고 있다. 또한 정보화는 가족원들 내부의 세대 차이를 더욱 강화하기도 한다.

지금까지 살펴본 대로 탈전통사회, 탈산업사회, 정보사회에서의 가족관계는 단순히 정태적이고 사적인 것으로 간주하기 어려운 복합성을 지니며 이러한 복합성은 앞으로의 사회변동에서 더욱 증폭될 것이다. 점차 개인화되는 사회에서 가족에 대한 확신은 약화될 위험이 있고 가족관계 내부의 소외도 증대될 수 있다. 친밀한 관계는 한번 맺으면 평생 지속되는 것이 아니며, 한번 맺어진 가족관계도 상호적으로 다시 갱신되어야 하고 가족 구성원들 사이의 역동적인 협상과 합의가 형성되어야 한다. 사적인 가족관계의 신뢰는 더 이상 '정태적'이지 않다.

V. 사적 신뢰와 공적 신뢰의 관계: 제도로서의 가족

신뢰나 사회자본을 다루는 기존 연구에서 사적 신뢰와 공적(제도적) 신뢰의 관계는 중요한 관심사이다. 앞에서 언급하였듯이, 한국 사회에서는 사적 신뢰가 강한 대신 공적 신뢰가 약하며 그 결과 고신뢰사회에 근접하지 못하고 있다는 진단이 있었다. 사적 신뢰와 공적 신뢰가 영합관계에 있다고 단순하게 보기는 어렵지만, 그러나 사적 신뢰가 강화되면 될수록 많은 사람들이 사적 연줄망을 통해 자신의 목적을 이루고자 하고, 그리하여 사회적 관계망에 따라 상호 분리된 집락이 형성되어 지대추구행위를 한다면 공공재로서의 사회적 제도가 제 기능을 하기는 어렵게 된다. 하지만 또한 사적 신뢰가 풍부하게 형성되어 있을 때 공적 신뢰의 기반이 되는 측면도 있다. 사적 신뢰와 공적 신뢰의 관계가 일정한 균형점에서 균형을 이루고 있는 상태는 한 사회의 역사적 경험에 따라 다를 것이다. 따라서 사적 신뢰와 공적 신뢰의 관계 자체는 한 사회를 이해하는 데 중요한 바로미터가 될 수 있고 한국 사회의 진단에서도 역시 중요한 요인이다.

가족의 연결망이 사회적 관계망의 형성에 미치는 영향을 다루는 기존 연구들을 간략하게 살펴보기로 하자. 포르테스(Portes 1998, 9-12)는 사회자본과 가족의 관계를 다루는 연구들을 몇 가지로 요약하고 있다.

포르테스에 따르면 사회자본의 기본적인 세 가지 기능은 첫째, 사회적 통제의 자원, 둘째, 가족지원의 원천, 셋째, 가족 외적 연결망의 혜택을 얻을 수 있는 원천이다. 콜만의 연구에서도 사회자본을 부모의 지원 및 친족의 도움을 받을 수 있는 원천으로 보는 시각이 마찬가지로 나타난다. 콜만의 영향을 받은 많은 연구들은 친족의 지원이 자녀의 발달이나 성취에 미치는 효과를 다루는 것이 많다. 가령 한 부모 가족의 자녀는 부모가 생업에 바쁘기 때문에 집에서 부모와 보살핌을 받기 어렵고 또 자주 이사하는 경향이 있어 지역 공동체 내에서 연결망을 갖기 어렵다. 따라서 한 부모

가족의 자녀는 양친이 있는 자녀에 비해 사회자본이 취약하고 따라서 교육이나 인성에서 바람직하지 못한 영향을 미친다는 것이다.

이와 유사한 것은 가족의 지원이 공동체적 결속의 결핍을 바로잡아 주는 역할을 한다는 주장이다. 가족의 잦은 이사로 친구나 이웃의 연결망이 약한 아동에게는 어머니가 그러한 결핍을 보완하기 위해 배타적이고 헌신적인 역할을 한다는 것이다. 특히 이민자나 사회적 소수자들은 주류 사회의 내부 관계망으로 들어가기 어렵기 때문에 지역 공동체 사회에서 사회적 자본을 제대로 축적하지 못하는데 이를 가족의 지원이라는 형태로 부분적으로 보충한다. 부르디외의 문화자이 연구에서도 자녀의 발달에 대한 부모의 지원이 문화자본의 중요한 원천으로 나타난다.

그런데 이러한 연구결과들에 대해 제기할 수 있는 질문은, 왜 어떤 가족은 공동체적 사회자본의 결핍을 보완하기 위해 헌신적으로 자원을 제공하고 다른 가족은 그렇게 하지 않는가, 하는 것이다. 그것은 특정한 가족의 전통이나 민족성에서 기인하는 것인가? 강한 가족적 지원은 강한 사적 신뢰관계와 결합되어 있는데 사실 문화론적 설명으로 돌아간다면 가족적 연결망이 강한 사회와 그렇지 않은 사회의 차이를 더 이상 설명할 수 없다. 예를 들면 유태인과 한국인은 자녀 교육에 아낌없이 투자하고 부모들의 교육열이 높다는 공통점이 있는데, 그러한 공통점을 생물학적 요인이나 문화적 독특함으로만 설명하는 데에는 한계가 있다. 결국 가족 연결망이 사회자본에 영향을 미치는 차이들을 확인하는 데 그치지 말고, 사적 신뢰와 공적 신뢰가 특정하게 조직되고 연결되는 균형지점을 그 사회의 정치경제적 조건이나 역사적 배경을 통해 설명해야 할 필요가 있다.

한국 사회의 관계망은 가족관계를 모태로 삼아 '유사가족적 관계'들의 연쇄로 이어지는 경우가 많다. 친족관계 밖에 있는 사람들에게 형, 언니, 이모, 아저씨, 아주머니 등 가족 호칭을 널리 원용하는 일은 일반화되어 있다. 우리나라의 지연, 혈연, 학연 등은 유사가족적 관계망의 속성을 갖는다고 볼 수 있다. 합리적 원칙이나 약관에 의해서가 아니라, "우리가 남이가"

식의 정서적 기초 위에 정서적인 연대를 표방 혹은 가장함으로써 신뢰관계를 형성하려고 한다. 그 이유는 법과 원칙을 내세우는 관계보다 '아는 사람끼리 서로 도와주는 방식'이 훨씬 더 안정적이고 효율성이 높다고 생각하기 때문이다.

이러한 유사가족적 연줄망의 사회적 확산은 물론 앞에서 여러 번 논의한 대로 공적 신뢰의 기반을 약화시키는 단점이 있다. 특히 친족이라는 하나의 연줄망만 발달한 것이 아니라 유사한 성격의 연줄망들이 중첩적으로 동원되는 경우가 많으며 "세상은 참 좁다"라고 하면서 상대방과의 친숙함을 확인하려고 한다. 동향, 동창, 성씨 등을 유사가족적 연줄망을 여러 겹으로 동원하여 전략적으로 활용한다. "사회연결망의 구성과 그들의 집락화 과정이 여러 가지의 준거들이 서로 겹치는 방향으로 진행되면 그 중첩의 정도만큼 분절적 구조화가 갖는 파당성과 배타성이 높아지며, 결과적으로 다원화된 집락화의 경우에 비하여 보다 높은 체제긴장을 나타내게 된다"(이재혁 1998, 32).

유사가족적 연줄망을 이용한 집락화가 중첩적으로 짜여지는 사회에서 결국 공정한 경쟁원리, 법치주의 등은 성취되기 어렵다. 사회적 투명성, 절차적 민주화에 대한 합의도 취약하다. 그럼에도 불구하고 사람들은 여전히 법보다 '아는 사이'가 더 가까이 있고 자신이 원하는 대로 자원을 동원하거나 통제하는 데 훨씬 효율적인 방법임을 알고 있다.

왜 하필이면 가족이 모든 연줄망의 준거점이 되는가? 그것은 가족이 가장 친숙하고 믿을 만한 관계라는 가정 때문이다. 그러나 과연 가족은 따듯하고 믿을 수 있는 관계, 친숙함을 무한정 제공해 주는 저수지인가? 가족구조가 급격하게 변화하고 전통적인 가족 관념과 현대적인 개인주의, 물질적 이익추구의 동기 등이 교차되는 사이, 가족관계의 양상도 매우 달라지고 있다. 굴곡이 많았던 한국 사회의 근대 경험은 가족 이념에도 투영되어 근대적 혹은 전통적 가족가치관 중 어느 하나가 지배적이라기보다는 가족을 보는 다양한 시각들이 공존한다. 장경섭(2001)에 따르면 서로 다른 네 가지의 가족 이념, 즉 유교적 가족 이념, 도구주의 가족 이념, 서정주의 가족 이념, 개인주의 가족 이념이 모두 나타나며 가족의 인적 구성 및 사회경제적 상황에 따라 어떤 이념이 어느 정도 수용되는지, 그 정도와 양상이 달라진다. 이렇게 본다면 유사가족적 연결망이 파당적 이익추구를 위해 증폭되어 왔지만 실제로 가족 내부의 신뢰관계는 "강하다"라고 한 마디로 표현하기 어려우며 오히려 경제적 생존과 정서적 의존, 복지와 부양까지 가족에게 과도한 부담을 지우는 한국 사회에서 가족관계는 피폐화되고 소외된 형태로 나타나기도 한다. 가족규범의 아노미를 보여 주는 징후적 현상들은 많으며, 가족과의 지나치게 강한 동일시가 불러오는 비극적인 '가족동반자살'은 가장 극단적인 사례이다.

그렇다면 가족에 대한 신뢰가 강하고 제도에 대한 신뢰는 약하다는 단순한 명제로 양자간의 관계를 정리하는 것으로는 만족할 수 없다. 양자간의 관계를 이론적 개념으로 정리해 본다면 두 가지 방식이 가능할 것이다.

한 가지는 사적인 영역의 신뢰가 공적인 영역으로 침투해 들어감으로써 양자간의 관계에 미치는 영향을 설명하는 방식이다. 이재열(1998)은 한국 사회와 같이 공적 제도화가 취약한 반면 과도하게 사적인 신뢰에 의존해 온 연줄사회에서는 '비공식적 측면에 의한 공식영역의 식민화'라는 비정상적 현상을 낳았다고 본다. 사회의 공공영역에 속한 자원들의 비공식적 통제를 통한 사유화가 암묵적으로 보장되고, 그래서 부유하는 공적 자원을 사적 유대관계를 통해 착취할 수 있는 '중앙회귀적 사회'(vortex society)가 형성되었다는 것이다.

이러한 설명은 '합리적 행위'를 저해하는 비합리적 행위들의 폐해를 비판하는 인식을 배경에 깔고 있다. 공공영역을 사유화하려는 집단들 사이의 갈등적 상황은 "사회적 조정과 협조의 실패에서 기인하는 위험사회를 만들어 낸다." 다시 말해 사회 전체에 만연한 지대추구적 연줄망 집단간의 경쟁은 그 자체가 하나의 '사회적 위험'이 된다.

이런 식의 접근은 하버마스(Habermas 1987)가 말한 '체계에 의한 생활세계의 식민화'와는 반대의 논리를 취하고 있다. 널리 알려진 바와 같이 하버마스는 생활세계로부터 체계의 분리가 일어났다고 보는데, 의미를 공유하는 상호작용과 규범의 공유에 의해 형성된 생활세계와는 달리, 체계는 추상적 교환가치로서의 화폐나 정치적 권력을 추구하는 행위자들로 구성되어 있다. 체계는 달리 표현하면 추상적인 원칙에 따라 움직이는 합리적 행위자들의 세계이며, 시장의 '보이지 않는 손'처럼 원래 자연은 아니지만 인간에 의해 만들어진 2차적 자연과도 같은 성격을 갖는다. 따지고 보면 시장에서의 합리적 교환과 계약 등의 행위는 그것을 성립 가능하게 하는 일정한 규범적 기반 위에서 이루어지며 그러한 기반은 생활세계로부터 나온 것이다. 이 글의 맥락대로 표현한다면 일정한 수준의 사적 신뢰가 없이는 합리적 교환이 제도적으로 이루어질 수 없다. 그런데 추상화된 교환의 원칙은 규범이나 의미에 외재하는 것이며, 더 나아가 상호작용적 의미를 추상적인 합리성의 원칙 하에 복속시키게 된다. 생활세계의 식민화란 '추상화된 합리성'이 생활세계로 침투하여 친밀성과 의사소통의 영역을 장악하게 되는 것이다.

'비공식 영역에 의한 공식 영역의 식민화'는 합리적 행위와 공정한 경쟁의 훼손을 문제로 진단한다면, '체계에 의한 생활세계의 식민화'는 추상적 교환의 원리가 의미의 상호작용과 소통의 원리를 주변화시키는 것을 경계하고 있다. 전자는 비공식적 삶의 방식의 범람을 문제로 본다면, 후자는 수평적 의사소통의 주체들이 생성되는 생활세계의 위축과 왜소화를 걱정한다.

여기에서 지적할 것은, 공적 자원을 사유화하는 비공식적 연줄망의 원형이 되는 가족의 모습은 친밀감과 정서적 상호 의존으로 자체적이고 독자적인 가치를 갖는 가족이 아니라 이미 이익의 추구나 생계의 유지를 위해 '도구화된 가족'이라는 점이다. 하버마스의 논리에 충실하게 따른다면 그것은 이미 "체계에 의해 식민화된", 같은 친족이고 같은 고향 출신의 친구이지만 돈벌이와 권력의 뒷거래를 추구하기 위한 관계로서 재해석되고 전유된 것이다.

한국 사회에서 사적 신뢰가 강하다고 하지만, 그러나 가족의 강한 결속은 사회적으로 부정적인 평가를 받는 경우가 많다. 배타적 가족주의, 제 자식만 위하는 치맛바람에 대한 비난 등은 널리 알려진 것이다. 어려운 여건에서 가족을 단위로 계층 상승이동을 추구하는 강력한 동기로부터 이런 행동이 나온다. 그러나 이러한 가족을 과연 "신뢰가 강한" 가족이라고 말할 수 있는가? 한편으로 가족 내의 연줄망은 강하지만 그러나 가족이 공유하고 있는 규범적 기반은 취약한, 어떤 의미에서 매우 도구화된 가족이고 따라서 내부에서 많은 소외를 빚어낼 수 있는 경우에 대해 "사적 신뢰가 강하다"라고 표현하는 것은 과도한 단순 논리이다.

가족 단위의 계층 상승에 대한 열망이 매우 강하고 이를 이루기 위해 자녀의 교육에 아낌없이 투자하는 한국 사회의 특징은 '개인화' 수준의 지체에서 나타나는 것이라고 볼 수 있다. 울리히 벡(Beck)이 말한 대로 자본주의 노동시장은 개인 단위로 노동력을 고용하며 '노동시장 개인주의'와 가족 단위의 생활방식은 상충되는 면이 있다. 가부장제적 특성을 갖는 자본주의 사회에서는 가족 내부에서의 성별 분업과 남성 가장의 부양의무를 사회적으로 존중하는 제도들을 발달시킴으로써 이를 조정하여 왔다. 여성들이 노동자로서 경제영역에 진출함으로써, 즉 여성들이 '개인화' 됨으로써 남성 가장 중심의 성별분업체계는 일대 변화를 맞이하게 된다.

생활양식의 개인화 정도는 가족의 제도적 성격과 동전의 양면을 이룬다. 개인화의 정도가 낮은 사회에서는 경제생활이 가족 단위로 이루어지고 남성 가장의 경제적 수입을 통해 가족들이 생활하며 다른 가족원들은 부업이나 재산관리 등을 통해 가족의 부를 축적하고자 노력한다. 가족 내 구성원의 관계는 수평적이기보다는 수직적이다. 가족은 생계의 단위이기 때문에 가족 내부에 갈등이 있어도 생계를 위한 다른 대안이 없다면 쉽게 관계가 해체되지 않는다. 이와 달리 개인화 수준이 높은 사회에서 가족은 경제적으로 독립한 개인들 사이의 정서적 결합으로 인식되며 가족관계는 수평적인 문화를 가지고 있으며 가족관계가 쉽게 해체되는 경향이 있다. 이에 대응하기 위해 가족의 돌봄 기능을 공적 서비스로 보완하는 가족정책과 복지정책이 발달하게 된다.

사적 신뢰와 공적 신뢰의 관계를 이해하기 위해 비공식적 영역이 공식적 영역까지 침투하여 합리성을 훼손하는지, 공식적 체계의 논리가 생활세계에 침투하는지를 논의하는 것도 중요하지만, 양자의 논리 모두에는 중요한 공백이 있다. '제도'로서의 가족의 성격 변화, 즉 생활양식의 개인화 정도에 따른 가족의 제도적 기능의 변화가 고려되지 않는다는 점이다. 어디에서 어디로 침투하는가를 분석함과 아울러, 공적 영역과 사적 영역 간의 관계 자체가 새롭게 재설정되고 있음을 주목해야 한다.

가족이 담당해 온 돌봄 기능에는 단지 국가의 복지정책만 개입하는 것이 아니며, 전 세계적으로 볼 때 시장경제에서 많은 성과를 올리는 우량기업일수록 '가족친화적 기업'을 표방하는 사례가 많다. 이윤의 극대화를 추구하는 기업이 사내 보육시설에 투자하고 방학을 맞이한 자녀들의 교육프로그램을 운영하는 이유는 무엇인가? 한편으로 냉정한 계산에 의해 그러한 투자가 더 많은 생산성 향상으로 돌아온다는 측면이 있을 것이다. 그러나 다른 한편 기업은 가족 돌봄에 대한 '가치'를 끌어안음으로써 사원들의 몰입과 충성도를 얻을 수 있으며 바람직한 기업 이미지를 널리 알려 막대한 홍보 효과를 얻을 수 있다. 합리적인 이윤추구행위 위에 바람직한 가치라는 외피를 입힘으로써 기업의 가치를 높이고 규범적인 우위를 점하려는 것이다.

VI. 결론

그간의 신뢰, 사회자본에 대한 연구에서 가족은 자주 언급되었으나 사실 본격적으로 분석되지 않았다. 신뢰 개념의 유형화, 사적 신뢰와 공적 신뢰의 관계에 대한 논의들에서 가족이 등장하기는 하였으나, 본격적인 분석 내용에서 가족은 언제나 거기에 머물러 있는 상수로 간주되기 십상이었고 최근 급속하게 진행되고 있는 가족의 역동성은 충분히 고려되지 못하였다.

이 글에서는 가족에 대한 신뢰를 '정태적 사적 신뢰'로 보는 기존의 유형론을 비판하고, 가족을 둘러싼 다양한 역동성을 고려하여 가족에 대한 신뢰를 네 가지 유형으로 세분화하였다. 이러한 새로운 분류를 통해 얻을 수 있는 시사점은 세 가지로 요약할 수 있다.

첫째, 흔히 신뢰 연구에서 가족은 한편으로는 초기 사회화가 이루어지고 인성이 형성되는 영역으로서 가족에 대한 확신은 쉽게 바뀌지 않는 고정불변의 영역으로 전제되거나, 혹은 사리사욕을 추구하는 배타적인 연줄망의 근거지로만 표상된다. 그러나 실제로 현대사회, 탈현대사회로 전개되는 와중에서 이보다 훨씬 포괄적이고 다양한 역동성을 띠게 된다. 가족에 대한 신뢰의 논의를 확장하게 위해 이 글에서는 '가족관계에 대한 신뢰'와 '가족제도에 대한 신뢰'를 구분하고 개념화를 시도하였다. 사적 신뢰 자체의 역동성을 분석하고 사적 신뢰와 공적 신뢰의 관계가 가변적으로 형성되는 과정을 고찰하는 것이 중요하다.

둘째, 가족관계에 대한 신뢰는 가족구조의 변화에 따른 새로운 규범의 필요성을 강조한다. 가족관계는 친밀성과 친숙함에 바탕을 두지만 현대사회로 들어오면서 가족관계 역시 법률에 의해 규정받게 되었다. 한국에서도 1960년대 이후 여러 차례의 가족법 개정과 호주제 폐지 결정, 대안적 신분등록제 마련을 위한 민법 개정, 가정폭력을 처벌하는 법률 제정 등 일련의 움직임이 진행되어 왔다. 가족관계에 대한 신뢰는 정서적이고 친밀한 영역으로서만 가족관계를 보는 것이 아니라,[4] 가족관계를 평등하고 정의로운 것으로 확립해야 한다는 사회적 요구가 높아지고 있음을 강조하는 개념이다. 다시 말해 가족관계에 대한 신뢰를 높이기 위해서는 평등하고 정의로운 가족관계를 규정하는 법률과 관행, 규범들이 정비되어야 한다. 이는 사회 전반의 신뢰를 높이는 데에도 기여할 것이다. 가령 이혼시 자녀 부양의무를 규율할 수 있는 법률은 아동의 생활을 안정시키고 가족관계에 대한 신뢰도 높일 수 있을 것이다.

셋째, 가족은 사적 개인들 사이의 친밀한 관계이기도 하지만 또한 사회적 제도로서의 위상을 갖고 있다. 산업구조와 노동시장의 현실에 바뀜에 따라 가족의 삶의 기반도 영향을 받게 되며 개인화의 정도에 따라 가족의 삶의 양식은 달라진다. 다시 말해 가족구조는 경제구조 및 사회문화적 구조의 변화와 밀접하게 연동되어 새로운 형태의 삶의 양식과 결합되는 역동성을 가지고 있다. 가령, 부모가 자녀를 어떻게 지원하는가에 따라 아동의 사회자본이나 교육적 성취가 달라진다는 점을 밝히는 연구들은 아동양육에 대한 부모 책임을 당연하게 전제하고 있다. 물론 부모는 아동의 양육을 책임져야 하지만 그러나 '돌봄의 사회화'라는 새로운 추세가 뚜렷하게 나타나고 있다. 최근 국가의 공적 서비스나 기업의 정책에 의해 아동양육 서비스들이 제공되고 있으며 무엇보다 시장에서 많은 성과를 올리고 있는 기업들이 가족친화적 정책의 도입에 앞장서고 있다는 점을 주목해야 한다. 가족 부양은 사적 부모의 역할뿐 아니라 정부와 기업을 포함하는 다양한 주체들 사이의 분담체제, 즉 사회적 제도의 차원으로 확대되고 있다. 제도로서의 가족은 사적 신뢰와 공적 신뢰가 교차하는 영역이다. 기존의 연구들은 가족의 사적 연결망이 공적 세계에서의 관계 형성에 어떤 영향을

4) 이 글에서는 가족관계의 정서적이고 친밀한 영역과 관련된 신뢰는 '가족관계에 대한 확신'으로 구분하였다.

미치는가를 다루고 있지만, 사실 공적인 제도들이 가족의 돌봄 기능에 개입하게 됨으로써 가족관계나 가족-시장-국가를 연결하는 사회제도의 레짐(regime)이 어떻게 변화하며 그러한 방향이 전체적인 사회적 신뢰를 높이는 데 어떤 영향을 미칠 것인지를 주목해야 한다.

참고문헌

강명구 외. 2001. 『한국 언론의 신뢰도』. 서울: 한국언론재단.

게이츠. 안진환 역. 1999. 『빌 게이츠@시간의 속도』. 서울: 청림출판.

고길섭. 1998. 『문화비평과 미시정치』. 서울: 문화과학사.

고미숙. 2003. 『열하일기—웃음과 역설의 유쾌한 시공간』. 서울: 그린비.

고범서 외. 2004. 『사회 신뢰/불신의 표상과 대응: 미시적 설정』. 서울: 소화.

국민대학교 국사학과. 2003. 『우리 역사문화의 갈래를 찾아서—안동문화권』. 서울: 역사공간.

금장태. 2000. 『한국의 선비와 선비정신』. 서울: 서울대출판부.

기시모토 미오(岸本美緖) · 미야지마 히로시(宮嶋博史). 김현영 · 문순실 역. 2003. 『조선과 중국 근세 오백년을 가다—일국사를 넘어선 동아시아 읽기』. 서울: 역사비평사.

김건태. 1993. "16세기 양반가의 작개제." 『역사와 현실』 9집.

김경숙. 2000. "16세기 사대부 집안의 제사설행과 그 성격—이문건의 묵재일기를 중심으로." 『한국학보』 98.

김두헌. 1980. 『한국가족제도 연구』. 서울: 서울대출판부.

김문택. 1998. "17~18세기 영천지방의 사족동향과 임고서원(臨皐書院)." 조선사회연구회 편. 『조선시대의 사회와 사상』. 서울: 조선사회연구회.

김세은. 2003. 『독자와 신문 신뢰도』. 서울: 미디어 연구소.

김소은. 2001. "16세기 양반가의 혼인과 가족관계." 『국사관논총』 97.

김영두 역. 2003. 『퇴계와 고봉, 편지를 쓰다』. 서울: 소나무.

김용학. 1999. "경제위기의 충격과 신뢰 위기—위기 전후의 경험적 지표 비교분석." 『사회발전연구』.

김용학. 2003. 『사회연결망 이론』. 서울: 박영사.

김우택 · 김지희 편. 2002.『한국 사회 신뢰와 불신의 구조: 미시적 접근』. 서울: 소화.
김인걸. 1994. "조선후기 재지사족의 거향관(居鄕觀) 변화."『역사와 현실』 11.
김인걸. 1997. "16 · 17세기 재지사족의 '거향관'."『한국문화』 19.
김태준. 2003.『사회적 자본 형성의 관점에서 본 시민의식의 측정연구』. 한국교육개발원.
김필동. 1999.『차별과 연대—조선 사회의 신분과 조직』. 서울: 문학과지성사
김현영. 1989. "조선후기 남원의 사회구조—사족지배구조의 변화와 그 성격."『역사와 현실』 2.
김현영. 1991. "조선후기 사족의 촌락지배—남원 둔덕방을 중심으로."『한국문화』 12.
김현영. 1999.『조선시대의 양반과 향촌사회』. 서울: 집문당.
나은영. 1999. "신뢰의 사회심리학적 기초."『한국 사회학평론』 제5집.
맥퀘일 · 윈달. 임상원 · 유종원 공역. 2001.『커뮤니케이션 모델』. 서울: 나남.
문숙자. 1998. "고문서를 통해 본 용인 해주 오씨 가문의 사회적 기반."『고문서집성』 36.
미야지마 히로시(宮島博史). 노영구 역. 1996.『양반: 역사적 실체를 찾아서』. 서울: 강.
박미해. 2002. "16세기 부권(夫權)과 부권(婦權)의 존재양식."『한국여성학회지』 18집 1호.
박미해. 2002. "16세기 양반가의 가족관계와 가부장권."『고문서연구』 21.
박미해. 2004. "조선중기 혼인의 경제사회적 차원—유광선의 혼인을 중심으로." 한국 사회 사학회 제115회 월례발표회 논문(2004년 3월 27일).
박석무. 2003.『다산 정약용을 유배지에서 만나다』. 서울: 한길사.
박영신. 1978.『현대사회의 구조와 이론』. 서울: 일지사.
박제가. 안대회 역. 2000.『궁핍한 날의 벗』. 서울: 태학사.
박찬웅. 1999. "신뢰의 위기와 사회적 자본."『한국 사회학평론』 제5집.
박통희. 1999a "신뢰와 불신의 역학: 불신의 제도화를 중심으로." 한국행정학회 춘계학술대회 논문(5월 8일). 서울.

박통희. 1999b. "신뢰의 개념에 대한 비판적 검토와 재구성." 『한국행정학보』 제33권 2호.

박통희 · 원숙연. 2000. "조직구성원간의 신뢰와 '연줄': 사회적 범주화를 중심으로." 『한국행정학보』 제34권 2호.

백승종. 2003. 『대숲에 앉아 천명도를 그리네—16세기 큰 선비 하서 김인후를 만나다』. 서울: 돌베개.

송 복. 1991. "양반체제의 지배지속성." 서울대 사회학연구회 편. 『사회계층: 이론과 실제』. 서울: 다산출판사.

송 복. 1997. "선비—그는 누구인가." 『전통과 현대』 가을호.

송준호. 1987. 『조선사회사연구』. 서울: 일조각.

안길정. 2000. 『관아를 통해 본 조선시대 생활사』. 서울: 사계출판사.

안승준. 1992. "1554년 재경사족의 농업경영문서—안씨치가법제(安氏治家法制)." 『계간서지학보』 8.

안호용 · 김홍주 2000. "한국 가족 변화의 사회적 의미." 『한국 사회』 3권 1호.

양홍석. 1999. 『미국정치 문화의 전통과 전개』. 국학자료원.

언론중재위원회. 2004/2005. 『언론중재위원회 연차보고서』

염정섭. 1997. "조선시대 일기류 자료의 성격과 분류." 『역사와 현실』 24.

오로프. 2000. "젠더와 시민의 사회적 권리: 젠더관계와 복지국가에 대한 비교분석." 한국여성연구회 역. 『복지국가와 여성정책』. 서울: 새물결.

우인수. 1997. "《부북일기》를 통해 본 17세기 출신군관의 부방생활." 『한국사연구』 96.

우인수. 1999. "조선시대 생활사 연구의 현황과 과제." 『역사교육논집』 24권/25권.

우인수. 2000. "조선후기 한 사족가의 생활양식—초로(草廬) 이유태(李惟泰)의 정훈(庭訓)을 중심으로." 『조선시대사학보』 12.

원숙연 2001. "신뢰의 개념적 · 경험적 다차원성: 신뢰 연구에 갖는 함의." 『한국정책학회보』 제10권 3호.

원숙연. 2001. "신뢰의 개념적 다차원성과 영향요인의 차별성." 한국행정학회 춘계

학술대회 발표논문(4월 27일).

유석춘 · 장미혜 · 배영. 2002. "사회자본과 신뢰: 한국, 일본, 덴마크, 스웨덴 비교연구." 『동서연구』 제14권 1호.

유세경 편. 1996. 『매스미디어와 현대정치』. 서울: 나남.

유재천 · 이민웅. 1994. 『정부와 언론』. 서울: 나남.

윤병철. 2006. 『조선, 말이 통하다』. 서울: 커뮤니케이션북스.

윤사순 외. 2000. 『조선시대, 삶과 생각』. 서울: 고려대 민족문화연구원.

윤홍식 2006. "일-가족 양립정책을 통해 본 경제협력개발기구 22개국들의 가족정책: 부모 휴가와 아동보육을 중심으로." 노동부 편. 『일-가족 양립정책』.

이규대. 1988. "17세기 강릉지방의 사족과 향약조직." 『영동문화』 3.

이기순. 1996a. "봉산이씨 족보를 통해 본 조선시대의 가족규모." 『홍익사학』 6.

이기순. 1996b. "조선후기 사천목씨(泗川睦氏)의 가족규모." 『민족문화』 19.

이복규. 1997. "《묵재일기》에 나타난 출산 · 생육 관련 민속." 『온지논총』 3.

이성무. 1994. 『한국의 과거제도』. 서울: 집문당.

이성임. 1995a. "16세기 조선 양반관료의 사환(仕宦)과 그에 따른 수입—《유희춘의 미암 일기》를 중심으로." 『역사학보』 145.

이성임. 1995b. "조선중기 어느 양반가문의 농지경영과 노비사환(奴婢使喚)—유희춘의 『미암일기』를 중심으로—." 『진단학보』 80.

이성임. 1998. "조선중기 유희춘가의 물품구매와 그 성격." 『한국학연구』 9.

이성임. 1999. "조선 중기 오희문가의 상행위와 그 성격." 『조선시대사학보』 8.

이수건. 1987. "고문서를 통해본 조선사회사의 일 연구—경북지방 재지사족을 중심으로." 『한국사학』 9.

이순구. 1998. "조선후기 양반가 여성의 일상생활 일례 I—병자일기를 중심으로." 조선사회연구회. 『조선시대의 사회와 사상』. 서울: 정아문화사.

이영훈. 2004. "민족사에서 문명사로의 전환을 위하여." 임지현 · 이성시 편. 『국사의 신화를 넘어서』. 서울: 휴머니스트.

이온죽. 2004. 『신뢰: 지구촌 시대의 사회적 자본』. 서울: 집문당.

이재열. 1998. "민주주의, 사회적 신뢰, 사회적 자본." 『계간사상』 여름호
이재혁 1998. "신뢰의 사회구조화." 『한국 사회학』 제32집.
이재혁 2000. "위험과 신뢰 그리고 외부성: 한국의 시민사회 사례." 『사회과학』 제39권 2호.
이준웅. 2005. "한국신문위기의 원인: 독자의 공정성 평가와 신뢰의 하락." 「미디어 오늘」 창립 10주년 기념 학술세미나 발표논문.
이진우. 2000. 『이성정치와 문화 민주주의』. 서울: 한길사.
이태진. 1994. 『한국 사회사연구—농업기술 발달과 사회변동』. 서울: 지식산업사.
이해준. 1980. "조선후기 호서지방 한 양반가의 노비소유실태—공주중호 · 경주이가소전호 구단자분석." 『호서사학』 8/9.
이해준. 1988. "조선후기 영암지방 동계의 성립배경과 성격." 『전남사학』 2.
이해준. 1994. "조선후기 사회사 연구의 성과와 전망." 『한국사론』 24.
임선빈. 1990. "공주 부전대동계의 성립배경과 운영주체." 『백제문화』 20.
임혁백. 1999. "신뢰와 민주주의." 『한국 사회학 평론』 제5집.
장경섭 2001. "가족이념의 우발적 다원성: 압축적 근대성과 한국가족." 『정신문화연구』 24권 2호.
장용호. 1995. "한국 신문산업의 구조변동." 유재천 편. 『한국 사회변동과 언론』. 서울: 소화.
전경목. 1996. "일기에 나타나는 조선시대 사대부의 일상생활—오희문의 「쇄미록」을 중심으로." 『정신문화연구』 65.
전상인. 2001. "양반과 부르조아." 『고개 숙인 수정주의: 한국현대사의 역사사회학』. 서울: 전통과 현대.
정약용. 박석무 편역. 2001. 『유배지에서 보낸 편지』. 서울: 창작과 비평사.
정옥자. 2002. 『우리가 정말 알아야 할 우리 선비』. 서울: 현암사.
정준교. 2002. 『사회적 자본으로서의 청소년 인권증진 방안』. 한국청소년개발원.
정진영. 1998. 『조선시대 향촌사회사』. 서울: 한길사.
정진홍. 1995. 『종교문화의 이해』. 서울: 청년사.

정진홍. 2004.『열림과 닫힘: 인문학적 상상을 통한 종교문화 읽기』. 서울: 산처럼.
정창권. 2003.『홀로 벼슬하며 그대를 생각하노라 — 미암일기 1567-1577』. 서울: 사계절 출판사.
조강희. 1984. "영남지방의 혼반연구 — 진성이씨 퇴계파 종손을 중심으로 한 추적조사."『한국문화논총』6.
지승종. 1994. "조선전기 사회사 연구의 동향."『한국사론』24.
진덕규. 2002.『한국정치의 역사적 기원』. 서울: 지식산업사.
진덕규. 2003.『민주주의의 황혼』. 서울: 학문과 사상사.
진덕규. 2006.『한국정치와 환상의 늪』. 서울: 학문과 사상사
최우영. 1994. "조선사회 지배구조와 유교이데올로기." 한국 사회사연구회 편.『한국 사회 구조의 전통과 변화』. 서울: 문학과 지성사.
최장집. 2005.『민주화 이후의 민주주의』. 서울: 후마니타스.
카스텔. 2003.『네트워크 사회의 도래』. 서울: 한울.
통계청. 2006.『2005년 인구주택 총조사』.
퍼트넘. 안청시 외 역. 2006.『사회적 자본과 민주주의』. 서울: 박영사.
하영휘. 2003. "한 유학자의 서간을 통한 19세기 호서(湖西) 사회사 연구." 서강대 사학과 박사학위논문.
한국고문서학회 엮음. 1996~2000.『조선시대 생활사』1-2. 서울: 역사비평사.
한국언론재단. 2000/2002/2004.『수용자 의식조사』.
한국언론재단. 2001/2003/2005.『언론인 의식조사』.
한국정신문화연구원. 1992.『조선조 유교사상과 유교정치 문화』.
한림과학원. 2001.『신뢰에 대한 국민의식조사』.
한배호. 2003.『한국 정치문화와 민주정치』. 서울: 법문사.
한영우. 2004.『다시 찾는 우리 역사』. 서울: 경세원.
한예원. 1996. "《사소절(士小節)》을 통해본 조선후기 사족가의 규범의식에 대한 일고."『대동문화연구』31.
함인희. 2002. "한국 가족의 위기: 해체인가 재구조화인가?"『가족과 문화』14집 2호.

허경진. 2003.『소대헌 · 호연재 부부의 사대부 한평생』. 서울: 푸른역사.

Alesina, Alberto and Eliana La Ferrara. 2000. "The Determinants of Trust." *National Bureau of Economic Research* Working Paper. No. W7621.

Almond, Gabriel and Sydney Verba. 1965. *The Civic Culture*. Boston: Little Brown.

Altheide, David L. 1985. *Media Power*. Beverly Hills, California: Sage.

Antes, Peter, Amin W. Geertz, and Randi R. Warne. eds. 2004. *New Approaches to the Study of Religion*. Vol.1. 2. Berlin and New York: Walter de Bruyter.

Appleby, Scott. R. 2000. *The Ambivalence of the Sacred: Religion, Violence, and Reconciliation*. Lanham, MD: Rowman & Littlefield Publishers, Inc.

Axelrod, Robert. 1984. *The Evolution of Cooperation*. New York: Basic Books.

Barber, Bernard. 1983. The *Logic and Limits of Trust*. New Brunswick, New Jersey: Rutgers University Press.

Boisot, Max H. 1995. *Information Space*. London and New York: Routledge.

Bourdieu, Pierre. 1984. *Distinction: A Social Critique of the Judgement of Taste*. Cambridge: Harvard University Press.

Braithwaite, Valerie and Margaret Levi. eds. 1998. *Trust and Governance*. New York: Russell Sage Foundation.

Burke, Kenneth. 1961. *The Rhetoric of Religion: Studies in Logology*. Berkley and Los Angeles: University of California Press.

Butler, John K. Jr. 1991. "Towards Understanding and Measuring Conditions of Trust: Evolution of Conditions Trust Inventory." *Journal of Management* Vol.17. 643-663.

Coleman, James S. 1990. *Foundations of Social Theory*. Cambridge, Massachusetts: Harvard University Press.

Cook, Karen S. ed. 2001. *Trust in Society*. New York: Russell Sage Foundation.

Dahlgren, Peter. 1995. *Television and the Public Sphere: Citizenship, Democracy and the Media*. London: Sage.

Dasgupta, Partha. 1988. "Trust as a Commodity." Diego Gambetta, ed. *Trust: Making and Breaking Cooperative Relations,* 49-72. Cambridge, Massachusetts: Basil Blackwell.

Derrida, Jacques and Aianni Vattimo. eds. 1998. *Religion: Cultural Memory in the Present*. Stanford, California: Stanford University Press.

Deutsch, Morton. 1958. "Trust and Suspicion." *The Journal of Conflict Resolution* Vol.2. 265-279.

Doney, Patrica M., Joseph P. Cannon, and Michael R. Mullen. 1998. "Understanding the Influence of National Culture on the Development of Trust." *Academy of Management Review* Vol.23, No.3. 601-620.

Dunn, John. 1988. "Trust and Political Agency." Diego Gambetta, ed. *Trust: Making and Breaking Cooperative Relations,* 73-93. Cambridge, Massachusetts: Basil Blackwell.

Eck, Diana. 1993. *Encountering God: A Spiritual Journey from Bozeman to Banares*. Boston: Beacon Press.

Entman, Robert M. 1989. *Democracy Without Citizen: Media and the Decay of American Politics*. New York and Oxford: Oxford University Press.

Fishbein, Martin and Icek Ajzen. 1975. *Belief, Attitude, Intention, and Behavior: An Introduction to Theory and Research*. Reading, Massachusetts: Addison-Wesley.

Fukuyama, Francis. 1995. *Trust: Social Virtues and the Creation of Prosperity*. New York: Free Press(구승회 역. 1996.『트러스트: 사회도덕과 번영의 창조』. 서울: 매일경제신문사).

Gabarro, John J. 1978. "The Development of Trust, Influence, and Expectations." Anthony. G. Athos and John J. Gabarro, eds. *Interpersonal Behavior: Communication and Understanding in Relationships,* 290-303. Englewood Cliffs, New Jersey: Prentice Hall.

Gambetta, Diego. 1988. "Can We Trust?" Diego Gambetta, ed. *Trust: Making and Breaking Cooperative Relations,* 213-237. Cambridge, Massachusetts: Basic Blackwell.

Gerth, Hans H. and C. Wright Mills. 1948. *From Max Weber: Essays in Sociology*. London: Routledge & Kegan Paul.

Giddens, A. 1992, *The Transformation of Intimacy*. Cambridge, Massachusetts: Polity Press.

Giddens, A., U. Beck and S. Lash. 1994, *Reflexive Modernization*. Cambridge, Massachusetts: Polity Press.

Glasgow University Media Group (John Eldridge. ed). 1993. *Getting the Message: News, Truth and Power*. London and New York: Routledge.

Good, David. 1988. "Individuals, Interpersonal Relations, and Trust." Diego Gambetta, ed. *Trust: Making and Breaking Cooperative Relations*. Cambridge, Massachusetts: Basic Blackwell.

Granovetter, Mark. 1985. "Economic Action and Social Structure: The Problem of Embeddedness." *American Journal of Sociology* Vol.91. 481-510.

Habermas, J. 1987. *The Theory of Communicative Action*. Vol. II. Boston: Beacon Press.

Hardin, Russell. 1992. *Trust*. New York: Russell.

Harrison, Lawrence E. and Samuel P. Huntington. 2001. *Culture Matters: How Values Shape Human Progress*. Harper Collins.

Hawthorn, Geoffrey. 1988. "Three Ironies in Trust." Diego Gambetta, ed. *Trust: Making and Breaking Cooperative Relations,* 111-126. Cambridge, Massachusetts: Basil Blackwell.

Herreros, F. 2004. The *Problem of Forming Social Capital*. New York: Macmillan.

Hetherington, Marc. 1998. "The Political Relevance of Political Trust." *American Political Science Review* Vol.92, No.4. 791-808.

Hofstede, Geert. 1980. *Culture's Consequences: International Differences in Work-related Values*. Beverly Hills, California: Sage.

Hosmer, Larue Tone 1995. "Trust: The Connecting Link between Organizational Theory and Philosophical Ethics." *Academy of Management Review* Vol.20, No.2. 379-403.

Johnson-George, Cynthia and Walter C. Swap. 1982. "Measurement of Specific Interpersonal Trust: Construction and Validation of a Scale to Assess Trust in a Specific Other." *Journal of Personalty and Social Psychology* Vol.43, No.6. 1306-1317.

Jones, Gareth R. and Jennifer M. George. 1998. "The Experience and Evolution of Trust: Implications for Cooperation and Teamwork." *Academy of Management Review* Vol.23, No.3. 531-545.

Juergensmeyer, Mark. 2000. *Terror in the Mind of God: The Global Rise of Religious Violence*. Berkley and Los Angeles: University of California Press.

Kippenberg, Hans G. 2002. *Discovering Religious History in the Modern Age*. Princeton and Oxford: Princeton University Press.

Kohlberg, Lawrence. 1969. "Stages and Sequence: The Cognitive-Developmental Approach to Socialization." David A. Goslin, ed. *Handbook of Socialization Theory and Research,* 347-480. Skokie, Illinois: Rand McNally.

Kramer, Roderick M. and Tom R. Tyler. eds. 1996. *Trust in Organizations: Frontiers of Theory and Research*. Thousand Oaks, California: Sage.

Kramer, Roderick. M. 1999. "Trust and Distrust in Organizations: Emerging Perspectives, Enduring Questions." *Annual Review of Psychology* Vol.50. 569-598.

Lasch, C. 1977. *Haven in a Heartless World—The Family Besieged*. New York: Basic Books.

Lazaric, Nathalie and Edward Lorenz. 1998. "Introduction: The Learning Dynamics of

Trust, Reputation and Confidence." Nathalie Lazaric and Edward Lorenz, eds. *Trust and Economic Learning,* 1-20. Northampton, Massachusetts: Edward Elgar.

Lee, Martin A. and Norman Solomon. 1992. *Unreliable Sources: A Guide to Detecting Bias in News Media*. New York: Carol Publishing Group.

Lewicki, Roy J., Daniel J. Mcallister, and Robert J. Bies. 1998. "Trust and Distrust: New Relationships and Realities." *Academy of Management Review* Vol.23, No.3. 438-458.

Lewicki, Roy. J. and Barbara B. Bunker. 1995. "Trust in Relationships: A Model of Development and Decline." Barbara B. Bunker, Jeffery Z. Rubin, and Associates, eds. *Conflict, Cooperation, and Justice: Essay Inspired by the Work of Morton Deutsch,* 133-174. San Francisco, California: Jossey-Bass.

Lewis, J. David and Andrew Weigert. 1985. "Trust as a Social Reality." *Social Forces* Vol.63. 967-985.

Lin, Nan and K. Cook. 2001. *Social Capital: Theory and Research*. Aldine de Gruyter.

Lin, Nan. 2002. *Social Capital: A Theory of Social Structure and Action*. Cambridge: Cambridge University Press.

Lincoln, Bruce. 2003. *The Terrors: Thinking about Religion after September 11*. Chicago: The University of Chicago Press.

Lorenz, Edward H. 1988. "Neither Friends nor Strangers: Informal Networks of Subcontracting in French Industry." Diego Gambetta, eds. *Trust: Making and Breaking Cooperative Relations,* 194-210. Cambridge, Massachusetts: Basil Blackwell.

Loury, G. 1997. *Moral Values: The Challenge of the 21st Century*. Texas: University of Texas Press.

Luhman, Niklas. 1979. *Trust and Power*. New York: John Wiley and Sons.

Luhman, Niklas. 1988. "Familiarity, Confidence, Trust: Problems and Alternatives."

Diego Gambetta, ed. *Trust: Making and Breaking Cooperative Relations,* 94-108. Cambridge, Massachusetts: Basil Blackwell.

Lukacs, John. 2005. *Democracy and Populism: Fear and Hatred,* Yale University Press.

Maier, Scott R. 2005. "Accuracy Matters: A Cross-Market Assessment of Newspaper Error and Credibility." *J & MC Quarterly* Vol.82, No.3. 533-551.

Masuzawa, Tomoko. 2005. *The Invention of World Religions: Or How European Universalism was Preserved in the Language of Pluralism*. Chicago and London: The University of Chicago Press.

Mayer, Roger C., James H. Davis, and F. David Schoorman. 1995. "An Integrative Model of Organizational Trust." *Academy of Management Review* Vol.20. 709-734.

McAllister, Daniel J. 1995. "Affect-Based and Cognition-Based Trust as Foundation for Interpersonal Cooperation in Organizations." *Academy of Management Journal* Vol.38. 24-36.

McCutcheon, Russell T. 1997. *Manufacturing Religion: The Discourse on sui generis Religion and the Politics of Nostalgia*. New York and Oxford: Oxford University Press.

McCutcheon, Russell T. 2004. "Critical Trends in the Study of Religions in the United States." Peter Antes, Armin W. Geertz, and Randi R. Warne, eds. *New Approaches to the Study of Religion*. Vol. 1. Berlin and New York: Walter de Bruyter.

McQuail, Denis. 1992. *Media Performance: Mass Communication and the Public Interest*. London and Newbury Park: Sage.

Mishira, Aneil K. 1996. "Organizational Responses to Crisis: The Centrality of Trust." Roderick M. Kramer and Tom R. Tyler, eds. 1996. *Trust in Organizations: Frontiers of Theory and Research,* 261-287. Thousand Oaks, California: Sage.

Mishler, William and Richard Rose. 1997. "Trust, Distrust and Skepticism: Popular

Evaluations of Civil and Political Institutions in Post-Communist Societies." The *Journal of Politics* Vol.59(May). 418-451.

Misztal, Barbara A. 1996. *Trust in Modern Societies*. Cambridge, Massachusetts: Polity Press.

Paden, William E. 2003. *Interpreting the Sacred: Ways of Viewing Religion*. Boston: Beacon Press.

Pagden, Anthony. 1988. "The Destruction of Trust and its Economic Consequence in the Case of Eighteenth-Century Naples." Diego Gambetta, ed. *Trust: Making and Breaking Cooperative Relations,* 127-141. Cambridge, Massachusetts: Basil Blackwell.

Page, Benjamin I. 1996. *Who Deliberates?: Mass Media in Modern Democracy*. Chicago and London: University of Chicago Press.

Palais, James B. 1999. *Views on Korean Society*. Seoul: Institute for Modern Korean Society, Yonsei University.

Parkin, Frank. 1979. *Marxism and Class Theory: A Bourgeoisie Critique*. New York: Columbia University Press.

Petito, Fabio and Pavlos Hatzopoulos. eds. 2003. *Religion in International Relations*. New York: Palgrave Macmillan.

Portes, Alejandro. 1998. "Social Capital: Its Origins and Applications in Modern Sociology." *Annual Review of Sociology* Vol.24. 1-24.

Protess, David. *et al*. 1991. *The Journalism of Outrage*. New York and London: Guilford.

Putnam, Robert D. 1993. *Making Democracy Work: Civic Traditions in Modern Italy*. Princeton, New Jersey: Princeton University Press.

Putnam, Robert D. 2002. *Democracy in Flux: The Evolution of Social Capital in Contemporary Society*. Oxford: Oxford University Press.

Rotberg, Robert I. 2000. *Patterns of Social Capital: Stability and Change in Historical*

Perspectives, Cambridge: Cambridge University Press.

Rotter, Julian B. 1967. "A New Scale for the Measurement of Interpersonal Trust." *Journal of Personality* Vol.35. 615-665.

Rousseau, Denise M., Sim B. Sitkin, Ronard S. Burt, and Colin Camerer. 1998. "Not So Different After All: A Cross-Discipline View of Trust." *Academy of Management Review* Vol.23, No.3. 393-404.

Schudson, Michael. 1995. *The Power of News*. Cambridge, Massachusetts: Harvard University Press.

Seligman, Adam B. 1997. The *Problem of Trust*. Princeton, New Jersey: Princeton University Press.

Slovic, Paul. 1993. "Perceived Risk, Trust and Democracy." *Risk Analysis* Vol.13.

Smith, Jonathan Z. 2004. *Relating Religion: Essays in the Study of Religion*. Chicago and London: The University of Chicago Press.

Splichal, Slavko and Janet Wasko. 1993. *Communication and Democracy*. Norwood, New Jersey: Ablex Publishing Corp.

Sztompka, Piotr. 1999. *Trust: A sociological Theory*. Cambridge, Massachusetts: Cambridge University Press.

Taylor-Gooby, P. 2004. "New Risks and Social Change." P. Taylor-Gooby, ed. *New Risks, New Welfare,* 1-28. New York: Oxford University Press.

Wach, Joachim. 1958. *The Comparative Study of Religions*. New York: Columbia University Press.

Warren, Mark E. ed. 1999. *Democracy and Trust*. Cambridge, Massachusetts: Cambridge University Press.

Wasserman, Stanley. 1994. *Social Network Analysis: Methods and Applications*. Cambridge, Massachusetts: Cambridge University Press.

Williamson, Oliver E. 1993. "Calculativeness, Trust, and Economic Organization." *Journal of Law and Economics* Vol.36. 453-486.

World Bank. 2000. *Understanding Social capital: Trust and Social Cohesion*.

Zand, Dale E. 1972. "Trust and Managerial Problem Solving." *Administrative Science Quarterly* Vol.17. 229-239.

Zucker, Lynne. 1986. "Production of Trust: Institutional Sources of Economic Structure, 1840～1920." *Research in Organizational Behavior* Vol.8. 53-111.